북중남미 여행일기 3

마야와 잉카

배인환 글

CONTENT

여행일기 서문

미국 11개월, 중남미 5개월의 장기간 외국 여행을 다녀오게 되었다. 이러한 여행은 오늘날에는 보편화된 감이 있지만 그래도 나에겐 뜻있는 여행이었다. 이 여행은 순전히 소라를 만났기 때문이었다. 나는 팔자가 사나워 2002년 6월에 애들 엄마를 하늘로 보내고 외로웠다. 2005년 가을에 아는 시인의 출판기념회에서 소라를 처음 만났다. 그 후 2008년 1월에 그녀를 다시 만났다. 그때부터 가까워져서 그녀를 따라 미국에 갔다. 장기 여행이었다. 처음 미국에 간 2008년 8월부터 6개월 간 애리조나 주 피닉스에 거주하면서, 애리조나 · 뉴멕시코 · 캘리포니아 · 네바다 · 유다 · 콜로라도 주 등, 미국 서남부의 중요한 관광지를 돌아다녔다.

두 번째 미국에 간 2009년 9월부터 5개 월 간은 미국의 동부 · 뉴잉글랜드 · 오대호 주변 · 애팔래치아 산맥 · 조지아 주 · 동남부 해안 · 플로리다 · 미시시피 · 루이지애나 · 텍사스 주를 두루 여행했다. 그 후 뉴멕시코 · 유다와 애리조나 주를 다시 둘러보았다.

그리고 2010년 2월 3일부터 멕시코 한 달, 3월 4일부터 브라질과 아르헨티나 40일, 4월 한 달은 칠레, 5월은 볼리비아, 6월은 이번 여행의 하이라이트인 페루 여행을 마치고, 7월 1일부터 한 주는 에콰도르의 키토에서 보내고 귀국했다. 여행에 관한 한, 나 같은 초급 수준인 사람에게는 장기간 여행은 즐겁기도 하고 힘이 들고 보람도 있고 위험하기도 했다. 또 경비와 시간이 많이 들었다. 경비와 시간의 부족을 절실히 느꼈다.

이 소중한 경험을 기록해 두기로 했다. 처음 생각은 단순한 여행기로 쓰려했으나 그게 쉽지 않았다. 단순한 기록으로 그칠 것 같았다. 그래서 내 생각이 쉽게 녹아 들어가는 느낌과 감상을 겸한 일기를 택했다.

일기가 딱딱한 여행기에 정감이 어린 정서를 끼워 넣을 수 있다고 판단했기 때문이다. 그러나 원하는대로 되지 않았다.

이 일기를 쓰면서 객관적인 정확성을 기하려고 많이 노력했다. 정확성을 기해야하는 사실에 대해서는 유적지의 선전문에 그치지 않고 지식의 보고인 위키백과를 위시한 여러 자료를 참고한 점을 밝혀둔다.

여행기인만큼 칼라로 책을 내고싶었으나 비용이 너무 많이 들어 부득이 흑백으로 냈다.

이 여행기는 4권으로 되어 있다.

1권은 책제목이 『피닉스』로 1차 미국서남부 여행기이다.
2권은 책제목이 『그라운드 제로』로 2차 미국 여행기이다.
3권은 책제목이 『마야와 잉카』로 중남미 여행기이다.
4권은 2009년 2월부터 8월까지 소라와 떨어져 있으면서 그녀에게 보낸 메일과 북남미를 여행하면서 쓴 수필 일부이다. 책제목이 『메일과 수필』이다.

여행을 다녀온 것이 2010년 7월초인데 시일이 너무 많이 걸렸다. 여행을 시작할 때부터 일기를 쓰기 시작했으니까 만 6년이 걸린 셈이다. 재주가 부족한 점을 통감했다. 언어의 장벽도 큰 장애요인이었다.

2014년 가을
진악거에서 글쓴이

제 3권 마야와 잉카 서문

마야문화와 잉카제국으로 대표되는 곳이 중남미이다. 그곳에 가보았다. 여행이라는 것이 과거에 살았던 사람들의 행적을 관찰하고 현재 살아가는 사람들을 보고 느끼는 것일 것이다. 그러니 자연히 유적지를 가게 되고 도시에서는 박물관과 미술관을 찾게 되고 빼어난 자연환경을 보는 것이다.

관광지를 고르다 보니까 자연스럽게 페루의 선 페스티발과 마야의 상형문자, 아즈텍 문화, 떼오띠우아칸, 쿠스코와 나스카에 대하여 관심을 갖게 되었다.

물론 아마존 강과 안데스 산맥, 이과수 폭포도 관광지로서는 훌륭한 곳이다. 중남미는 아세아를 빼고는 가장 드라마틱한 자연을 갖고 있다.

마야와 잉카라는 거대한 문화가 대부분 스페인에 의해서 붕괴되면서 300년 이라는 긴 세월을 정복자들의 학정에 시달렸던 원주민들을 보면서 인간과 나라의 운명에 대해서 많이 생각하게 되었다. 말이 300년이지 우리나라가 35년 동안 일제강점기를 경험한 것을 생각하면 짐작이 갈 것이다. 그렇다고 해서 잉카와 마야의 문화가 백성들에게 바람직한 나라이었냐하면 그렇지가 않은 것 같다. 가장 대표적인 것이 인신공양의 폐습이다. 이 두 문화는 결국 인신공양이라는 폐습 때문에 망했다.

대부분의 대도시에는 유럽의 도시들 같이 성당이 있다. 성당의 내부도 화려함의 극치이다. 정치와 종교의 관계를 생각하지 않을 수 없었다.

멕시코에서는 돌만 본 것 같다. 그것도 피 묻은 돌만 보았다. 브라질과 아르헨티나에서는 유적이 작으니까 자연히 시일이 빨랐다. 칠레와 페루와 볼리비아는 사막과 사막에 이룬 잉카의 문화를 자연스럽게 접하게 되었다. 스페인의 300년 동안의 문화도 살피게 되었다.

이제 중남미는 인디오만의 나라가 아니고 스페인과 포르투갈의 나라도 아니다. 그곳에 사는 크리올과 원주민의 나라인 것이다. 그런 의미에서 중남미는 흥미로운 곳일 수밖에 없다.

중남미를 여행하다보면 유럽의 젊은이들이 대부분이다. 동양인들은 찾아보기 힘들다. 여행은 우리보다 잘사는 나라도 중요하지만 못사는 나라도 중요한 것이다. 왜 못 사는가? 발전 가능성은 있는가?

이제 중남미 여러 나라들은 독립을 해서 독립국가로 여러 면에서 발전 가능성을 가지고 있다.

남미는 미지의 세계이다. 가장 발전성이 많은 나라들이 집합한 곳이다. 그러므로 남미에도 많이 가길 바란다.

2014, 가을

진악거에서 글쓴이

2010 2. 3 수 맑음(구름 약간) 〈피닉스에서 멕시코로〉

시간이 되자 호텔 카운터에 가서 열쇠를 건네주었다. 어제 차와 짐, 책 등은 한국으로 부치고 오늘은 택시를 타고 공항에 갔다. 짐을 줄이고 줄였는데도 여행용 가방 2개는 화물로 부치고 가방과 배낭을 둘이 나누어 들었다.

손에 든 여행용 가방은 화물 요금을 받는 걸로 알았는데 그렇지 않았다. 비행기 표를 받고 대합실에서 기다렸다.

다음이 우리의 여행 스케줄의 비행일시이다.

Phoenix	Houston	2010 2. 3	2시간 37분
Houston	Mexico city	2010 2. 3	2시간 20분
Cancun	Houston	2010. 3. 3	2시간 23분
Houston	Rio de Janeiro	2010. 3. 4	10시간 10분
Quito	Houston	2010. 7. 7	5시간 23분
Houston	LA	2010. 7. 7	3시간 39분
LA	Tokyo	2010. 7. 8	13시간
도오쿄	Seoul	2010. 7. 9	1시간 30분

비행기는 정시에 출발했다. 정들었던 피닉스를 영원히 떠난다. 이제 다시 오기 어려울 것이다.

잘 있어라, 피닉스여! 피닉스만 떠나는 것이 아니고 미국을 떠나고 있다. 다시 미국에 올 수 있을지 모르겠다.

구름이 끼어 땅은 보이지 않았다.

휴스턴에 도착했다. 23일 전에 이곳에 왔었다. 공항에 갇혀서 나가 볼 수는 없지만 좋은 인상을 주었던 도시. 떠나는 사람의 마음처럼 처량하게 비가 내리고 있었다.

휴스턴에서 수속을 하고 멕시코 행 비행기를 탔다. 비행기는 의외로 소형 비행기이었다. 정원이 겨우 57명. 국제선 비행기가 이게 웬 말인가? 놀라운 일이었다. 조금 불안한 생각이 들었지만 잘 날았다.

멕시코시티에 도착한 것은 2시간 10분 후인 밤 9시 20분경이었다. 스페인 말을 몰라 수속하는데 힘이 들었다. 그래도 미국보다는 입국심사가 수월했다.

피닉스에서 여행준비를 하면서 돈을 바꾸어놓아서 편리했다.

〈비행기에서 내려다 본 멕시코 시〉

〈멕시코 시내〉

비행장에서 택시를 타고 비 내리는 거리를 달려 예약해놓은 여관에 도착했다. 멕시코시가 더운 곳인 줄 알았는데 무척 추웠다. 방에 히터시설이 없어서 가지고 다니는 작은 담요를 꺼내 덮었는데도 추웠다. 언어를 모르는 앞길이 험난할 것 같았다. 그럴수록 힘을 합쳐야한다.

2010년 2. 4. 목 멕시코시티Mexico city 비 〈대장금 하숙집〉

중남미 중요국가 환율 (2009년)

(1$에)

멕 시 코 : 11.00페소Peso
볼 리 비 아 : 8.00볼리비아노스Bs
브 라 질 : 2.60헤알REAL
아르헨티나 : 2.80페소Peso
칠 레 : 573.00페소Peso
페 루 : 3.20누에보솔Nuevo SOLs

비가 밤새도록 내렸다. TV에서도 시내에 물이 차서 야단이었다. 샤워를 하려고 했으나 더운물이 나오지 않아 그만두었다. 요금만 비싸지 형편없는 여관이었다. 화장실에서 세수를 하는데 전기가 나갔다. 미국이나 우리나라에서는 있을 수 없는 일이었다. 여관에서 주는 아침 식사라 공짜인줄 알았는데 50페소를 받았다.

여관을 다른 곳으로 옮기기로 하였다. 짐을 꾸려 로비로 내려갔다. 그래도 소라는 즐거운지 콧노래를 불렀다.

택시를 불렀다. 기사는 수염을 잘 다듬은 중년 사내이었다. 그는 80페소를 요구했다. 20페소 싼 금액이다. 그는 방향을 묻고 어데서 왔는가 물었고, 한국에서 왔다고 대답했다. 그는 부산에 다녀온 일도 있고 한국인이 친구라고도 말했다. 그는 영어도 조금 했다. 그와 몇 군데 여관에 다녔으나 마땅한 곳이 없었다. 점심시간이 되어 식사를 하기로 했다. 그가 한국식당을 안다고 해서 그리 갔다.

한국인이 경영하는 조그마한 식당은 하림각 이었다. 그곳에서 방 교수를 만났다. 그는 부산에 있는 모 대학에서 교수로 근무하다가 페루에서 살고 있는데 동생집인 멕시코시티에 손님으로 와 있고, 지금은 부산에 수산물을 무역하는 일을 하고 있다고 말했다. 식당은 방 교수의 동생이 운영했다. 방교수는 여관보다 한국인이 경영하는 하숙이 어떠냐고 물었다. 겨우 오륙일 정도 머물 거라니까, 그런 하숙도 있다는 것이었다. 오늘 신문에서

봤단다. 생각해보니 괜찮을 거 같아 알아봐 달라고 부탁했다.

점심 식사 후 조금 있으니까 하숙집 여주인이 왔다. 몸집이 작은 한국부인이었다. 깔끔한 부인 같았다.

하숙집 대장금은 4층에 있는 아파트이었다. 소박한 살림집이었다. 침대에 전기장판이 깔려있어 좋았다. 우리는 5일 동안에 4,000페소라고 해서 그냥 있기로 했다.

기사에게는 300페소를 주어 돌려보냈다. 그는 택시가 필요하면 언제든지 불러달라면서 명함을 주고 갔다. 너무 피곤해서 침대에 누워 낮잠을 잤다. 멕시코 관광 책자를 뒤적이다가 다음과 같은 구절을 발견했다.

> The Korean Colony arrived in 1905 to work in the henequen fields as a request from the Hacienda owners, whose representative asked for 2,000 families to the Korean Government, 1014 people arrived and in 1908, Only 600 were left. Decade later their work expanded from the henequen fields to other peasant activities, tinware and the extraction of a resin from the zapote tree.

> 한국 이민자들이 하시엔다(대농장) 소유주의 요청으로 헤네켄(henequen, 용설란 비슷한 식물) 농장에서 일을 하기위해 1905년 도착했다. 이들 농장 소유주들은 한국정부에 2,000가구를 요청했으나 1,014명이 도착했으며 1908년에는 단지 600명만이 남았다. 헤네켄 농장에서 일하던 이들은 10년후 소작농이나, 주석제품 만들기, 사포테(열대과일의 한종류) 나무의 수액을 모으는 일을 하게 되었다.

농노나 다름없는 신분으로 끌려온 조상들의 고난의 흔적을 꼭 찾아봐야겠다는 생각을 하게 되었다.

2010. 2. 5 금 청명 〈국립인류학박물관〉

멕시코시의 국립인류학박물관을 보기로 했다. 아즈텍 달력Original Aztec Stone of the Sun=Aztec calendar stone=Mexica sun stone이 이 박물관에 있다.

9: 10에 기사인 알폰소가 왔다. 그는 교통체증으로 10분 늦어서 미안하다고 말했다. 국립인류학박물관은 별로 멀지 않은 거리에 있었다. 그는 우리를 내려주고는 4시 경에 데리러온다는 약속을 했다.

〈인류학 박물관〉

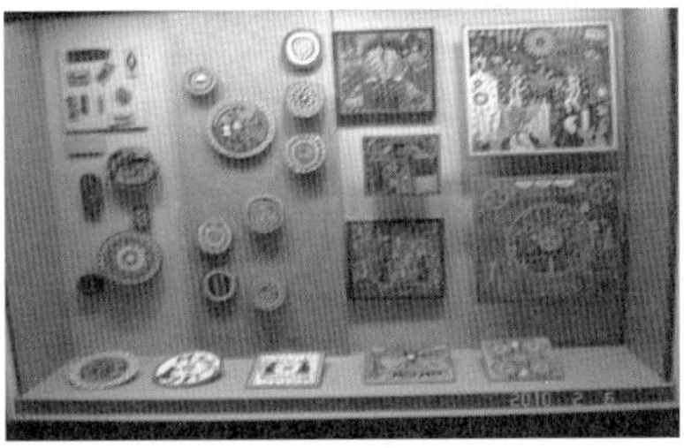

〈유물〉

〈옛집〉

〈벽화〉

표를 사고 짐을 맡기고 경내로 들어갔다. 안내 책자도 팸플릿도 없었다. 소라의 다리가 안 좋아 휠 체어를 빌렸다. 소라는 휠체어를 타기 싫어하는데 억지로 태웠다. 언제나 그렇듯이 나는 대충 보고 소라는 꼼꼼하게 보았다. 대단한 수집이라고 생각했다. 파리의 루브르 박물관에 견줄만하다고 자랑하는 이곳은 마야Mayan와 아즈텍Aztec 유물 등이 다양했다. 구경 온 사람들도 많았다. 반쯤 보고 점심을 먹으러 밖으로 나왔다.

나무 그늘에 앉아 하숙집에서 싸준 김밥을 들었다. 점심을 먹은 후에는 보는 속도가 빨라졌다. 이 박물관에는 멕시코 문명의 전부라 할 수 있는 아래와 같은 유적의 유물이 있었다.

거대한 피라미드 유적인 떼오띠우아칸Teotihuacan, 사뽀떽 문명인 몬떼 알반Monte Alban, 마야문명의 산물인 빨렌께 유적Palenque Ruin, 치첸 잇싸Chichen Itza, 우쉬말Uxmal의 유적을 볼 수 있었다. 그러나 예비지식이 없어서 눈에 들어오는 것은 별로 없었다.

아즈텍 달력을 정말 보았다. 이 것 하나만으로도 이 박물관을 관광한 보람은 있었다. 솔직히 잘 모르긴 해도.

아즈텍 달력

아즈텍 달력은 한 달이 20일이다. 그래서 태양의 돌을 흔히 아즈텍의 달력이라고 해석하는 견해를 뒷받침해준다. 아즈텍 사람들은 지금의 멕시코 지역에서 살았으며 여러 신 중에서 태양신을 최고로 믿었다.

아즈텍 달력의 석판은 아즈텍의 주신인 태양신에게 바치기 위해 만들어진 달력이다. 지금은 역사속에 사라진 아즈텍 문명의 태양 달력, 돌로 된 둥근 형태의 이 달력에는 아즈텍 사람들이 신성시 했던 동물들과 각종 문양이 새겨져 있다.

〈마야력〉

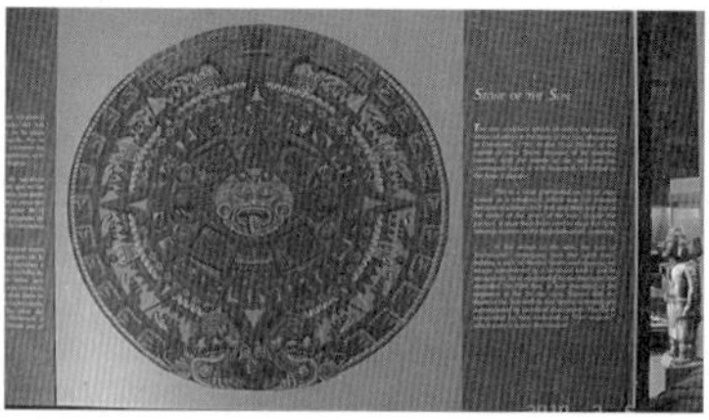

〈마야력을 복원한 그림〉

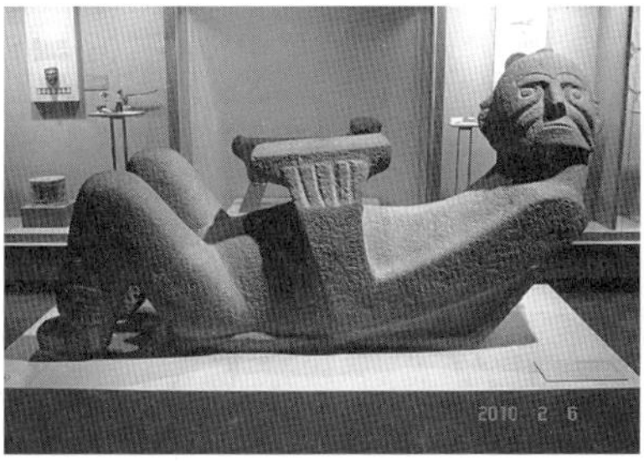

〈비의 신 착〉

〈벽화〉

지름 3.6미터, 두께가 약 1미터,무게가 25톤인 이 돌로 만든 아즈텍 달력은 소깔로 광장밑에 매장되어 있었던것을 1790년에 발굴하여 대성당 타워에 걸어놓았다가 지금의 박물관으로 옮겼다.

마야력

고대 마야 문명권에서 쓰였던 역법의 종류. 상용년과 제례주기로 나누어지는데 상용년에 따르면 1년은 365일이며, 20일씩 18개의 달로 되어 있는데 각 날마다 고유의 이름이 붙어있다. 나머지 5일은 이름이 없고 이날은 불길한 날로 여겨져 금식을 하고 신에게 제물을 바쳤다. 제례 주기는 20일씩 13주기로 나누어 260일 주기인데 상용 년과 52년마다 일치한다. 마야력에서는 BC 3113년을 마야문명의 시작 년도로 설정하였다.

The essentials of the Maya calendar shares many aspects with calendars employed by other earlier Mesoamerican civilizations, such as the Zapotec and Olmec, and contemporary or later ones such as the Mixtec and Aztec calendars.

마야력의 본질은 사뽀텍, 올멕같은 초기 메소아메리카 문명, 동시대 혹은 후기 믹스텍, 아즈텍력에서 사용된 것과 여러 면이 동일하다.

위의 참고 글로 봐서 마야력과 아즈텍력은 동일하다고 생각된다.

이층은 멕시코 문화관이었다. 건너 뛴 곳도 더러 있었다. 이제 그것으로 끝내기로 했다. 소라도 내일 다시 올 필요가 없다고 말했다.

그런데 참 이상한 것은 한국의 유물과 너무 닮은 것이 많았다. 초가와 원두막, 농기구, 활과 화살, 멍석, 베틀, 연자방아, 절구통. 이러니 인디오들은 아세아에서 이동해온 것이라는 말이 설득력이 있었다.

소라의 말로는 호주 원주민은 멕시코의 원주민과 다르단다. 그들은 활 대신 부메랑을 쓴단다.

인도 남쪽의 인종도 부메랑을 쓰므로 호주가 대륙에서 얼마 안떨어졌을 때 남부인도의 드라비다족이 호주의 원주민들이 됐다는 것이다.

2010. 2. 6 토 맑음 〈떼오띠우아칸Teotihuacan〉

멕시코 최대의 유적인 떼오띠우아칸에 가기로 했다. 8시에 알폰소가 오기로 되어있었다. 알폰소가 기사이며 안내인 역할을 할 것이다.

멕시코 시에서 북쪽으로 40km 떨어진 곳에 유적이 있으며 아메리카 대륙에서 가장 큰 피라미드 이란다.

알폰소는 운전경력이 30년이 넘는데 무사고 운전사라고 자랑을 했다. 시내는 무척 막혔다. 멕시코시는 해발 2,241m(최고높이3,930m)의 고원도시이며 인구가 이천백만 명이나 되는 거대 도시이다.

멕시코 시는 도둑과 강도가 많은 위험한 곳이고 고층 아파트가 없어 집은 산꼭대기로 기어오르고 있었다. 육칠십 년대 서울의 달 동네 같았다.

멕시코 시를 벗어나 이어지는 도시를 한 시간 이상 달린 후에야 목적지에 도착했다.

떼오띠우아칸이었다. 멕시코가 자랑하는 문화유산 가운데에서 첫손을 꼽는 곳이다. 유적은 기원전 300년부터 지어지기 시작했고 전성기에는

〈태양의 피라미드〉

〈정교한 돌쌓음〉

〈태양의 피라미드 앞에서 소라와〉

20km² 의 넓이에 20만 명의 인구가 살았다고 한다.

지금 남아 있는 유적은 께쌀꼬아뜰 신전Templo de Quetzalcoatl, 태양의 피라미드, 달의 피라미드, 께쌀빠빨로뜰 궁전Palacio de Quetzalpapalotl, 유적박물관 등과 부속 건축물이 많았다. 이곳은 1987년에 유네스코세계문화유산으로 지정되었다.

관광객들이 많았고 사진을 찍도록 허락했으나 삼발이를 고정해서 찍는 것은 금지되었다.

먼저 태양의 피라미드에 갔다. 세계에서 3번째로 큰 피라미드이다. 이집트 기자의 피라미드(밑변 평균 길이 230.4m 세로 222m, 원높이 147m)와는 조금 달랐다. 규모는 가로 225m 세로 222m, 높이 65m이다.

이 피라미드의 돌은 거석은 아니었고 삼각뿔의 형태도 아니었다. 유감스럽게도 떼오띠우아칸은 복원과정에서 윗부분이 변형되었다고 한다.

〈광활한 유적〉

〈무덤 안의 벽화〉

〈 떼오띠우아칸 유네스코 문화유산 표시〉

점심을 먹고는 달의 피라미드를 보고 유적박물관과 물과 비의 신전을 보았다. 달의 피라미드 옆에 있는 지하에서 거대한 관 무덤을 보았다.

위대한 유적을 보면서 그 당시 착취당한 인간들의 강제노동이 자꾸만 생각 났다. 이 엄청난 일을 어떻게 했을까? 이곳은 인신공양이 이루어진 곳이라 한다.

2010. 2. 7 맑음 〈국립미술관〉

오전 10시에 알폰소가 왔다. 오늘은 구아나후아또 행 버스표를 사고 미술관에 가고 점심은 하림각에 가서 먹고 오후에는 소깔로(헌법 광장)에 가서 인디오의 공연을 보기로 했다.

소라는 귀고리를 하느라고 시간이 좀 지체되었다. 소라의 높은음자리표 금귀고리는 부산언니가 만들어준 것이라는데, 앙증맞게 생긴 그 귀고리를 소라는 무척 좋아한다.

국립미술관이 나타났다. 1911년 네오 르네상스 양식 건축물로 철 장식과 나무 창틀의 아름다운 건물이었다. 1982년 국립미술관으로 리모델링되었다.

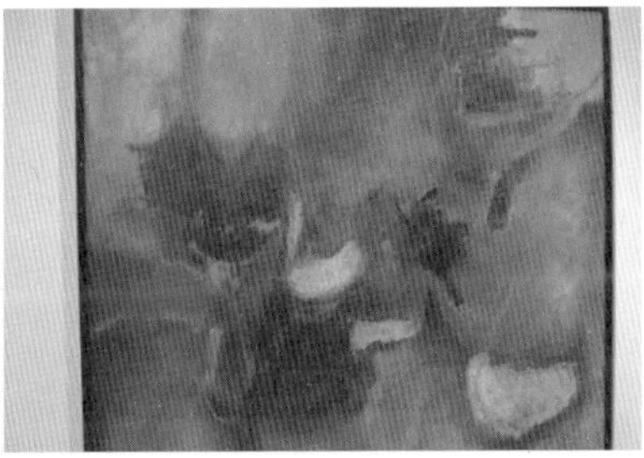

〈미술 작품〉

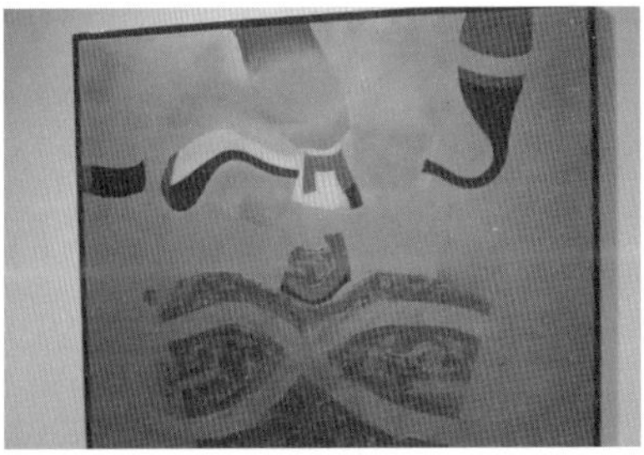

〈미술 작품〉

〈미술 작품〉

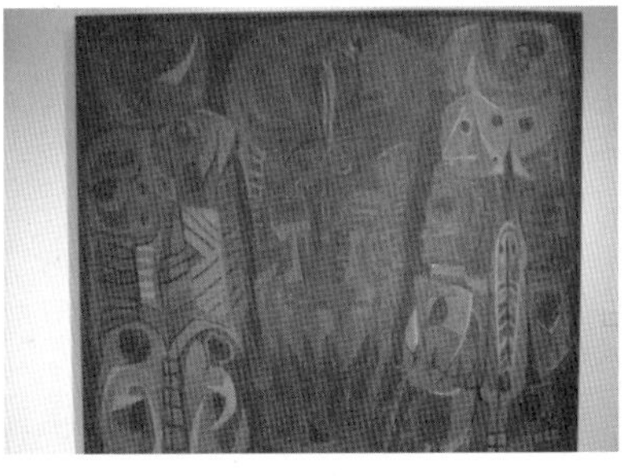

〈미술 작품〉

〈조각품〉

〈유리작품〉

〈조각품〉

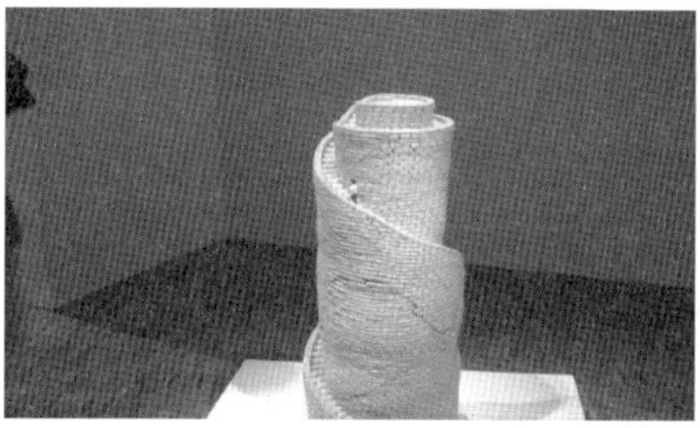

〈조각품〉

〈미술작품〉

미술품은 3시대로 구분되어 전시되었다. 첫째는 1550-1821까지 식민지 시대 작품이고 두 번 째는 독립후 1세기의 작품, 세 번 째는 멕시코 혁명후 1950년대까지로 구분하여 진열했다고 한다. 그 후에 창작된 작품들은 현대미술관을 포함한 다수의 미술관에서 전시되고 있다. 멕시코 예술가들의 작품들이 주이다. 서양이나 미국 미술가들의 작품은 없는 것 같았다. 한 시간여 보고 사진을 좀 찍고 밖으로 나왔다. 그림이 대체적으로 비참해보였다. 오랜 시간 억압된 현실이 반영되어서 일까?

〈미술 작품〉

〈조각품〉

하림각에 가서 방 교수와 같이 점심을 먹었다. 하숙을 알선해준 점이 너무 고마웠다.

좁은 길을 달려 소깔로 광장에 도착했다. 광장은 꽤 넓었다. 대통령 집무실과 몇몇 행정부가 들어가 있는 국립궁전과 대성당의 우중충한 건물이 있었다. 광장에는 사람들이 많이 모였고 소라가 그렇게 보고 싶어 한 아즈텍의 후예들이 춤을 추고 있었다. 깃털과 여러 가지 원색으로 치장한 무용수는 남녀 5명이었다. 돈 바구니가 놓여있었다.

〈프라자의 대성당〉

〈춤추는 원주민들〉

〈정부 청사〉

성당에 들려 무사 여행을 기원했다. 성당 안은 깨끗하고 엄숙했으며 성당 특유의 분위기가 느껴졌다. 훌륭한 성당이었다.

하숙집에 돌아오니 하숙집 아줌마가 도가니탕을 끓여주었다. 이렇게 고마울 수가! 아줌마의 선심에 감동했다. 저녁을 먹고 나니 심심하면 DVD를 보라면서 아바타Avatar 상하 편을 주었다. 한국에 있으면서도 구경을 못한 영화이다. 그런데 한글로 편집된 DVD가 이곳에 있다니! 문명의 교류가 놀라울 뿐이다. 상편은 오늘 보고, 하편은 내일 밤에 보란다. 아줌마는 외출했다. 거실에서 우리만의 시간을 가지며 상편을 소라와 보았다.

2010. 2. 8 월 맑음 〈아비타 감상〉

〈거리의 독립탑〉

〈시내 복판에 있는 수로〉

일을 대충 끝내고 한가해지자 아바타 하편을 마저 보았다. 나는 싫증이 나 중간에 우리 방으로 들어오고 소라는 끝까지 보고 나에게 이야기해주었다.

아바타는 타이타닉의 감독 제임스 카메론의 SF작품이고 아카데미상을 많이 받은 유명한 영화이다. 한국을 포함한 전 세계 역대 흥행 1위를 기록하였다.

한마디로 만화 같은 황당한 이야기이다. 머나먼 행성 판도라에 대체 에너지 자원을 채굴하기 위해서 '아바타 프로젝트' 를 계획한다. 판도라 주위에 독성의 대기를 극복하기 위해서 아바타를 탄생시킨다. 남자 주인공 제이크 설리는 탐색조가 되어 활동하다 야생동물의 습격을 받아 가까스로 위기를 피하지만 탐색조에서 떨어진다. 개 형상의 동물들의 습격을 받을 때 네이티리의 도움을 받아 살아난다. 네이티리는 판도라 행성 나비족 추장의 딸이다. 세월이 지나며 우여곡절 끝에 서로 사랑하게 된다. 마지막에 가서는 제이크 설리는 사랑하는 네이티리를 위하여 지구인들의 판도라 행성의 침입을 막아내는 전사가 된다.

전문가들이 보기에는 어떤지 모르지만 나는 이런 영화를 별로 좋아하지 않는다. 황당한 이야기이기 때문이다. 황당한 이야기는 진실성이 부족하다.

저녁에는 하숙집에서 불고기를 해주었다. 나는 3대 먹고 소라는 2대 먹었다. 배가 몹시 불렀다. 정말 고마운 일이다.

구아나후아또Guanajato에는 짐을 가져가지 말고 가볍게 하고 가기로 했다. 10일에 출발해서 13일에 돌아와 하룻밤 자고 14일 오하아카로 떠나기로 계획했다.

2010 2. 9 화 맑음 〈알리에다 공원에서 어느 일요일 오후의 꿈〉

하숙집 아줌마와 같이 꽃시장을 드라이브 하고 시내로 와서 투우장에 갔다. 스페인 문화권이라 멕시코도 투우가 인기란다. 텅 빈 투우장에 투우사들이 연습을 하고 있었다. 사진을 몇 장 찍고 다시 미술관에 갔다.

알라메다 공원의 서쪽 끝에 있는 디에고 리베라 무탈 미술관이었다. 1947년 디에고 리베라가 그린 대형 그림이 그곳에 있었다. 한 벽면을 다 차지한 그 그림은 폭 15.67m 높이 4.175m의 대작으로 〈알리에다 공원에서 어느 일요일 오후의 꿈〉이 작품명인데 미술관의 메인 홀을 차지하고 있었다. 그 그림에는 멕시코의 역사적인 인물이 모두 등장하고 있단다. 그

〈투우장에서 연습하는 투우사들〉

〈디에고 리베라 〈알리에다 공원에서 어느 일요일 오후의 꿈〉〉

림의 수준이 높은 편이었다. 사진 촬영 값으로 5페소를 더 지불했다.

주인댁의 소개로 한국식료품상회에 가서 환전을 했다. 900불에 11,610 페소 받았다. 식료품 상회는 미국에 물건을 사러갈 때 달러를 가져가야하기 때문에 그쪽도 이익이고 우리도 이익이라는 것이었다. 모르겠다. 쌀과 사탕을 좀 사고 돌아왔다.

구아나후아또에서 돌아오는 버스표를 구입하고 멕시코시에서 오하아카에 가는 버스표도 구입했다. 각각 682페소와 836페소이었다. 알폰소에게 수고한 값으로 700페소를 주었다. 많이 주었는지 작게 주었는지 모르겠다. 그는 주는 대로 아무 말 없이 받는다. 이날 쓴 비용이 3,000페소가 넘는다.

2010. 2. 10 수 맑음 〈구아나후아또로〉

중간 도시에서 30분간 쉬었다가 다시 한 시간 쯤 달려 목적지인 구아나후아또에 도착했다. 손님들을 30분이나 묶어두다니, 지금이 어느 시대인데. 이 것 하나만 봐도 멕시코는 후진국이다.

구아나후아또는 스페인이 세운 도시로 고대 유적이 없다. 대신에 세계에서 가장 낭만적인 도시다.

은광으로 발전한 도시답게 재미있는 도시 같았다. 산간지역에 자리잡은 고풍스러운 건물과 다색의 가옥들이 아름다웠다.

예약한 여관에 들려 식당에서 점심 겸 저녁을 먹었다. 그리고 한숨 자고 9시에 깨어 사과 한 알씩과 빵을 먹고 또 잤다. 침대는 하숙집만큼은 따뜻하지는 않았지만 옷을 다 입고자서 춥지는 않았다. TV는 축구 중개가 주였다.

2010. 2. 11 목 맑음 〈구아나후아또〉

멕시코는 국토가 197만 2,250km^2 로 우리나라 넓이 22만 3,170km^2 에 비해 8.9배이다. 인구는 약 1억 1천만이다. 남한 면적은 99,720km^2 이니 19.8배의 넓이이다. 풍부한 노동력과 석유자원 미국과의 근접성으로 상당한 경제발전을 이룩했다. 세계 11위에 랭크되어있다.

방 교수는 멕시코는 자원이 풍부해서 앞으로 잘 사는 나라가 될 거라고 말한 일이 있다. 특히 석유가 많이 나는데 70%는 미국에 수출한다는 것이었다.

아침식사 후에 소라는 밀크, 나는 커피를 마시고 과일도 먹었다. 가벼운 산책을 하고 사진도 찍었다. 그리고 투어 차가 와서 탑승했다. 우리가 처음 타서 가장 좋은 자리에 앉을 수 있었다. 안내하는 아가씨가 스페인 말밖에 몰라 스페인 말로만 설명해서 알아들을 수가 없었다. 소녀 같이 생긴 어린 청년이 영

〈구아나후아또의 정겨운 골목 길〉

〈우니온 정원〉

〈터널의 도로〉

어로 통역해주어서 조금은 알 수 있었다.

지하 감옥은 정복자들이 멕시코 사람들을 얼마나 잔인하게 고문했는가를 말해 주었다. 가공할 고문기구들, 널려있는 백골들. 예수와 성모 뒤에서 어떻게 이런 짓을 했을까? 디에고 리베라의 그림 속에 있던 해골의 의미를 알 수 있었다. 구아나후아또 시가 내려다보이는 언덕에 올라갔다. 그곳에는 금은세공품 가게가 있는 곳이었다.

곧 이어 광산 박물관에 갔다. 금, 은, 구리, 미네랄이 나던 폐광이란다. 그것을 박물관으로 개조해서 돈벌이를 한다.

깊숙한 지하갱도 층계를 밧줄을 붙들고 조심해서 내려갔다. 곳곳에 콤프레서compressor를 비치해 놓았다. 스페인이 멕시코를 지배하기 시작한 것은 1551년부터다. 독립은 1821년 9월 27일이다. 우리나라는 35년인데 멕시코는 약 300년 이다. 그 동안 얼마나 많은 착취와 고문이 있었을까?

구아나후아또는 광산의 도시이다. 시내에는 24개의 터널이 있는데 길이가 12km이란다. 어떻게 그 터널을 만들었을까? 아마 폐광을 이용한 터널이 아닌가싶다.

투어 중에 미로와 같은 터널 몇 개를 지나쳤다. 우니온 정원, 후아래스 극장. 돈키호테 박물관은 투어에 없었다. 내일 봐야겠다.

투어가 끝나고 다운타운이 가까운 다른 여관으로 옮겼다.

저녁때는 비가 내렸다. 밤 8시에 야경을 구경하러나갔다. 광장 주변에는 음악이 흐르고 춤을 추는 사람들이 많았다.

낮보다 밤에 사람들이 더 많은 것 같았다. 옥수수를 사먹고 맥주와 물, 안주를 사가지고 들어와서 오랜만에 소라와 맥주를 마시며 담소했다. 소라는 성격이 낙천적이다.

2010. 2. 12 금 맑음 〈구아나후아또의 돈키호테 박물관〉

어제보다 더 화창한 날이었다. 잠을 충분히 잤다. 잠은 건강을 유지하는 첩경이기 때문이다. 더운물이 나오지 않아 샤워는 멕시코 시에 가서 하기로 하고 세수만 했다.

아침 8시에 식사를 하러 나갔다. 여관에서 운영하는 카페에서 간단한 식사를 할 수 있을 거라고 기대했었다. 그러나 새벽까지 노래가 들리더니 문이 굳게 잠겨있었다. 그곳에서 식사하는 것은 포기하고 이달고 시장 쪽으로 걸어갔다. 그곳에 가면 식사를 할 수 있으리라고 짐작했다. 그러나 그곳에서도 식사를 할 수 없었다. 감자와 빵 과일을 사들고 여관으로 돌아왔다.

오전에는 돈키호테 박물관을 구경하러 갔다. 구아나후아또는 세르반데스의 도시이다. 세르반데스에 대한 모든 것이 있다면 과장일지 모르겠다. 가장 스페인 풍의 도시 구아나후아또에 돈키호테 박물관이 있다는 것은 어쩌면 당연한 것인지도 모른다.

셰익스피어는 인도하고도 바꾸지 않는다는 영국인의 말에 스페인 사람들은 "우리는 셰익스피어(1564.4.26~1616.4.23)와도 바꾸지 않는 세르반데스(1547.9.29~1616.4.23)가 있다" 고 말하지 않았던가. 두 천재는 동 시대에 활동한 문인이고 태어난 날은 다르지만 죽은 날은 신기하게도 같은 해, 같은 달, 같은 날이다. 우연치고는 너무 한 것 아닌가! 흔히 생각이 깊고 행동이 지나치게 신중한 사람을 '햄릿 형 인간' 이라고 하고 현실을 무시하고 맹목적인 정의감에 이끌려 저돌적으로 행동하는 사람을 '돈키호테 형 인간' 이라고 한다. 햄릿형은 사고형, 돈키호테는 행동형이라고 규정해서 생각한다.

그러나 이 말을 처음 한 투르게네프는 햄릿형은 에고이스트이고 돈키호테형 이야말로 이타적이며 자기희생적인 인간형이라고 추켜 세웠다.

〈세르반데스 동상〉

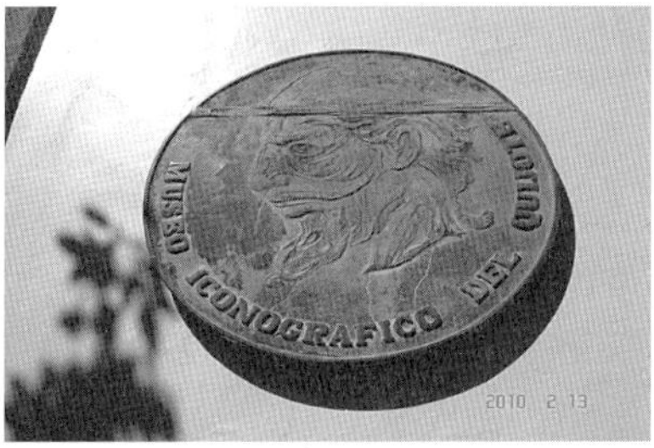

〈돈키호테 박물관 표시〉

〈돈키호테와 산초〉

박물관은 1987년에 문을 열었다. 한 사람당 20페소씩 받았다. 그림은 촬영금지 라 해서 조각만을 좀 찍었다. 소설에 나오는 주인공의 동상을 사진기에 담았다. 돈키호테, 산초 빤사, 둘씨네아, 까르데니오 등이다.

피카소와 달리를 비롯한 스페인과 멕시코의 유명한 화가들의 작품이 전시되고 있었으나 사진을 찍을 수 없어 유감이었다.

구아나후아또는 디에고 리베라가 태어난 곳이다. 그의 생가를 박물관으로 개조했다고 해서 가보았다. 그의 부인인 프리다 깔로의 누드 그림도 볼 수 있었고 멕시코시의 알라메다 공원에서 본 〈알라메다 공원에서 어느 일요일 오후의 꿈〉의 사진을 다시 찍을 수 있었다. 화가들은 참 이상한 사람들이다. 자기가 사랑하는 사람의 육체도 공개한다. 그림이라고 포장해서.

키스의 거리가 있다고 해서 호기심이 발동해서 가보았다. 젊은이들 쌍쌍이 키스를 하는 장면이 적나라했다.

중남미는 밤에 성시를 이룬다. 항상 프라자가 중심이 된다. 스페인 문화권이라 그런지 음악을 좋아하고 춤을 좋아한다. 소라가 음악을 듣고 싶어 했다. 비디오카메라를 가지고 나갔다. 사람들이 구름처럼 모이기 시작했다. 악기를 든 사람들이 여기저기서 나타났다. 곧 연주가 시작되겠지 했으나 의자에 앉아 1시간 이상을 기다려도 연주는 시작하지 않았다. 돌아와 버릴까도 생각했지만 소라가 돌아올 생각이 전혀 없어 그냥 기다렸다.

드디어 연주를 시작했다. 흥겨운 음악이 연주되었다. 관광객들만 관심을 보일 뿐 어린 학생들은 여러 번 보아서 그런지 별로였다. 악단들은 어디론가 사라지고 우리도 여관으로 돌아왔다. 그러나 음악은 밤새도록 들렸고 사람들은 잠을 자지 않았다. 구아나후아또는 말 그대로 낭만의 도시이었다.

2010. 2. 13 토 맑음 〈다시 멕시코 시〉

새벽 3시부터 잠이 깨었다. 구아나후아또는 밤이 없다. 4시가 다되도록 음악 소리가 들린다. 연인들의 속삭임 소리도 그치지 않는다. 4시에 일어나서 라면을 끓였다. 라면을 먹고 짐을 꾸려 6시에 택시를 탔다. 주위가 캄캄했다. 주위가 조용했다. 너무 어두워 두려운 생각이 들었다. 택시 기사는 탈 때는 30페소를 부르더니 내릴 때는 50페소를 요구했다. 우리는 35페소를 지불하고 내렸다. 아무 말도 않는다. 싱거운 사기꾼. 아직 40분을 기다려야한다. 산간지역이라 그런지 추웠다. 장거리버스는 1등급이나 2등급을 구별할 수가 없다. 별로 다르지 않은 것 같다. 멕시코 시의 북부 터미널에 내린 것은 12시 경이었다. 5시간 걸린 셈이다.

알폰소는 30분 이상 기다린 후에 나타났다. 하숙집에 도착 한 것은 2시가 넘어서였다. 발랜타이 축제 때문에 도로가 막히고 대 포르마 큰 길이 통제되었기 때문이었다. 집에 와서 늘어지게 잠을 자고 컴을 점검하고 짐을 꾸렸다. 내일은 이곳을 떠나야한다. 샤워도 하고 빨래도 하였다. 저녁을 먹고 멕시코 여행계획을 수정했다. 일단 오아하까에 가서 몬떼 알반을 구경하기로 했다.

2010. 2. 14 일 맑은 후 비 〈오아하까로〉

하숙집 주인댁은 아침상을 차려주고 7시 10분에 교회에 갔다. 상에는 조기 2마리가 놓여있었고 고추장아찌도 나왔다. 맛있게 아침식사를 하고 짐을 점검했다. 짐이 장난이 아니었다. 내 가방에는 쌀을 넣었더니 무게가 더 나갔다. 알폰소가 와서 주인 아들과 인사를 나누고 정든 하숙집을 떠났다. 여행 중에 이런 하숙은 두 번 다시 만나기 어려울 것 같았다. 동부터미널에 도착, 짐꾼에게 짐을 실렸다. 알폰소와도 헤어졌다. 10일 간 잘 지냈다. 좋은 택시기사이었다.

오아하까에 가는 버스는 만원이었다. 그곳에 가는 대학생들 한패가 탔기 때문이었다. 10시 10분에야 버스는 출발했다. 멕시코 시에서는 버스표를 예매를 하면 수고비로 12페소씩 받았다. 버스는 시내를 빠져나갔다. 톨게이트에는 비가 와서 그런지 물이 차있었다. 차는 천천히 우회해서 갔다. 오른쪽으로 연기를 품고있는 설산이 보였다. 포프카테페틀 산Pop Catepetl Mt(5.465m)이 분명했다. 이스타시우아틀Izta-ccihuatl(5.230m)산도 보였다. 그리고 아열대 경작지와 황무지가 교차해서 나타났다. 설산은 계속 따라왔다. 사구아로 숲이 나타났다. 반가웠다. 애리조나에서 많이 보던 자이언트 선인장이다. 멕시코 사구아로는 몸집이 작았다. 그리고 애리조나에서 본 팔로베르디도 보았다. 노란 꽃이 많이 핀 나무가 아름다웠다. 양봉을 하면 좋겠다는 생각이 들었다. 커다란 고개를 올랐다. 적어도 3,000m는 되지 않을까. 아주 험준한 고개이었다.

〈포프카테페틀 화산과 이스탁시우아틀 화산〉

3시간을 달렸는데도 3시간은 더 달려야한단다. 산에는 소나무와 가랑잎을 달고 있는 참나무가 보이더니 도시가 나타났다. 오아하까이었다.

저녁을 먹고 예약한 여관에 들려 첵크인하고 밖으로 나왔다.

소깔로 광장은 꽤 넓은 곳인데 사람들로 북적이고 있었다. 물이 없어 음료수를 사가지고 와서 물 대신 마셨다. 하도 피곤해서 세수만 하고 잤다.

밤12시가 가까웠는데도 사람들이 소깔로 광장에 있는지 음악소리가 계속 들렸다. 멕시코 사람들은 음악을 참 좋아한다.

2010. 2. 15 월 맑음 〈소라의 안경 맞춤과 전기풍로〉

오늘 할 일은 소라의 안경을 맞추는 일이다. 오아하까에 오면서 소라가 버스에 그만 안경을 두고 내렸다. 회사에 연락했으나 헛수고였다. 소라는 안경 없이 선글라스만 끼겠다는 것을 우겨서 맞추자고 했다. 아무래도 오아하까에서 제일 여유가 있을 것 같았다. 23일 경에나 안경이 완성된다고 해서 우리는 포기하고 여관에 왔다.

여관에 와서 다시 생각해보니 안경점이 그곳뿐만 아닐 거라는 생각이 들었다. 그래서 다시 나갔다. 그 안경점 바로 옆에 큰 안경점이 있었다. 그곳에는 처녀들이 아닌 나이 지긋한 부인들이 점원이었다. 오히려 신뢰감이 갔다. 언제쯤 되느냐고 물었더니 18일 밤에는 된다고 하였다.

이태리제 제일 고급 안경 테를 골랐다. 가격은 6,000페소란다. 생각보다 그렇게 비싸지 않았다.

멕시코 전통 음식을 먹어보고 싶어서 후아레스시장에 갔다. 시장은 서민들의 정서가 가장 잘 녹아있는 곳이 아닌가. 큰 건물 한 동이 온통 시장 식당이었다. 고기 굽는 냄새가 진동했다. 우리나라의 먹자골목과 비슷한 곳이었다. 음식 값이 저렴했다. 멕시코 전통음식을 먹어보고 싶었다. 쇠고기 구운데다 옥수수 빵에 검은 소스를 덮어 주었는데 맛이 있었다. 시장에는 부인네들이 메뚜기를 파는 노점도 많아서 조금 사서 술안주로 먹어보았다. 농약이 나오기 전에는 우리나라 벼논에 메뚜기가 지천이어서 가을이면 그것을 잡아 기름에 볶아 반찬을 해서 먹었다.

늘 부엌이 딸린 여관을 구하다보니까 그게 쉽지 않았다. 그래서 생각해 낸 것이 전기풍로를 하나 사기로 했다. 전기 기구 파는 곳을 찾는 것도 쉽지 않았다. 간신히 찾아서 210페소를 주고 전기풍로를 샀다. 물론 멕시코 제품이었다.

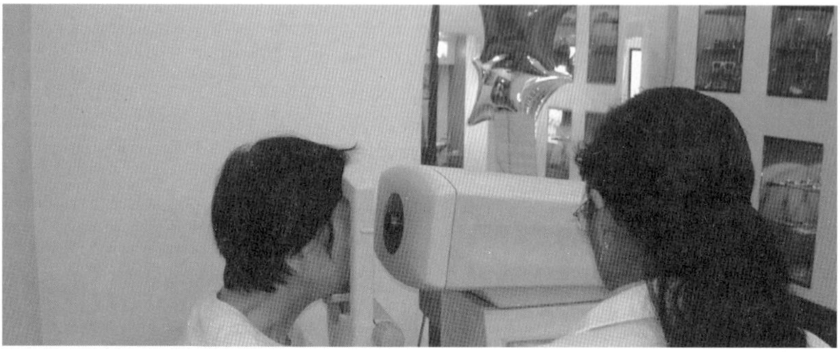

〈소라의 안경 맞춤〉

집에 오는 도중에 소라가 배낭의 작은 주머니 지퍼zipper가 열렸다고 해서 보았더니 카메라 전지가 감쪽같이 없어졌다. 2기가짜리 배터리인데. 퍽 서운했다. 여행도중 잃어버린 것이 다섯 번째 이다. 수첩, 240불이 들어 있는 작은 지갑, 내의, 칼 샌드버그의 시집과 전기, 이번의 배터리. 큰 물건은 아니지만 아끼던 물건을 잃어버린다는 것은 퍽 서운한 일이다. 앞으로 얼마를 더 잃어버려야할지.

저녁은 사가지고 온 전기풍로로 라면을 끓여먹었다. 아침은 밥을 지어먹어야겠다. 내일은 몬떼 알반에 간다. 어떻게 가는가는 알아놓았다.

2010. 2. 16 화 맑음 〈몬떼 알반Monte Alban〉

몬떼 알반Monte Alban은 아메리카대륙에서 최초로 건설된 계획도시로 추측한다. 1987년에 떼우띠오아칸과 같이 유네스코세계문화유산에 등록되었다. 꼬빨copal나무의 하얀 꽃으로 뒤덮여 있다고 해서 '몬테 알반=하얀 산' 으로 불리게 되었다.

그곳에 가는 버스를 9: 30분에 탔다. 한 시간이나 늦게 탄 셈이다. 버스는 상 고물이었다. 차는 힘이 딸려 헉헉거리며 근근이 산길을 오르는 것 같았다. 브레이크라도 고장 나면 어떻게 하나 하는 조바심이 일어났다. 다른 관광객들이 많았는데 그들도 걱정하는지 아무 말이 없었다. 30분 정도 달려 산의 정상에 도착했다.

목측 400m의 산 정상에 유적들이 자리 잡고 있었다. 입구에는 박물관이 있었다. 좀 들어가서 중앙광장, 북쪽제단, 남쪽제단, 볼 경기장, 댄서들의 전시장, 천문대로 이루어졌다. 한국의 남한산성을 연상시켰다. 요새지 같았다.

〈몬떼 알반 박물관의 유물〉

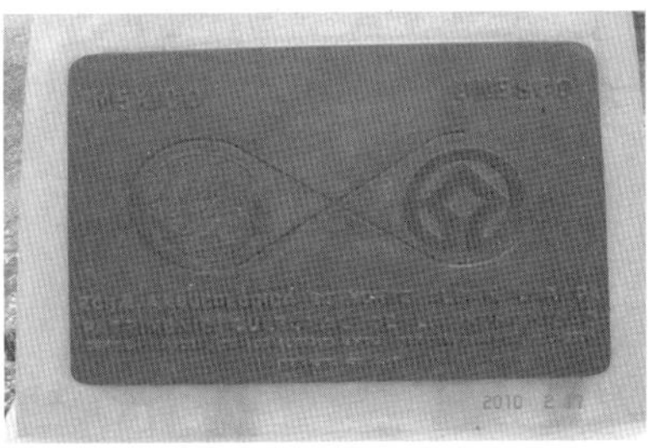

〈유네스코 문화유산 등록〉

〈몬떼 알반 전경〉

기원전 800년경 올멕Olmec문화부터라니 퍽 오래된 유적이다. 그후 기원전 사뽀떽Zapotec문화에서 절정을 이루었다. 피라미드의 돌에 역사가 묻어나왔다. 시간의 두꺼운 때를 단번에 알 수 있었다.떼오띠우아칸이 기원 전 300년경부터라고 하니 알만했다.

이곳은, 내려다보이는 저지대 농노들을 지배하던 지배계급이 살았다고 한다. 샘이라고 할 만한 곳은 발견할 수 없었다. 이 높은곳에서 물을 어떻게 이용했을까? 저아래에서 올려다 사용했을까? 잘 풀리지 않는 수수께끼이다. 내려쪼이는 햇빛이 너무 강렬해 2시경에 그만보기로 하고 돌아오는 버스를 탔다. 저녁은 십일월 이십일 시장에 가서 먹었다. 저녁에 곁들여 오아하까의 유명한 술 메스깔Mezcal 한 잔을 마셨다. 꼭 중국술 배갈 같

〈위에서 본 유적지〉

〈비석〉

〈유적지〉

〈유적지〉

〈유적 안에 공간이 있다〉

은 맛이었다.

저녁 식사 후 소깔로 광장에 가서 음악연주를 듣고 집에 왔다. 소라는 자지 않고 노트북으로 메리다의 여관을 정하느라고 분주했다. 멕시코에서 여행경비는 생각보다 적게 들었다.

2010. 2. 17 수 구름 〈알폰소 에크소Alfonso Eqzo〉

소깔로 광장에서 대성당을 구경하고 사진을 찍었다. 오아하까 미술관에 갔다. 그러나 보수관계로 클로스드closed되어 있었다. 산또 도밍고 교회에 갔다. 4시에 문을 연다고 해서 바로 옆에 있는 오아하까 문화 박물관에 갔다. 17세기 수도원으로 썼던 곳이라는데 육중한 석조건물이었다. 그곳에서 몬떼 알반에서 발굴한 여러 가지 유물들을 보았다. 몬떼 알반의 박물관에서 보지 못한 유물들이 많았다. 발굴자의 업적과 발굴하게 된 동기 등이 담겨있는 영어비디오를 볼 수 있었던 것은 행운이었다. 발굴자는 발굴에 평생을 바친 알폰소 에크소Alfonso Eqzo이다. 그는 부인과 손자의 도움으로 발굴에 성공할 수 있었다고 한다. 유적도 위대하지만 발굴자도 위대하다. 그가 없었다면 이 많은 유적들이 아직도 땅 속에서 잠자고 있을 터이니.

여관에 돌아와 잠시 누웠다가 소라는 세탁을 하고 밥을 지었다. 나는 일기를 쓰고 사진을 정리하였다. 저녁을 먹고 야간 산책을 나가려했으나 소라가 피곤하다고 해서 그냥 쉬기로 했다. 소깔로 광장에서 음악소리가 크게 들렸다.

월말을 즐길 깐꾼의 호텔을 예약하기로 했다. 깐꾼은 세계적인 휴양지이므로 요금이 비싸다. 그래도 멕시코 여행의 끝맺음을 장식하기위해서 그곳의 고급 호텔에서 3일 밤만 머물기로 했다. 아침 식사 포함 하루에144불이란다.

시트를 갈았는데도 몸에 무엇이 기는 것 같았다. 소라는 그렇지 않단다. 내 피부에 이상이 있나.

2010. 2. 18 목 비 〈미트라Mitla〉

산또 도밍고 교회와 후아레스의 집은 내일 가기로 하고 오늘은 미트라 Mitla의 투어를 신청하기로 했다. 미트라는 우리가 가지고 있는 여행 안내서에는 없었다. 인터넷에서 알았다. 요금이 180페소라 싼 편이었다. 아침에 일어나 밥을 지어먹고 커피를 가지러 로비에 가려고 문을 여니 비가 내리고 있었다. 어제 저녁에 잔뜩 구름이 끼었더니 결국 비가 내린다. 오아하까는 비가 잦은 곳인가 보다.

시간을 절약하기 위해서 나 혼자 사과와 빵을 사오고 투어를 신청하기로 했다. 십일월 이십일 시장에 갔다 오는데 약 50분 걸렸다. 사과는 작고 못생긴 것만 있어서 2개만 사고 빵은 4개 샀다.

투어 티켓은 600페소이었다. 왜 그러냐고 물었더니 다른 곳이 추가돼서 그렇다고 했다.

우리는 비옷과 우산을 챙기고 투어회사에 갔다.

처음 간 곳은 큰 나무 투어이었다. 이렇게 큰 나무를 평생에 본 일이 없다. 나무 이름은 일종의 측백나무Taxodium Mucromatum(The Montezuma Cypress), 나이는 2000년, 표고는 42.00m이고, 둘레는 56.00m이고, 지름은 14.06m이고, 무게는 636.107tons이며, 부피는 816.107㎥ 이었다. 우리나라 학교 교실 하나만한 크기라면 비유가 될지 모르겠다. 그 옆에 새끼나무도 있었는데 그 나무도 엄청 컸다.

〈몬테주마 사이프러스〉

용문사 은행나무는 천연기념물 제30호로 지정된 나무인데, 수령 1110년, 높이 60m, 둘레 4m로 동양에서 가장 큰 은행나무라 한다. 둘레가 56m : 4m 이다.

일행은 8명이었다. 다음은 천연염료를 사용하여 카페트 짜는 곳을 구경하고 아구아Agua를 구경 갔다. 2,000m급 정상에 미네랄을 포함한 약수가 나오는데, 오랜 세월 만들어 낸 휘귀한 색깔이었다. 세계에 3곳이 있는데 오아하까에만 두 곳이 있고 다른 한 곳은 터키의 파묵칼레 이다. 그곳 구경을 마치고 큰 재를 넘어 메스깔 공장이 있는 식당에 가서 점심을 먹었다.

〈신비한 아구아〉

〈메스깔 공장의 용설란〉

오늘의 하이라이트인 미트라를 향했다. 미트라는 스페인 말로 '사자死者의 집' 이다. 미트라는 몬떼 알반과 달리 평지에 있었다. 옆에 성당이 있었는데 미트라의 돌을 빼다가 지은 교회란다. 스페인 정복자들의 만행을 엿볼 수 있는 짓거리이었다.

사자의 집 미트라는 기하학적인 무늬가 정교하게 그려진 건축물이었다. 떼우띠우아깐이나 몬떼 알반과 다른 점은 실내 공간이 있었다. 출입문은 커다란 대리석을 이용했고 벽이 대단히 두꺼웠다. 도색한 흔적이 엿보였다. 미트라는 두 번 째로 가장 중요한 사뽀떽 문화의 고고학적 유적이다. 또한 몬떼 알반이 정치적인 중심지이었다면 미트라는 종교적인 중심지이었다.

비가 쏟아지기 시작했다. 모두들 우산을 꺼내 받고 구경을 했다. 침침한 지하실은 시체를 넣어두던 곳이라 한다.

돌아오는 길에 또 하나의 메스깔 공장에 들려 제조과정의 설명을 듣고 메스깔을 얻어마셨다.

〈미트라 외부〉

〈미트라 내부〉

〈바로 옆의 성당 내부〉

메스깔은 용설란의 몸통을 땅속에서 발효시키고 그것을 연자방아 같은 곳에서 섬유소를 자잘하게 빻아서, 가마 같은데 넣고 불을 때서 증유시켜서 만든다. 상당히 독한 술이었다. 소라도 한 잔 마시고 기분이 좋아졌다.

7시에 소라의 안경을 찾으러 갔다. 안경을 잘 만들어 놓아 기분이 좋았다. 새로 산 안경 덕에 소라의 얼굴이 돋보였다. 그 눈에 그 얼굴인가!

2010. 2. 19 금 맑음 〈베니또 후아레스의 기념관〉

오늘도 비가 내린다더니 맑았다.

10시 반쯤 산또 도밍고 교회에 갔다. 다행히도 문을 열어놓았다. 1575년부터 짓기 시작하여 1608년에 완성된 교회로 바로크식 건축양식의 아름다운 교회이었다. 대성당보다 1세기 빨리 문을 연 교회이다. 천장부터 제단까지 황금으로 장식한 내부는 황홀했다. 금이 얼마나 많으면 이러한 교회를 지을 수 있었을까. 정복자들의 위대함보다는 착취가 먼저 떠올랐다. 사진을 찍는 관광객이 참 많았다.

다음은 후아레스B.Juarez(1806-1872)의 집에 걸어서 갔다. 조그마한 기념관이었는데 둘이 74페소를 받았다. 오아하까 출신의 베니또 후아레스가 어릴적에 10년 동안 살았는데 1974년에 박물관으로 만들었다. 후아레스는 원주민으로 유일하게 1858년에 대통령이 되어 1872년에 심장마비로 사망할 때까지 다섯번이나 대통령이 된 인물이었다. 근대화를 이룬 그는 정복자에게 저항한 혁명군 총사령관이었다.

그는 37세 때 17세 난 소녀와 결혼했는데, 후아레스가 하인으로 있던 주인집 딸이었다고 한다. 그의 가족사진, 흉상, 신문스크랩, 간소한 식탁, 접시, 1인용 침대, 권총 등이 전시되었다. 유물이라야 소박하고 간단했다. 이렇게 큰 인물의 기념관 치고는 너무 초라하다는 생각이 들었다.

〈원주민 대통령 후아레스 부부〉

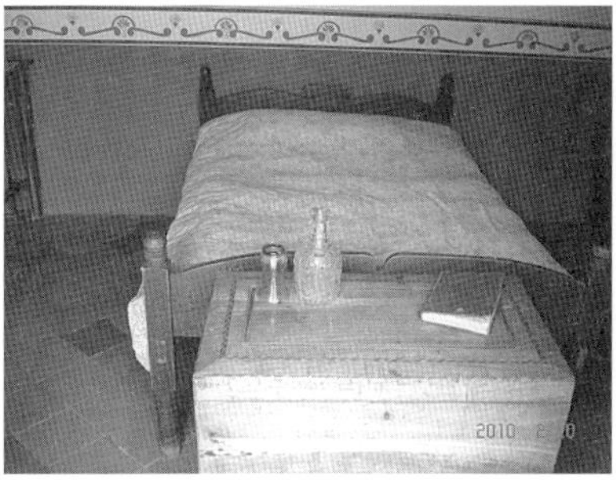
〈후아레스가 사용하던 침대〉

〈축제의 가무〉

저녁에는 바로 옆에 있는 카미노 리얼 호텔에 갔다. 7시부터 시작하는 축제에 간 것이다. 이 축제가 금요일 밤에만 열리기 때문에 오아하까에서 오래 머무른 것이다. 교실 3개는 되어 보이는 홀에 사람들이 꽉 찼다. 우리는 원주민 춤을 보러 갔는데 스페인 춤 같았다. 관객도 전부 백인들이었다. 소라는 비디오로 열심히 찍고 녹음했다. 춤은 아홉 마당이었다. 끝나고 여관에 오니 여관비가 착오가 난다고 해서 498페소를 더 지불했다. 계산이 복잡하고 어려워 그냥 달라는 대로 주었다. 내일 오후에는 빨렌께로 떠난다.

포도주 한 잔을 마셨더니 잠이 잘 왔다.

2010. 2. 20. 토 맑음 〈빨렌께로〉

오후 다섯 시에 빨렌께로 떠난다. 오아하까에서 그곳에 가는 버스는 하루 한 대밖에 없으며 야간 버스에다 험한 산길을 가야한단다. 물론 예매를 했다.

오전에는 어제 밤에 고장 난 소라의 비디오를 고치러 비디오 가게에 갔다. 어제 본 기억이 있어 쉽게 찾았다. 그러나 그곳은 판매점이고 수리 점은 다른 곳에 있단다. 다시 물어 물어서 수리 점을 찾았다. 지금 당장 고치는 것이 아니고 다음 주 화요일에 오란다. 우리는 포기하고 메리다에 가서 고치기로 했다. 집에 와서 점심을 해서 먹고 2시에 체크아웃을 했다. 택시를 불러달라고 했다.

하루에 한 대밖에 없는 버스라 그런지 승객들이 많았다. 시간이 되자 버스가 출발했다. 어제 온 미트라 쪽으로 버스는 달렸다. 미트라가 있는 마을을 지나자 버스는 산으로 붙었다. 꼬불꼬불한 산골길을 달렸다. 어둠이 온 산을 덮자 험준한 산길도 어둠에 묻혔다.

버스는 크고 작은 도시를 들리는 완행버스로 바뀌었다. 모두들 잠이 들었는지 코고는 소리가 요란하게 들렸다. 소라도 잠이 들었다. 나만 혼자 깨어있는 것 같았다.

목적지인 빨렌께에 도착한 것은 이튿날 8시 30분이었다. 오아하까에서 빨렌께까지 타고 온 사람은 겨우 6명이었다. 독일에서 온 백인 처녀 셋과 현이라는 한국계 교포 한 명과 우리 둘이었다.

우리는 현과 금방 친해졌다.

2010. 2. 21 일 맑음 〈빨렌께 Palenque 유적〉

현은 스페인 말도 조금 구사하는 청년이었다. 미국에서 컴퓨터 회사에 다니는데 휴가를 얻어서 멕시코에 왔단다. 빨렌께를 구경한 후 과테말라의 티칼을 구경하고 미국으로 돌아간단다. 우리도 티칼에 가고 싶었지만 위험한 곳이라 해서 포기했다.

사실 마야문명은 티칼이 있는 과테말라의 페텐 지역과 온두라스의 코판이 초기의 중심지이다. 중기는 빨렌께의 유적이고, 말기의 유적이 유카탄 반도로 옮겨졌다. 우리는 티칼에 가는 대신 유카탄 반도의 우쉬말과 치첸 잇싸에 갈 것이다.

현이 사진을 보내주고 우리는 위 두 곳의 사진을 보내주기로 약속했는데 그 후 연락이 되지 않았다. 그가 무사히 귀국했기를 바란다.

예약한 여관은 찾기가 어려웠다. 현이 친절하게도 찾아주었다. 여관이라고 할 수도 없는 초라한 곳이었다. 군대의 야전 막사 같은 곳이었다.

오후에는 빨렌께 유적을 보러갔다. 이 유적은 정글에 있었다. 정글에 들어가는 값으로 둘이 50페소를 주었다. 미니버스비는 1인당 10페소이고 관람료는 별도이었다.빨렌께 유적은 거의 800년이나 정글 속에 파묻혀 있던, 멕시코에서는 가장 유명한 마야유적지로 손꼽힌다는 곳이다.

〈세계문화유산 등록 표시〉

〈우리가 머문 막사〉

〈유적 지도〉

〈빨렌께 유적〉

〈유적에서 현과 같이〉

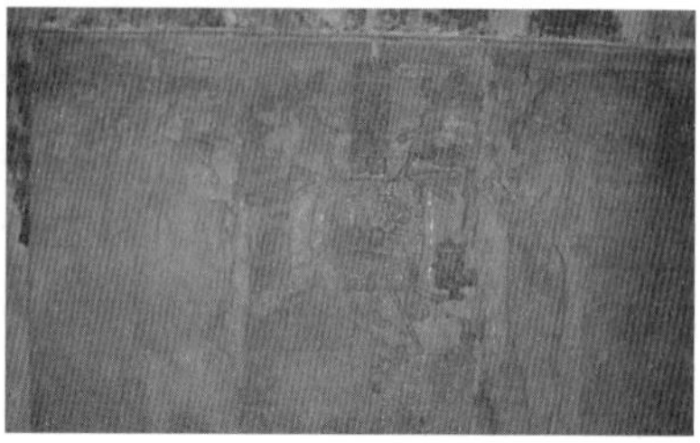

〈벽화와 상형문자〉

유적은 지금까지 북쪽에서 본 유적보다 아름답고 뛰어났다.

빨렌께는 2.5km² 의 넓이에 궁전, 해골의 신전, 붉은 여왕의 신전, 비문의 신전, 태양의 신전, 잎사귀 십자가의 신전, 십자가의 신전, 볼 경기장, 백작의 신전과 아직 미완성인 박물관이 있었다.

기록에 의하면 2.5km² 는 유적의 10%에 불과하다고 한다.

내 생각으론 빨렌께 유적에서는 비문의 신전에서 발굴된 마야 상형문자의 석판원문이 가장 중요한 유물인 것 같았다. 마야세계에서 두 번째로 긴 원문(가장 긴 원문은 온두라스의 코판 유적에 있음)인데 역사적인 귀중한 자료가 될 것이다. 비문에는 4대에서 12대까지 약 180년 동안 빨렌께 시의 역사가 기록되었으며 빨렌께의 삼신三神에 대한 기록이 핵심이다. 내부의 석판에 그려진 벽화는 신을 가운데 둔 왕과 왕비의 모습 같았다. 빨렌께의 가장 위대한 군주인 빠깔왕의 석관도 비문의 신전에서 발견되었다. 다음은 코판의 상형문제애 대한 글이다.

The Hieroglyphic Stairway – The most famous of Copan's monuments, 63 steps and several thousand glyphs tell the history of the royal house of Copan and is the longest known text of ancient mayan civilization. Unfortunately, the steps have fallen out of place leaving the exact meaning undeciferable.

히에로글리프 계단(상형문자 계단 hieroglyphic stairway)

63개의 계단과 수천개의 상형문자가 새겨진 가장 유명한 코판의 기념물이다. 이것은 코판왕가의 역사를 말해주며 고대 마야문명이 남긴 가장 긴 기록이다. 불행히도, 계단이 붕괴되어 정확한 의미의 해독이 불가능하다.

궁전 뒤로는 지금까지 보지 못했던 정글이 나타났다. 시다라는 서양 삼나무와 마호가니, 열대 상록수인 사포릴라의 짙은 정글은 별 세계 같이 느껴졌다. 우거진 숲속을 흐르는 계류가 맑디맑았다.

미완의 박물관으로 내려오다 보니까 계류옆 바위에 왕비가 목욕하는 정자가 있는 것도 재미있는 것이었다. 상상만 해도 즐겁지 않은가. 이런 정글의 맑은 계류에서 대낮에 왕비가 목욕했다는 것은 하늘에서 내려온 선녀를 상상할 수 있는 것이 아닐까.

박물관에는 볼 것이 참 많았다. 마야인들의 종교, 우주관 등이 묘사되어 있었다. 그 중에서 압권은 빠깔왕의 관이었다. 굉장히 크고 아름답게 조각된 관이었다.

〈박물관의 빠깔왕의 석관〉

〈유적〉

〈유적의 망루〉

저녁을 지어먹고 잠을 잤다. 창문도 없는 숙소이었다. 다만 가는 철망으로 된 모기장이 창문을 대신했다. 무서운 생각이 들었다. 정글에서 이렇게 노출된 상태로 자도 되는 것인지 모를 일이었다.

밤에 일어나서 별을 보기로 해서 소라를 깨웠다. 밖에 나갔더니 별이 너무 아름다웠다. 소라가 무척 좋아했다. 먼 곳에서 음악소리가 들렸다. 아직 밤 12시 였다. 그곳으로 조심스럽게 발길을 옮겼다. 사람들이 모여 있고 춤도 추었다. 술을 마시는 사람도 많았다. 맥주를 마시고 싶었으나 돈을 가져가지 않아 내일 마시기로 하고 숙소로 돌아왔다. 물을 살 수 없어 생강차를 끓였다. 소라는 벌레소리가 너무 아름답다면서 녹음을 했다. 닭울음소리 개짖는 소리가 들렸다. 한국의 사라진 시골의 풍경이었다. 유별난 곳에서 하룻밤을 보냈다.

2010년 2. 22 월 맑음 〈마야문명과 아구아 아술Agua Azul〉

중앙아메리카의 역사는 기록이 전무하기 때문에 정확하게 알 수는 없을 것 같다. 마야의 상형문자가 있었지만 스페인의 식민정책과 성직자들이 이교도의 기록이라 하여 전부 불태워 버렸기 때문에 남겨진 기록이 전혀 없어 추측하는 수준이다.

〈미솔아〉

〈미솔아에서 라 〉

〈아구아 아솔〉

중앙아메리카의 마야문명은 앞에서 진술한 봐와 같이 남쪽에 퍼져있었다. 이에 반하여 북쪽에는 올멕 문화가 번성하였으며 그 중심은 중기 고대기에 해당하는 떼오띠우아칸이나 몬테 알반, 엘 타힌El Tajin 등의 도시국가가 발전했다. 이들의 기반 위에 북 멕시코의 수렵민족이었던 아즈텍이 남하하여 이룬 문화가 아즈텍 문화이다. 따라서 아즈텍의 유적지는 떼오띠우아칸의 근처에 있는 이스키포찰코, 출룰라, 툴라, 호치칼코 등에 있다.

아즈텍 문화는 기간이 짧은데다 정복자들에 의하여 철저히 파괴되었다. 그리고 대부분의 여행안내서에는 이들 지역은 제외되어있다. 그런 이유로

해서 그곳에 가보지 못했다.

밤새도록 풀벌레 소리는 그치지 않았고 오랜만에 홰 닭 울음소리도 들었다. 아침 일찍 일어나서 밥을 지어먹고 조금 쉰 후 약속장소로 가려든 차, 현이 여행 가방을 들고 와서 맡겼다. 그는 오늘 첵크 아웃을 하고 이 근처로 숙소를 옮기려고 하는 것 같았다. 시간에 대어 어제 점심 먹던 장소에 가니 아구아 아술Agua Azul에 간다고 해서 현에게 예약을 부탁하고 그에게 요금을 주었다. 11명이 봉고차에 타고 길을 떠났다. 새벽에 비가 내리는 줄 알았는데 날씨는 청명했다.

처음에 간 곳은 미솔 아Misol-Ha이었다. 가느다란 물줄기의 폭포이었다. 높이는 100m 쯤 되는 것 같았다. 물줄기 뒤로 돌아가는 길도 있고 폭포아래는 깊은 호수라, 백인들은 수영을 했다. 작은 동굴도 있었는데 그곳에서도 10페소를 받았다. 내친 김에 10페소를 지불하고 나만 들어가 보았는데 별 것도 아니었다. 그 동굴 속에서 물이 흘러나왔다. 그곳에서 30분 머물다가 다음에 간 곳은 오늘의 목적지 아구아 아술Agua Azul이었다. 이 말의 의미는 '푸른 물' 이란다. 산에서 내려오는 중간 정도의 내이었는데 물빛이 푸른색이었다. 그곳에서는 3시간의 자유 시간을 주었다. 모두들 수영복으로 갈아입고 수영을 했다. 우리도 수영복을 미리 입고 갔지만 물이 차갑고 강바닥이 돌이 많아 발바닥이 아파서 수영은 포기하고 바로 물에서 나와서 점심을 먹으러 갔다. 한 음식점에 들렸더니 현이 혼자 생선요리를 먹고 있어서 우리도 생선을 시켜먹었다. 생선은 근 한 시간 후에 나왔다. 뚜루차 생선이었다. 익스프레스 커피를 시켜서 마셨다. 진한 커피향에 머리가 맑아졌다.

점심을 먹은 후에 내를 따라 위쪽으로 올라갔다. 500여개의 폭포라고 하더니 정말 수없이 많은 크고 작은 폭포들이 잇따랐다. 주위 환경하며 내川가 장관이었다. 길옆에는 관광객을 호객하는 상점들이 즐비했다. 호객행

위도 그치지 않았다. 상점들이 관광지 깊숙이까지 침투해서 후진성을 면하지 못한 것이 흠이었다. 미국의 관광지는 기념품 상, 딱 한 곳만 있고 상점들은 없다. 어린 소녀에게 몽키 바나나를 한 꼭지 샀다.

〈아구아 아솔의 음식점〉

〈아구아 아솔의 상류〉

〈깊은 담소〉

자연이 풍부한 멕시코는 관리만 잘하면 많은 발전을 할 것 같았다. 이런 폭포는 미국에서도 보지 못했다. 물론 나이아가라와는 비교가 되지 않지만, 아주 특색이 있는 곳이었다.

돌아오는 길은 양옆으로 옥수수 밭이 참 많았다. 옥수수가 주식임을 쉽게 알 수 있었다.

2010. 2. 23 화 비 구름 〈메리다〉

현은 6시에 과테말라로 떠났고 우리는 8시에 메리다Merida로 떠날 예정이다. 라면을 5시에 끓여먹었다. 아침 식사로 라면이라니! 이것이 우리의 여행이다. 소라는 조금 먹고 나는 많이 먹었다. 시간 조절이 안 되고 물을 너무 적게 부어서 라면이 말이 아니었다. 이렇게 형편없이 라면을 끓여본 적은 없었다.

짐을 꾸려나왔다. 밖에 나가니 주위는 어두웠으나 마침 정류소에 나가는 차가 있어 요금을 지불하고 탔다. 대형 트렁크 3개, 배낭 3개, 소라의 시장바구니 한개는 밥도 제대로 먹지 못한 처지에서 무거운 짐이었다. 비가 내리기 시작했다. 빨렌께는 비가 많은 지역인가보다.

터미널에서 20페소를 주고 빵을 샀다. 이것이 점심인 셈이다. 서양인 단체 관광객이 있어서 버스는 바로 자리가 찼다. 버스는 동쪽으로 달렸다. 2시간 반쯤 지난 후에야 비가 오는 지역을 벗어났다. 그리고는 산 하나 보이지 않는 평야에 산림이 울창했다. 그런 곳은 좋은 농지로 개간이 가능할 것 같은데. 멕시코는 여유가 있는 나라이다. 가끔 목장과 살림집이 보이고 경지는 별로 보이지 않았다. 빨렌께에서는 산 정상 부근의 비탈에도 옥수수 밭이 수없이 많았다. 빨렌께가 기후적으로 사람 살기 좋은 곳임을 알 수 있었다. 그러나 빨렌께는 작은 도시에 불과했다. 버스는 여러 도시에서 사람을 내리고 태웠다. 1등급 차라는 것이 이랬다. 작은 도시에서 아이스크림을 사서 먹었다.

8시간을 달린 후에야 유카탄 반도의 메리다에 도착할 수 있었다. 메리다의 거리는 한가해보였고 가로수는 머스키트가 많았다. 깐꾼과 치첸 잇싸에 가는 버스표를 미리 구입해두었다.

시장에 가서 이것저것 사고 돌아오는 길에 다른 호텔에 들려본 결과 내일 여관을 옮기기로 했다. 집에 들어와서 피곤해서 쓰러져 잤다.

2010. 2. 24 수 구름 〈여관을 옮기다〉

12시에서 1시 사이에 체크아웃 하면 된다고 해서 오전에 여행안내소에 갔다 왔다. 가서 알아본 결과 8시부터 우쉬말에 가는 버스가 있었다. 내일 날씨가 좋으면 그곳에 다녀오기로 했다. 그리고 워킹투어는 모래하고. 깐꾼에서 머물 시간을 줄이기 위해서 이렇게 늦장을 부리는 것이다.

메리다에 있는 미술관에 갔다. 여러 작품들을 보았다.

〈미술 작품〉

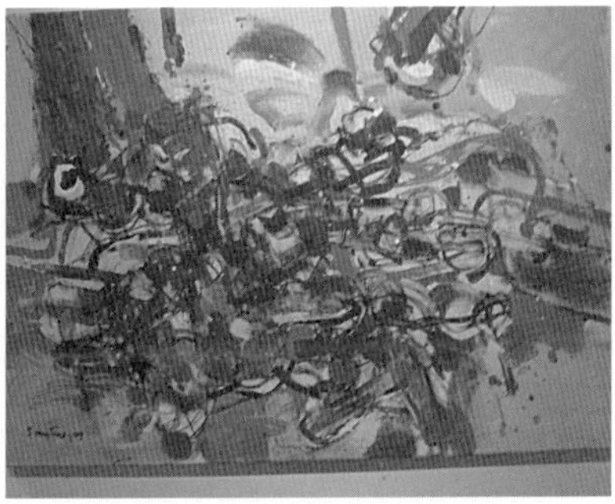

〈미술 작품〉

〈만화〉

〈조각 작품〉

미켈란젤로의〈아담의 탄생〉과 피카소의〈우는 여인19〉같은 훌륭한 그림도 보았다

미켈란젤로 〈아담의 탄생〉

피카소 〈우는 여인 19〉

〈미술작품〉

광장에 있는 대성당에 가서 구경을 했다. 내부도 보았다. 성당은 아주 좋은 곳을 많이 봐서 그게 그걸로 보였지만 기둥과 바닥이 화려했다.

집에 돌아와서 소라는 밥을 짓고 나는 된장국을 끓였다. 점심을 먹고 여관을 옮겼다. 그리고는 피곤이 몰려와서 낮잠을 잤다. 시간이 있으면 이렇

〈몬테주마의 집〉

〈미술작품〉

〈라스코의 들소 벽화〉

〈마야 벽화〉

게 잠을 자고 쉬어야 장기 여행을 견딜수 있다.

2010. 2. 25 목 구름 〈우쉬말 유적〉

우쉬말에 가기로 했다. 우쉬말은 세 번 지어진 도시다. 아침에 일어나니 8시다. 9시 버스가 있다고 해서 서둘렀다. 버스 정류장에 택시로 도착해서 표를 샀다. 한 시간 반을 달린 후에 우쉬말에 도착했다.

둘이 234페소를 주고 입장표를 구입했다. 요금이 비쌌다. 한 사람당 110불이 넘는다니, 울며 겨자 먹기다.

입구에서 가장 가까운 마법사의 피라미드부터 시작해서 수녀의 사원, 볼경기장, 통치자의 성, 대 피라미드, 남쪽 신전, 비둘기의 집의 용마루 장식이 특이했다. 무덤 군까지 보았다. 통치자의 성과 대 피라미드에서 이구아의 무리를 여럿 보았다. 키웨스트에 갈 때도 이구아를 여러 마리 보았다. 소라는 이구아를 볼 때마다 화들짝 놀랬다. 나이 먹어도 역시 여자는 여자다. 소라는 볼 경기장의 링을 보고 싶다고 말했다. 다시 볼 경기장으로 갔다. 볼 경기장은 돌아오는 길에 있었다. 소라는 링을 발견하고 무척 기뻐했다. 통치자의 성 앞에 있는 제규어의 제단도 보았다.

〈유네스코 문화유산 표시〉

〈마법사의 피라미드〉

〈볼경기장 링〉

이곳에서도 역시 물이 문제일 것 같았다. 물과 관련된 의식을 하는 곳도 있었다. 그래서 그런지 피라미드의 외부에 많은 문양의 부조浮彫가 다른 곳에서 볼 수 없는 것이었다.

우쉬말도 역시 마야문명의 유네스코 세계문화유산으로 1996년에 등재되었다. 마야 문화로 맨 먼저 문화유산으로 등재된 곳은 1979년 티칼이었다. 그 다음이 1987년 빨렌께이고 치첸 잇싸는 1988년에 등재되었다.

〈비둘기 집의 용마루 장식〉

〈유적의 전경〉

〈수도〉

떼오띠우아칸과 몬떼 알반은 1987년에 유네스코 세계문화유산으로 등재되었다. 이 이외에도 멕시코는 많은 유적지를 가지고 있다. 벨리즈의 북쪽

쿠엘로에서 3000년 전의 마야유적이 발견되었다. 정글에는 미 발견된 많은 마야의 유적들이 있는지도 모를 일이다.

유물보전과 관리가 그렇게 잘됐다고 보기는 어려웠지만 멕시코는 조상들의 문화유산으로 톡톡히 재미를 보고 있는 나라이다.

밤에 하는 '빛과 소리의 쇼' 는 돌아오는 길의 버스가 확실하지 않아 포기했다.

노천 카페에 앉아 커피를 들며 돌아가는 버스를 기다리는데 어디선가 쑥국새 소리가 한가롭게 들렸다.

노천 카페에서

우쉬말의 유적을 보고
피곤한 몸을 노천 카페에서
커피 한 잔 시켜놓고 앉아있는데
기다리는 버스는 아니 오고
어디선가 소쩍새 소리 들리네.
옛사람들도 들은 숨넘어가는 소쩍새 소리
한국에서는 보리 고개에 들었던 새소리
유적을 돌아다니다가 본 쑥
한국에 있는 쑥이
천만리 떨어진 이곳에도 있네
민들레 씨앗이야 바람을 타고 왔지만
쑥은 파도를 타고 온 것인가?
절구통도
농기구도
길쌈 짜는 기구도
우연의 일치일까
한국인이 옛날 옛적에 이곳으로 이민 온 것인가?

2010. 2. 26 금요일 맑음
〈이자경이 쓴 『멕시코 한인 이민 100년 사』〉

어제 메리다의 시립박물관에 갔었다. 한 사진에서 태극기를 보고 놀랐다. 메리다가 조선말엽에 일본의 꼬임으로 멕시코에 팔려온 한국인 이민과 관련이 있음을 알았다. 소라는 미국에 사는 친구가 이곳에 와보고 50회 홈에 올린 글을 보았다고 말했다.

오늘은 만사 제쳐놓고 10시부터 문을 연다는 한국이민사박물관을 찾기로 하였다. 어제 시립박물관에서 주소는 알아두었지만 쉽지가 않았다. 여러 사람에게 물어 물어서 12시경에 도착할 수 있었다.

그곳은 다운타운에서 꽤 멀었다. 문이 닫혀있어 아무도 없는 줄 알았는데 키가 큰 청년이 나타나서 리모델링Remodeling 중이라 문을 열지 않는다고 말했다. 한국에서 와서 내일 이곳을 떠난다니까. 한국에서 왔다는 말에 반가워서, 수리중이지만 들어와서 보란다. 고마웠다. 청년은 할머니가 한국인이라고 말했다.

〈태극기 앞의 교포들〉

〈교포들의 생활사〉

〈아승만 대통령 사진〉

박물관은 가장 규모가 작은 박물관이었다. 입구에는 이승만 초대 대통령의 사진과 태극기가 유리 액자에 넣어져있고 그 아래 칸에는 이자경이 쓴 『멕시코 한인 이민 100년 사』 라는 두꺼운 책이 놓여있었다. 김기덕의 여권, 타고 온 이민선의 사진. 아름다운 한복과 도자기. 도산 안창호 선생의 사진도 있었다. 한글학교 학생들과 교사가 같이 찍은 사진. 가족사진. 화폐도 진열해 놓았다.

비극적인 멕시코 이민사는 다음과 같다.

〈교포들의 고된 일들〉

〈태극기와 도산 안창호 선생〉

〈멕시코 한인 이민 100년사를 보는 저자〉

1905년에 1,033명은 태평양을 건너 멕시코의 메리다에 있는 에네껜 농장에 배치되어 4년간 농노보다도 못한 대우를 받으며 강제노동에 시달렸다. 에네껜은 용설란의 일종인데 그 섬유질로 배의 밧줄을 만들고 떼낄라Tequila라는 술을 만든다.

1,033명 중에는 황족 1명과 광무군인 출신 200여명 및 전직관리, 양반, 농민, 천민등도 있었다고 한다.

이민 1세대의 고생은 말할 수 없는 것이었다. 1909년 계약이 끝나고 자유의 몸이 된 그들의 상황은 좋아진 것이 아니었다. 그들은 먹고살기 위해서 도시로 흘러들었다. 그 중 288명은 사탕수수밭을 찾아 쿠바로 건너갔다. 그들은 돌아갈 고국이 없음을 한탄하고 자생적으로 국민회를 조직 단결했다. 학교도 세워 한글과 태극기도 가르치고 숭무학교도 세웠다. 그들은 그렇게 고생해서 번 돈의 1/10을 상해임시정부에 독립자금으로 헌금하기도 했다.

이제 이민 5-6세대가 된 그들은 많은 혼혈로 현지인으로 녹아들었지만 2-3만 명으로 추정되는 자손들 중에 출세한 사람이 많이 있다.

다음에 간 곳은 동시대미술관이었다. 인디오 벽화나 록 아트, 도자기로부터 미술발달사를 일목요연하게 볼 수 있는 것은 좋았으나 모든 동시대 작품들이 그러하듯 전혀 알아 볼 수 없는 그림들로만 진열되어있었다.

2010. 2. 27 토요일 맑음 〈치첸 잇싸Chichen Itza〉

멕시코의 마지막 유적지 치첸 잇싸Chichen Itza로 떠난다. 9시에 그곳에 가는 버스표를 예매해두었다.

치첸 잇싸로 가는 차는 관광객으로 순식간에 가득 찼다.

메리다여, 안녕. 교포들에게 손을 흔들 듯 메리다에게 손을 흔들었다. 아린 감정에 눈시울이 붉어졌다. 이제 우리나라는 잘 사는 나라이다. 교포들이여, 힘을 내시라.

치첸 잇싸엔 물품보관소가 있었다. 예약해둔 여관에 짐을 가져다 놓고 오는 수고를 덜어주어서 참 좋았다. 물론 보관료로 41페소를 받았다. 입장료는 116페소 둘이 232페소. 우쉬말과 같이 비쌌다.

다른 곳보다 관광객이 많은 것이 특징이었다. 토요일이라 그런지 상당히 많은 관광객이 몰려들었다.

이곳도 역시 지도도, 설명서도 방향표시도 없는 관광지이었다. 관광후진국의 작태를 유감없이 보여주었다. 한국은 어떤가?

어느 유적지보다 잡상인이 많은 곳이었다. 입구로부터 가장 가까운 곳인 꾸꿀깐Kukulkan(께쌀꼬아뜰의 마야 이름)의 피라미드에 갔다. 이 피라미드는 마야인들의 완벽한 달력과 해시계이다. 사방에 91개의 계단이 있고 지붕 위에 1개의 계단을 더하면 365일이 된다. 또한 52개의 패널panel은 52년 순환을 상징한다고 한다. 아름답고 품격 있는 피라미드이다.

날씨는 뜨거운 태양이 내려쪼여 굉장히 더웠다. 다음에 간 곳은 천문대이었다.

13m높이의 원통형 탑이 지붕위에 있어 천문대로 추정되는 피라미드이었다. 용도는 역시 신전 같았다.

〈유네스코 문화유산 표시〉

〈기념품을 파는 상인들〉

〈꾸꿀깐의 피라미드〉

〈천개의 원기둥〉

마야의 천문학과 수학은 세계 최고 수준이었다. 마야인의 태양력에서 1년은 365.2420일로 오늘날의 365. 2422일과 거의 같다. 달의 운행은 29.5320일로 지금과 비교하면 0.00039의 오차이다.

꾸꿀깐의 피라미드 바로 뒤에 있는 전사의 피라미드에 갔다. 원래 착물 신전이 있던 곳에 세워진 신전이다. 바로 그 옆에는 그리스의 신전 같이 천개의 기둥들이 줄을 맞추어 서있었다. 이곳이 치첸 잇싸의 가장 특징적인 곳이다. 시장과 증기탕을 둘러보고 착물의 무덤이라는 금성의 계단으로 해서 성스러운 샘으로 갔다.

성스러운 샘은 유적에서 약 300m쯤 떨어진 곳에 있었다. 직경이 60m 물의 깊이는 6-12m이며 지상으로부터 22m아래쪽에 있었는데 마야인들은 이곳에 비의 신인 착Chac이 살고 있다고 믿어 많은 제물을 바쳤다. 제물로 산 처녀들이나 어린이까지도 있었다고한다. 이런 야만적인 인신공양은 미개인들의 행태이다. 인간은 퍽 어리석은 존재이다. 구역질이 난다.

샘의 물빛은 연둣빛으로 탁해보였다.

다시 유적으로 돌아와서 쏨빤뜰리와 독수리와 재규어의 제단을 보고 볼 경기장에 갔다.

이 볼 경기장은 길이가 166m/68m이다(월드컵 축구 경기장규격:길이 105m/68m). 지금까지 본 볼 경기장 중에서 가장 컸다. 기록은 중앙아메리카의 볼 경기장 중 가장 크단다.

볼경기의 규칙은 알려지지 않았다. 다만 라켓볼과 유사했을 거라고 추측한다. 링이 볼코트에 도입된 것은 후기이었다. 일반적인 이야기로는 선수는 볼을 히프로 치는 걸로 되어 있었다. 또는 팔뚝, 라켓, 배트 등의 사용이 허용되었다. 볼은 4kg 무개의 생고무공을 사용했다. 개임은 종교적인 의식의 면이 두드러졌고 공식적인 개임은 인신공양의 특징을 띤 행사이었다. 아이러니하게 진 팀이 아닌 이긴 팀의 주장이 인신공양이 되는 점이다. 아이들과 부녀자들도 오락으로 할 수 있었다.

〈성스러운 샘〉

〈볼 코트〉

볼코트는 남쪽은 니카라쿠아까지이고 북쪽은 지금의 중앙멕시코까지 분포되어 있었다.

볼코트의 링 아래로는 경기모습을 새겨놓았는데, 선수 중 이긴 팀의 주장이 제물로 바쳐졌다, 목을 친 곳에서 7가닥의 피가 용솟음쳐서 6마리의 뱀이 되고 하나는 꼬여진 나무가 된 그림이다.

〈치첸 잇사의 7가닥의 피 줄기와 꼬여진 나무 부조〉

피의 의식에 대한 다음과 같은 글은 소름을 끼치게한다.

피의 의식 1

아스텍이나 마야에서는 신에게 사람의 심장을 바치는 삐뚤어진 우주관이 있었다. 그러므로 칼로 산 사람의 심장을 꺼내는 피의 의식을 행하였다.

피의 의식은 입에 담을 수 없이 잔혹한 짓이었다.

일설에 의하면 피의 의식은 명분상의 이유이고 단백질 섭취를 위해서 피의 의식이라는 이름으로 살인을 저질러 그 시체를 요리해서 먹었다고 한다. 주로 제물의 인육은 햇볕에 말려 먹거나 불에 구워 먹었다.

피의 의식이 아즈텍 문명을 멸망시킨 가장 결정적인 역할을 했다. 에르난 코르테스가 아즈텍에 쳐들어오자 가장 먼저 적군에 붙은 이들이 피의 의식에 희생된 가족이나 희생제물로 확정된 무리들이었다.

정복자 에르난 코르테스는 피의 의식을 금지시켰고 대신 자국에서 돼지를 가져와 인육 대신 돼지고기를 먹게 했다.

미국 인디언들은 피의 의식은 없었다. 그들은 주로 들소를 잡아먹을 수 있었기에 인신공양은 필요가 없었을 것이었다.

피의 의식 2

피의 의식은 아스텍족이 섬기는 싸움의 신 '우이칠로포치틀리'에 대한 제사이기도 하였다. 때로는 위험한 사람을 제거 할 수 있는 방법이기도 했다. 그러나 족장이 피의 의식을 할 수는 없었고, 대신 족장은 피의 의식에 제물이 될 사람과 싸워서 누가 제물이 될 것인지 정하기도 했다.

칼은 흑요석으로 만든 것이었다.

아스텍 인은 왕의 생일이나 특별한 날 아니면 휴일인 월요일에는 피의 의식을 치르지 않았다. 그 외의 날에는 무조건 심장을 꺼내야 했다.

1년에 5만 명을 희생시켰다.(이것은 일주일에 천 명, 하루에 백오십 명, 한 시간에 여섯 명, 10분에 한 명을 죽인 셈이다.) 테노치티틀란에 신전을 처음 지은 것을 기념하는 의식에서는 한번에 2만 명을 희생해야 했다.

제물을 다뤄야 하는 사제에게는 별도의 경호 부대가 딸려 있었다. 훗날 이 사제들과 경호 부대원들은 에르난 코르테스에게 몰살당했다.

아스텍 인은 정복한 부족들 사이에 싸움을 조장했다. 그래서 이를 빌미로 삼아 감옥에 가둔 다음, 의식에 필요한 산 제물로 삼았다.

아스텍 인이 제사를 치를 때에는 다섯 가지 방법이 있었다. 각각 잔혹함의 정도가 다르다.

산 제물을 돌 제단 위에 반듯하게 눕힌다. 칼로 가슴을 열고 심장을 꺼낸다. 둥근 돌그릇에 심장을 담아 신에게 바친다.

목을 자른다. 이 방법은 주로 여자를 제물로 바칠 때 사용하는데, 희생된 여자는 나중에 부족을 지키는 신이 된다고 믿었다.

제물을 큰 돌에 묶고 방어용으로 검을 준 다음, 아스텍 전사와 겨루게 한다. 이때, 전사는 톱날이 달린 칼을 쓴다.

제물의 양팔을 묶고, 온몸에 화살을 잔뜩 쏘아 죽인다. 심장 부위는 하얀 점으로 표시하는데, 처음 수십 발은 하얀 점을 피해서 쏜다. 왜냐하면 아스텍 인은 제물이 흘린 피가 땅을 비옥하게 만들어 곡식을 잘 자라게 한다고 믿기 때문이다.

제물을 불 속에 던진다. 그러다가 다시 꺼낸다. 이것을 몇 번 반복해 제물이 바싹 구워지면 심장을 꺼낸다.

피의 의식을 반대하는 입장이었던 사람들은 에르난 코르테스의 편에 붙어 그를 도와서 자신들은 목숨을 부지하고 에르난 코르테스는 황금을 갖게 되었다. 그들은 자발적으로 에르난 코르테스의 앞잡이로 붙었다. 에르난 코르테스 역시 희생제물로 확정된 자들의 이용가치가 있다고 판단했기 때문에 희생제물로 확정된 자들을 보호하며 샤먼들과 그들에 딸린 창과 칼로 무장된 경호병들을, 경호병들과는 비교도 안되는 무기인 총으로 모조리 제압했다. 코르테스는 피의 제사에 희생제물이었던 사람들의 강력한 지지를 얻어 아즈텍을 쉽게 정복하게 되었다.

(인터넷에서)

이미 점심 식사시간이 지났다. 오늘은 맛있는 음식을 먹기로 했다. 입구에 있는 식당에 들어갔다. 사람들이 꽉 찼다. 우리도 창가에 가서 앉았다. 테킬라 한 잔이 생각났다. 소라는 음료수를 마시고 나는 테킬라 한잔을 마셨다. 한 사람 분 음식 합해서 160페소를 주었다. 늘 한 사람 분 음식을 둘이 먹었다. 그래도 남는 경우가 허다했다. 소라는 피곤해보였다. 이곳에서도 밤에 하는 '빛과 소리의 쇼'는 포기했다. 예약한 여관이 20km쯤 떨어진 곳에 있었다.

150페소를 지불하고 여관에 갔다.

숙소는 참 특이한 곳이었다. 천막은 18페소이고 마야의 집(화장실이 밖에 있고 샤워실도 없음)은 50페소. 제대로 된 방은 딱 하나 있는데 700페소를 내란다. 인터넷으로 예약했는데 다른 싼 방은 미끼였다. 술수에 넘어간 것은 우리다. 허허벌판이나 다름없는 이곳에서 어째야 되나. 소라도 700페소짜리 방이 마음에 드는 것 같았다. 그 방을 600페소에 흥정해서 자기로 했다.

방은 침대가 좀 작아서 그렇지 아늑하고 깨끗했다. 고급 호텔의 방과 다름없었다. 그러나 설비는 형편없었다. TV도 안 나오고 물이 찬 물이라 대충 씻고 잤다. 풀벌레 소리,닭 울음, 개짓는 소리가 밤새도록 들렸다. 자다가 깨어 별을 보러 나갔지만 구름에 가려 볼 수 없었다.

2010. 2. 28 일 맑음 〈깐꾼 Cancun〉

중앙아메리카의 피라미드는 전쟁을 위한 것은 아닌 것 같다. 요새지 라고 하면 몬테 알반이 동양의 성과 같다고 할까. 떼우띠우아칸이나 우쉬말, 치첸 잇싸도 평지에 있다. 산기슭에 있는 빨렌께는 어떻게 보면 요새지라고 할 수 있고 어떻게 보면 계곡에 물이 흐르는 일급 휴양지이다.

이 많은 피라미드를 건축하기 위해서 위정자들이나 샤먼들이 시민들을 얼마나 착취했을까? 얼마나 많은 인신공양에 희생된 사람들이 많을까? 마야는 선한 사람은 착취당하고 악한 인종이 득세하는 사회가 아닌가. 인터넷에 있는 피의 의식이 사실이라면 그런 나라는 마땅히 망해야한다.

우리는 10: 35분 버스를 타야한다. 그러려면 택시를 타야하는데, 마을에

〈마을에 있는 유적〉

〈치첸 잇사〉

는 택시가 없단다. 주인에게 부탁했더니 200페소를 내란다. 택시는 150페소를 받는다니까. 개스gas 값이 올랐다며 안 된다고 한다. 속이 빤히 들여다보이지만 하는 수 없다. 그에게 200페소를 주고 차를 탔다. 상황이 이러니 어쩔 수 없는 일이었다. 칫센 잇싸에 도착, 차를 기다렸다.

한 시간이나 기다려서 깐꾼행 버스를 탔다. 오전에는 1등급 버스가 없어서 2등급 버스를 탔는데 우리나라 예전의 완행버스 수준이었다. 태워달라는 데는 다 서고 내려달라는 데는 다 서는 참으로 편리한(?) 버스이었다.

회사에서 나온 감독관이 연달아 5명이나 탔다. 멕시코도 부정이 심한 모양이었다. 반대 방향에서 오는 같은 회사 버스에게 수신호도 해주었다. 도로는 시골 2차선 도로라 한적했다. 마을에는 야자수와 바나나 나무가 많았다.

결국 4시간이나 걸려서 깐꾼에 도착했다. 호텔까지 가는 버스를 흥정하는데 100페소를 내라고 말했다. 바닷가로 고급호텔이 즐비하게 서있었다. 예약한 호텔은 President Inter Continental Hotel이었는데, 비성수기 요금이라 쌌다. 이곳 일급호텔은 300불 이상인데 우리는 반값이하로 예약을 했다.

바다가 보이는 높은 층을 달랬더니 40불을 더 요구했다. 방을 본 후에 결정하겠다고 말했다. 예약된 방은 3층이었다. 창문을 여니 바다가 보였다. 수영장도 코앞에 있었다. 우리는 그냥 3층에 머물기로 했다. 소라는 카운터에 가고 나는 짐을 정리했다. 바다로 나갔다. 아홉 색깔의 물빛과 떡가루 같은 모래사장은 어느 곳에서도 구경하지 못한 것이었다. 감탄사가 절로나왔다. 참으로 아름다운 바다와 해변이었다.

잠깐 구경을 하고 호텔 식당에 들렀다. 식당은 마야식 건물이었다. 천장이 높고 서까래가 보이고 이엉으로 지붕을 덮었다. 시원하게 지어놓았다. 점심겸 저녁으로 비싼 음식을 먹고 수영복으로 갈아입고 바다에 다시 나갔다.

기온이 낮아서인지 바다에 들어간 사람은 별로 없었다. 바다에 들어갈 수 없어 수영장에 들어갔으나 물이 너무 차가웠다.

밤에는 밤참으로 라면을 끓여먹었다. 침대에 누웠는데 바람이 약간 부는지 파도 소리가 자장가처럼 들렸다.

〈깐꾼의 바다〉

〈호텔 식당〉

〈백사장과 바다〉

〈백사장과 바다〉

2010. 3. 1 월 맑은 후 흐림 〈깐꾼의 바다〉

3월 1일 광복절이다. 이곳에서 맞는 광복절에 남다른 감회에 젖는다. 멕시코 교민들이 그 악조건에서 번 돈의 일부를 독립자금으로 상해임시정부

〈보트위에서 라〉

〈백사장에서 둘이〉

에 보낸 점에 숙연해졌다.

〈보트위에서 저자〉

호텔에서 향나무 냄새가 짙게 났다. 잘 살펴보니 호텔의 출입문이 향나무이었다. 사막지대에 많은 향나무가 좋은 목재로 쓰임을 알았다.

아침 식사를 하러 식당에 갔다. 바다는 푸르렀고 하늘은 맑았다. 우리는 바다를 바라볼 수 있는 자리를 잡았다. 점점 식당이 손님들로 찼다. 우리 빼고는 백인들이 전부이었다. 나는 영양보충을 위해서 쇠고기를 주로 가져다 먹었다. 이럴 때 배가 좀 컸으면 좋겠는데 그렇지 못하다. 소라는 생선, 쇠고기, 우유, 과일을 주로 먹었다. 마지막으로 커피잔을 들고 바다에 나갔다.

바닷가로는 일급 호텔이 끝없이 늘어져 있었다. 이 많은 호텔을 위하여 얼마나 많은 투숙객들이 몰려 와야 할까? 계산이 잘되지 않았다. 오른 쪽으로 가보기로 했다. 오른쪽으로 갈수록 모래밭은 좁아졌으나 물빛은 더욱더 아름다웠다. 바다가 얕아서 놀기에 좋은 곳이었다. 우리는 다정스럽게 손을 잡고 남부러울 것 없는 연인으로 바닷가를 거닐었다. 어제 오후보다 바다를 즐기는 사람들이 많았다. 잔파도가 가끔 밀려와 물방울을 튕겼다. 말로만 듣던 깐꾼에 이렇게 와 있다니 꿈만 같았다. 소라는 흥에 겨워 '가고파' 를 작은 소리로 불렀다.

> 내 고향 남쪽바다 그 파란 물 눈에 보이네
> 꿈엔들 잊으리오. 그 잔잔한 고향바다.
> 지금도 그 물새들 나르리,
> 가고파라 가고파……

부산의 해운대를 생각하는 것 같았다. 해운대에는 약국 언니가 살고 있다.

언제나 들어도 고향에 대한 향수를 자아내는 노래이다. 오늘따라 더 센치하게 들렸다.

〈해수욕 장에서 바라본 호텔〉

〈실내수영장〉

〈백사장과 바다와 하늘〉

깐꾼의 바다 앞쪽 멀리에는 육지가 있어 방파제의 역할을 하고 바다는 양쪽으로 연결되어 있는 것 같았다. 그래서 커다란 호수 같은 인상을 주었다. 우리는 큰 바다 있는 곳까지 걸어갔다 왔다.
호텔방에 돌아와서 푹 자고 일어났다.

2010. 3. 2 화 맑음 〈아홉 색깔의 바다〉

새벽하늘은 구름이 끼어있고 어제 오후의 바람은 비를 품은 바람이었다. 날씨가 좋지 않을 것으로 생각했으나 맑은 날씨이었다. 다만 바람이 약간 불었다. 새벽 산책을 하고 식당에 갔다. 어제의 그 테이블에 앉았다. 어제와 마찬가지로 나는 쇠고기 요리를 먹고 소라에게도 가져다주었다. 소라는 과

〈일광욕을 즐기는 사람들〉

〈바람에 흔들리는 야자수〉

〈우리가 잠잔 룸 침대 〉

일을 잘 먹는다. 커피를 연거푸 2잔 마신 후 식당을 나와서 바다로 나갔다.

파도가 바다풀을 밀어 올려놓아서 인부들이 그것을 치우느라고 분주했다. 해변의 모래사장도 정리하고 있었다. 이래서 모래사장이 이토록 아름답구나. 그냥 내버려두면 이렇게 아름다움을 유지할 수는 없을 것 같았다. 여자들이 매일 화장을 하듯 바다와 해변도 화장을 하듯 매일 정리해야하는가 보다. 그것은 아름다움의 숙명이다.

샌들을 벗어들고 오늘은 어제와 반대로 거닐었다. 중년의 백인 사내들이 춥지 않은지 바닷물에 뛰어들어 수영을 하고 있었다.

이 근처에서는 우리가 묵고 있는 President Inter Continental Hotel의 해변이 모래가 가장 곱고 넓은 것 같았다. 그곳을 벗어나자 작은 자갈들이 발에 밟혔다. 바다도 좀 깊은 것 같았다. 다만 콘티넨탈 호텔은 지은 지가 오래됐는지 건물이 우중충했다.

작은 배를 타는 나무다리들도 잠겨있었다. 왼쪽의 해변에는 소규모의 호텔들이 밀집해있었다. 어제만큼 해변을 소라와 손을 잡고 장난을 치면서 거닐다가 돌아섰다. 소라는 잠시 멈추어 서서 바다를 바라보더니 '아홉 가지 색이야.' 하고 말했다. 정말 바다 빛깔이 아홉 가지이었다. '몰디브의 바다도 이렇게 비취빛 이에요.' 하고 소라가 덧붙였다. 나는 성산포의 바다가 비슷한 빛깔이었음을 상기했다. 소라는 산호초는 이런 빛깔이 난다고 말했다. 사실 소라는 세계 곳곳을 민요연구차 돌아다닌 경험이 있다. 그녀는 아프리카까지 갔다 왔다.

호텔에 돌아오다가 카운터에 가서 예비비를 면제 받았다.

방청소를 하는 여자가 왔지만 타월만 교환하고 돌려보냈다.

내일은 긴 비행을 해야 한다. 체력을 비축해둘 필요가 있다. 그래서 잠을 잤다.

인터넷을 했다. 소라의 노트북만 사용했다. 메일을 점검하고 급한 메일을 보내는 정도로.

오후에는 삼발이를 가지고 바다에 나갔다. 깐꾼 바다 사진을 담을 작정이다. 카메라를 삼발이에 고정해서 찍어야 확대가 가능하다고 전문 사진가가 강의한 것을 기억하고 있다. 언제 이곳에 다시 온단 말인가? 그것은 불가능하다. 내 생전에는 없다. 그래서 바다를 제대로 담아보고 싶었다. 햇빛이 안 좋긴 하지만 시도해봐야겠다.

호텔에 돌아와서 시 한편을 썼다.

멕시코 여행을 마치고

돌만 보았다
무모에 가까운 석축 물
돌에 새겨진 무수한 조각을 보았다.
돌의 예술이라고 극찬을 하는데
왠지 서글픈 생각이 든다.

물은 곧 생명이고
비는 곧 자비였다
신전은 필연이었다
인신 공양도 필연이었다

신은 피를 좋아한다는 이 발상
새까만 거짓
통치자의 머리에는 늘 피가 있었다.

떼오띠우아칸Teotihuacan에도
몬떼 알반Monte Alban에도
빨렌께 유적Palenque Ruin에도
우쉬말Uxmal에도

치첸 잇싸Chichen Itza에서도
해골이 발굴되었다.

무수히 많은 해골이 발견되었다.
해골이 말하고 있다.
역사의 이면을 항의하고 있다.

2010. 3. 3 수 맑음 〈휴스턴에서 검색에 걸리다〉

깐꾼에서 3일 밤을 잤다. 그리고 푹 쉬었다. 오후에는 브라질의 리오 데자네이로로 떠나야한다. 비행기표로는 직접 가는 것이 아니고 미국의 휴스턴으로 돌아가서 리오로 간다. 6시간이면 갈 거리를 12시간으로 가는 셈이다. 깐꾼에 온 관광객들은 대부분 쿠바로 간다. 이럴 줄 알았으면 우리도 쿠바로 가서 리오로 갈 걸 잘 못한 것 같았다. 쿠바는 비자를 요구해 귀찮아서 제외했더니 잘 못했다.

어제 밤에는 곳 비가 내릴 것 같은 하늘이었는데, 아침에 일어나 보니 하늘이 거짓말 같이 깨끗했다. 바람은 여전히 불고 바다는 파도소리를 냈다. 샤워를 하고 다시 짐을 점검했다. 첵크 아웃은 1시에 하면 된다. 어제와 마찬가지로 7시에 아침 식사를 하고 바다에 나갔다. 오늘, 마지막이라 생각하니 이 아름다운 해변에게 이별을 고하기가 어려웠다.

떠나던 날

이생진

떠나던 날 구름은
수채화처럼 가볍고
나는 해변의 조가비처럼

남아있고 싶었네.
물밀려 올적마다
발밑까지 따라와
밟히고 싶어 하던 치마 자락
정든 여자만큼이나
떼어놓기 어려워
나도 빙~빙
바닷가만 돌았네.

마음속에 많이 담아가자. 오늘은 사진도 찍지 않고 방향 없이 발길 가는 대로 거닐었다. 떠나는 사람이 많은지 그들도 평상복 차림으로 해변을 거닐었다.

어제보다 더 많은 해초들이 백사장 위로 올라왔다. 작업부들이 그것을 치워 차에 실어 나르고 있었다. 야자수는 말의갈기같은 잎들을 여관 쪽으로 휘날리고 있었다. 모래먼지는 일어나지 않았다. 그러고 보니 모래가 특이한 것 같았다. 이른 아침에도 수영을 즐기는 사람들이 있었다.

긴 비행시간을 견디기 위해서 쉬어야겠기에 방으로 들어왔다. 내일 이 시

〈공항 식당〉

〈공항식당에서 식사를 즐기며〉

〈깐꾼 공항〉

간이면 브라질의 리오에 가 있을 것이다. 리오에도 호텔을 예약해 놓았다.

창문을 통해서 바라본 깐꾼의 바다는 여전히 아름다웠다. 하얀 포말이 보이는 것을 보니 바람이 꽤 심하게 부는 것 같았다.

프론트에 가서 열쇠를 건네고 호텔을 나왔다.

밖에 나가자 바로 택시가 왔다. 요금을 물었더니 200페소란다. 호텔에서는 300페소를 말했었다. 공항까지 가면서보니까 호텔은 끝없이 이어졌다. 안쪽의 바다에는 호텔 한 채도 보이지 않았다.

공항은 꽤 멀었다. 수속을 밟고 1층에 있는 레스토랑에 가서 점심을 먹고 환전소에 가서 남은 멕시코 돈을 바꾸었다. 미화로 17불 받았다.

이상하게 소라가 오늘따라 신경이 날카롭다. 너무 멋진 곳을 떠나는 아쉬움이 남아있는 걸까.

멕시코에 올 때 보다 약간 큰 비행기이었다. 무사히 휴스턴에 도착했다. 일이 터진 것은 휴스턴에서 이었다. 입국 수속을 밟는데 소라의 미국비자를 큰 트렁크에 넣어서 통과가 안 되었다. 미국의 검문검색은 어느 곳 보다 심하다. 결국 화물을 다시 꺼내느라고 비행기 시간을 넘겼다. 내일 이 시간에 떠나기로 했다. 비행기표 교환은 공항에서 해주었다. 리오의 여관 예약도 취소해주고 휴스턴에서의 여관도 정해주었다.

검색은 심했지만 이런 문제는 참 친절했다.

중년의 여자가 공항에 차를 몰고 왔다. 여관에서 온 것인가 물었더니 그렇다고 말했다. 내일에도 공항에 데려다 줄 건가 물었더니 그렇단다. 얼마냐니까 공짜란다. 마음이 좀 풀렸다. 방을 정하고 저녁식사를 하러 밖으로 나갔다. 자정이 다된 시간에 음식을 팔 식당은 없을 것이다. 마트에 가서 햄버그를 사다 맥주와 같이 먹었다.오늘 일은 잊어버리기로 했다.

인생사는 이렇게 예기치 못하는 일이 가끔 일어난다.

2010. 3. 4 목 맑음 〈포르투갈어〉

휴스턴은 깐꾼보다 추웠다. 맥주 덕에 잠을 잘 잤다. 아침에 일어나 인터넷을 점검하고 중요한 것을 기록했다.

아침 식사는 여관에서 주는 걸로 해결했다. 식사 후에 체이스 뱅크Chase Bank에 가서 달러를 찾았다. 2,500불이다. 현금이 너무 많지만 남미에서 돈 찾기가 쉽지 않을 것이다. 남미에는 도둑이 많다는데 걱정도 된다. 만사 조심은 하지만 운이 좋아야한다. 무사하기만을 빈다.

애들이 남미에 간다니까 칠레의 지진을 걱정했다. 인터넷에서 칠레지진을 검색해보았더니 산디아고 남서쪽 320km 지점이다. 강도가 7.8이다. 강한 지진이다. 그러나 우리는 산디아고 북쪽으로 갈 것이다.

멕시코 유적도 검사해보았다. 신영옥의 멕시코 유람기를 보았는데 피라미드를 건축할 당시 민중의 착취와 고통에 대한 느낌과 비판이 내 생각과 비슷했다. 원래 역사란 강자의 기록이니까. 더 좀 참고자료를 읽어봐야겠다.

공항에 가겠다니까 여주인이 데려다 준다고 잠시만 기다리란다.

그 여관 주인은 인도 여자인데, 미국에 온지 상당히 오래됐고 영국에서 13년을 살았다고 한다. 그녀는 '미국이 좋은 나라' 라고 말했다. 13년

간 영국에서 살았다면 학교에 다닌 것이냐니까. 그렇단다. 어린 시절에 영국에 가서 공부할 정도라면 보통여자는 아니다. 크샤트리아(Kshatrya:왕족/무사)였냐니까? 그렇단다. 남편은 휴스턴에 있는 연구소에 다닌단다.

브라질은 남미에서 유일하게 포르투갈어를 사용하는 국가이다. 나는 포르투갈 언어는 단어 하나도 모른다. 언어에 대해서는 소라가 잘 하니까 걱정은 없다. 그는 게이트 룸에서 브라질 청년에게 숫자와 간단한 인사를 노트에 적어달라더니 외우기 시작한다. 점심을 먹는데 30불을 썼다. 중국 뷔페인데 맛이 있었다.

9시간을 기다린 후에 탑승했다. 비행기는 큰 비행기이었다. 타고 보니 자리가 창가이지만 날개 위다. 밤에 가는 비행기라 상관은 없지만. 저녁식사는 기내식으로 했다. 약 10시간의 비행 끝에 리우에 도착했다.

2010. 3. 5 금 구름 〈드디어 리우에 도착〉

우리는 공항버스를 16헤알에 타고 시내로 갔다. 다행히도 기사가 여관 앞에 세워주어서 쉽게 찾을 수 있었다.

세계 삼대 미항의 하나인 리우가 얼마나 아름다울까? 기대가 컸는데 거리는 지저분하고 낙서가 참 많았다. 북미와 남미의 차이인 것 같았다. 오래된 도시라 그런지 건물도 우중충했다.

여관에 도착하니 반가이 맞아주었다. 어제 못 와서 미안하다는 말을 했다. 그리고 방을 소개받았다. 깐꾼에서 잔 호텔과 비교가 되었다. 이제 고달픈 여행길이 다시 시작되었다.

여관은 구 도시 중심지인 센트럴에 있었다. 미술관이나 대성당 박물관은 걸어서 갈수가 있을 것이다. 리우브랑꾸 거리는 리우 제일의 번화가이다. 거리 양옆으로는 고급 건물들이 즐비했다.

점심을 먹으러 중국음식점에 갔다. 거리에는 노숙자들도 많았다. 그들 옆을 지나칠 때는 두려운 생각이 들었다. 그러나 아무 일도 일어나지 않았다. 18헤알을 주고 뷔페를 시켜먹었다. 음식이 괜찮은 편이었다. 확실히 미국보다는 돈이 적게 들 것 같았다. 그리고 숙소에 돌아와서 잠을 늘어지게 잤다. 자고 일어났더니 소라는 빨래를 전부 해 놓았다.

돈 계산을 해보았다. 현금이 너무 많다. 내가 가지고 있는 USD가 2,800불이고 소라 수중에 800불이다. 강도가 많다는데 너무 많은 돈을 가지고 있는 것이 아닐까?

컴을 열어보니 많은 분들에게 메일이 왔다. 여행을 무사히 마치고 돌아오도록 기도를 하고 있었다. 일일이 답 메일을 보내고 감사했다.

리우에서 3가지 투어를 신청했다.

2010. 3. 6 토 맑음 〈무게 5.360kg인 벤데고- 세계 최대의 운석〉

걱정했던 것과는 달리 날씨가 맑았다. 브라질은 북반구와 계절이 반대이다. 12-3월까지가 여름이다. 겨울은 6-9월까지이다. 그러니 지금이 여름인 셈이다.

어제 저녁에 우울했던 것이 조금은 좋아졌다. 아침 식사를 하러 식당에 내려가 보았더니 음식이 괜찮은 편이었다. 과일, 빵, 우유, 쥬스, 커피이지만 종류도 많았고 먹는 사람도 많았다. 식사를 마치고 방에 돌아와 쉬었다. 오늘 해야 할 일이 많다. 우선 브라질 돈으로 환전을 해야 하고 투어값을 내야한다. 미국에서 브라질 돈을 조금 바꾸어 왔지만 이미 다 썼다. 쌀과 라면도 사야한다. 브라질은 잉카문화가 거의 없다. 기껏해야 스페인이 정복한 이후의 것들이다.

〈시내 건물과 음식점 의자〉

〈꼬두꼬바두 산의 예수 상〉

그 유명한 리우의 카니발은 2월에 끝났다. 아쉬운 생각에 식사와 같이 하는 카니발 쇼를 신청했다. 뭐니 뭐니 해도 브라질은 축구의 나라이다. 따라서 그 유명한 마라까낭 경기장에서 펼쳐지는 클럽대항 축구경기를 봐야한다. 그리고 꼬루꼬바두 산의 예수의 상을 봐야한다.

화요일 오후에는 포루트세구로Porto Seguro에 갈 것이다.

일단 환전을 하러 은행에 갔다. 그러나 환전 요금이 비싸 체이스 은행이 있는 공항의 ATM에 갔다. 그곳 직원의 도움으로 500불을 헤알로 바꾸었다. 환율은 약 1.6배이다. 환전을 하고는 국립박물관에 갔다.

버스를 타고 가다가 위치를 잘 몰라 도중에서 내리고 말았다. 그래서 다시 택시를 탔다. 기사는 낀따다보아비스따 공원 입구에서 내려주었다. 한참을 걸어야했다. 박물관은 공원 내에 있었다. 공원은 거대한 수목이 울창했다.

국립박물관답게 오랜 기간 수집한 많은 자료들을 소장하고 있었다. 선사시대 동물의 뼈 화석. 실라칸스의 표본, 도자기, 벽화, 화석들이 볼만했다. 가장 충격적인 것은 사람을 잡아먹는 2폭의 그림이었다. 중남미에서는 정말 사람고기를 먹었을까? 역겨운 그 그림을 보고도 설마 하는 생각이었다. 가장 큰 수학은 무게5,360kg이나 되는 벤데고 별똥돌 Meteorito

Do Bendego을 보았다.

〈벤데고 원석 〉

〈화석〉

〈사람을 잡아 먹는 그림 〉

애리조나에 그렇게 오래 머물면서 크레이터 운석공원Meteor Crater에 가보지 못한 것이 유감이다. 프랙스태프Flagstaff에서 한 시간 거리라는데……그 도시는 여러 번 지나쳤으면서. 순전히 정보가 어두워서 그렇게 된 것이다.

좋은 구경을 하고 숙소에 돌아왔다.

2010. 3. 7 일 맑음
〈브라질 축구의 메카 마라까냥Estadlo Maracana 축구경기장〉

오전에 포루트세구로Porto Seguro 버스표를 사기로 하였다. 버스표는 터미널에 가서야 가능하다. 우선 좀더 환전하기 위해서 어제 돈을 바꾼 공항에 걸어갔다. 그곳에서 쉽게 환전을 하고 택시를 흥정하였다. 여의치 않아 공항 버스를 10헤알을 주고 탔다. 기사는 친절하게 안내해주었다. 터미널에서 포루트세구로에 가는 장거리 버스표를 300헤알에 구입했다. 3월 9일 화요일에 그곳에 갈 것이다. 택시로 숙소에 돌아와서 좀 쉬다가 점심을 먹으러 나갔다.

일요일이라 모든 상점이 문을 닫았다. 조그마한 가게에서 물 한 병을 사들고 어제 식사한 레스토랑에 갔으나 그곳도 문을 닫아 큰 거리로 나와 비싼 음식을 사먹었다. 음식이 먹고 남아 싸달라고 했더니 수고비를 받는다. 서비스 정신은 바닥이다. 처음 당하는 일이다.

저녁 6시에 브라질 축구의 메카 마라까냥Estadlo Maracana 축구경기장 투어에 갔다. 15분이 지난 후에 버스가 와서 승차. 내 또래의 노인에서부터 젊은 층까지 가득 찼다. 브라질 축구의 인기를 실감했다.

1950년 제 4회 월드컵이 개최되고 축구황제 펠레를 배출한 경기장에 도착했다.

〈마라카나 스타디움의 축구 관전〉

오늘의 클럽 팀은 Botafege 팀과 Fluminewse 팀인데 응원열기가 대단했다. 유명한 경기장이라고 하나 우리나라 경기장보다 나은 것도 없었다. Fluminewse 팀이 2: 1로 역전승했다. 우리는 맨 앞좌석에 가서 구경을 했다. 소라는 축구는 별로 좋아하지 않지만 나 때문에 같이 가주었다.

내일은 시내투어를 할 작정이다.

2010. 3. 8 월 맑음 〈리우 투어〉

시내 투어는 오후에 있었다. 여러 여관을 돌아 10여 명이 투어를 시작했다. 가이드는 삼십대의 호리호리한 젊은이였다. 영어로도 설명해주었다.

맨 먼저 간 곳은 어제 밤에 와 본 마라까냥 경기장이었다. 낮에는 경기가 없어 절간처럼 조용했다. 가이드는 마라까냥 이란 말은 아마존 정글에 사는 사랑앵무새Macaw에서 유래했다고 말했다. 매표소 앞에는 할리우드처럼 유명한 축구선수들의 발도장이 찍혀 있었다.

다음은 카니발 박물관에 갔다. 생각보다 작은 박물관이었다. 카니발에 필요한 여러 가지 자료들을 진열해서 판매하고 있었다. 리오 카니발의 출발지라고 한다.

다음은 코르코바두Corcovado 산이었다. 높이가 710m의 산 정상의 절벽위에 설치한 대형 그리스도의 상은 리오 시의 상징이다. 브라질 독립 1백년을 기념하기 위해서 세운 것으로 세계 현대 7대불가사의 하나이다.

〈카니발 박물관〉

〈꼬두꼬바두 산에서 내려다 본 리오〉

〈보수중인 대 예수상〉

〈퐁데아스카르〉

전망대에서는 리오 시가 내려다 보였다. 정면은 빵지아수까르Pao de Acucar396m와 유명한 코파카바나, 이빠네마 해변의 절경은 물론 시를 에워싸고 있는 산들과 바다에 떠있는 배들과 아름다운 건물들도 볼 수 있었다. 이때야 비로소 리오가 왜 세계 3대 미항에 들어가는가를 보고 알았다.

예수의 상은 보수 중이었다. 그래서 그런지 사람들은 예수의 상은 보지 않고 도시의 전경을 보는데 정신이 팔렸다.

지는 석양을 바라보며 도시에 불빛이 켜지는 것도 보았고 거품을 내품으며 밀려오고 부서지는 파도도 보았다.

야경은 더 아름다웠다. 해안선에 부서지는 포말은 더욱 뚜렷했다. 잠시 카페에 들려 커피와 아이스크림을 사먹었다.

이어서 빵지아수까르(Sugar Loaf)에 갔다. 백운대와 같은 바위봉우리 정상까지 케이블카가 설치되어 있었다. 중간지점인 우르까 언덕(212m)까지는 1912년에 케이블카가 설치되었다.

이곳 야경도 코르코바두 산의 예수상 전망대와 같이 황홀했다. 빵지아수까르에서 본 코르코바두 산의 예수상과 코파카바나, 이빠네마 해변의 야경과 전등불이 켜진 도시의 건물들은 이곳이 천국이라는 생각을 갖게 했다.

〈리오의 야경〉

〈밤의 해변 거리〉

관광을 마치고 돌아왔다. 긴 해안을 따라 돌아오는 길도 낭만적이었다. 밤바다는 열기에 차있었고 인생을 즐기는 라틴 아메리카 인들의 밤을 보았기 때문이었다.

리우의 바다는 깐꾼의 바다와는 다른 심원한 매력을 갖고 있었다. 이 번 시티투어가 아니었으면 리우에 대한 인상이 아주 나빴을 터인데 그 나쁜 인상을 싹 가시게 한 좋은 투어였다.

맥주가 생각나서 소라와 여관에서 한 잔 마셨다. 소라도 무척 즐거워했다.

2010. 3. 9 화 맑음. 〈20시간의 야간 장거리 버스 여행〉

어제 시티투어가 힘이 들었는지 몸이 천근이다. 그래도 일어나야한다. 먼저 환전을 하러 은행에 갔다. 오늘은 환율이 1.7이란다. 그래서 1,000불을 주고 약 1,700헤알을 받았다. 포르트세구로는 작은 도시라 환전을 하기가 어려울 것 같았다.

칸데라리아 대성당에 갔다. 1811년에 건축되었다는 기존의 성당과는 완전히 달랐다. 이 건물은 현대식 빌딩 같은데 쌍탑이 우뚝 솟아 웅장했고 내부는 많은 장식품과 그림들로 다채로웠다. 성스러운 감동을 받았다.

오후에 여관을 나오는데 여관비를 하루 분 더 내란다.

이곳에 온 날을 이야기해도 소용없었다. 소라 때문에 하루 늦었는데, 그 요금을 내라는 것이었다. 규정이 그렇단다. 하는 수 없이 요금을 지불하고 여관을 나와 버스터미널로 향했다. 중남미 여행 중 최악의 날 중 하루이었다. 나는 화가 나서 하루 분 여관비는 소라가 지불하도록 조처했다. 순전히 그녀 때문에 일어난 일이다. 그녀도 동의했다.

그러나 나는 곧 후회했다. 남자가 이렇게 속이 좁아서야 쓰겠나? 하는 생각이 들었다. 이미 엎지르진 물이다. 그리고 잘 잘못은 분명히 해둘 필요가 있다. 하루 이틀 살고 말 사람이 아니니까.

그 문제에 대해서는 더 거론하지 않았다.

〈리오의 빌딩〉

〈대성당 메트로폴리타나〉

〈대성당의 천정〉

택시를 탔다. 기사는 소매치기를 조심하라는 말도 해주었다. 대합실에서 7시간을 기다려야 한다. 혼자가 아닌 둘이라 다행이었다.

밤 장거리 버스는 리우의 야경을 뒤로하고 어둠을 뚫고 북쪽으로 달렸다. 아무 것도 보이지 않았다. 잠을 자는 사람들이 늘어갔다.

중남미의 장거리 버스는 기사가 2명 탄다. 그 점이 안전감을 준다. 20시간을 달려야한단다.

2010. 3. 10 수 맑음 〈포르트세구로〉

날이 밝았다. 운전기사가 두 번 쯤 바뀌고 승객들도 내리고 탔다. 장거리 버스는 직통이 아니고 자주 쉬었다. 소변을 보거나, 간단한 식사를 사오던가 과자를 살 수 있는 곳이었다. 다른 사람을 따라 아침을 사 먹었다. 뷔페처럼 생긴 음식점에 자기가 먹고 싶은 것을 골라 담아가면 계산하는 방식이다.

날이 밝자 브라질의 영토가 보였다. 평야지대는 아니었다. 그렇다고 큰 산이 보이는 것도 아니었다. 대서양 연안은 평야가 많을 줄 알았는데, 작은 구릉과 산림지대, 목장이 나타났다 사라졌다. 커피과수원과 유카리나무 재배지역도 자주 보였다. 멕시코와는 전혀 다른 분위기였다. 비가 자주 내리는지 흙탕물이 흐르는 강도 나타났다. 촌락들이 나타났다 사라졌다. 시골집들은 초라했다. 국민들의 경제수준이 짐작되었다. 경제수준 뿐 아니라 문화수준, 위생관념이 낮은 것 같았다. 화장실도 더러웠다. 웃통을 벗어 제친 사람과 흑인들이 많았다.

〈포루트세구루 해변〉

〈해변에서 라와〉

〈해수욕을 하다〉

포르트세구로에 도착한 것은 저녁 무렵이었다. 포르트세구로는 항구도시이다. 여행 안내소에 가서 인디오 마을 투어를 알아보았으나 클로스 되었단다. 남미 전체에서 이곳만이 유일하게 인디오 마을 투어가 있어, 이곳에 왔다. 소라가 꼭 와야 하는 곳이다. 그런데 그게 없다니, 실망이 클 수밖에.

〈유카리 나무 재배 농장〉

먼저 3월 12일 오후 상파울로 행 버스표를 구입했다. 요금은 427헤알이다. 예약한 여관에 무거운 짐을 끌고 들어가 짐을 풀었다. 싼 여관이지만 너무 작고 허술했다. 그냥 머물기로 하고 잠시 쉬었다가 해변에 가보려고 밖으로 나갔다. 과일가게와 쌀가게가 있어서 조금씩 샀다. 일본 라면도 있었다. 10개 쯤 사고 싶었지만 소라가 말려서 3개만 샀다. 다음에 많이 사야겠다. 식사비가 절약될 것이다.

영양보충을 해야 하겠기에 저녁을 먹으러 근사한 식당을 찾았다. 하루에 한 끼는 그래도 괜찮은 식사를 해야 한다. 소라가 저녁을 내겠다고 했다. 여관에서 물어 찾아간 곳은 카페 겸 레스토랑이었다. 푸짐한 저녁이 나왔다. 우리는 배불리 먹고 남아서 싸왔다. 맥주도 한 병 마셨다. 피로가 확 풀렸다. 술 덕택에 잠을 잘 잤다.

2010. 3. 11 목 맑음

소라는 실망이 되어서 인디오 마을에 가는 것을 포기했다. 이럴 경우 나는 끈질긴 데가 있다. 혹시 모르니 그 근처라도 가봐야 한다고 설득했다. 안되면 해변에 가서 해수욕이라도 하자고 말했다. 소라는 결정적인 순간에 미루는 경향이 있다. 나는 일의 중요성으로 봐서 가야된다고 끈질기게 설득 했다. 소라도 동의했다. 간단한 준비를 했다. 카메라와 수영복을 챙기고 물과 음료를 준비했다.

인디오 마을이 있는 해변에 가기로 했다. 일러주는 데로 버스를 타러나 갔는데 택시가 와서 얼마냐니까 35헤알 이라고 해서 20헤알에 갈 수 있느냐니까. 그렇게 하겠다고 순순히 받아들였다. 인디오 마을 이야기를 했더니 기사는 인디오 마을은 해변에 있다면서 해변 도로를 달렸다. 넓고 시원한 바다였다. 야자수 나무가 늘어선 바다는 이국적인 정서가 가득했다.

해변과 바다가 참 아름다웠다. 이래서 '포르트세구로가 젊은이들의 메카' 라는 말이 붙었구나 하고 생각했다. 기사는 우리에게 내리라고 말했다. '여기가 인디오 마을이냐?' 고 물었더니 '이 근처' 라고 말했다. 그러나 인디오 마을은 보이지 않아 조금 더 가자니까 순수하게 말을 들었다.

인디오 마을은 바로였다. 기사에게 고맙다는 인사를 하고 헤어졌다.

관광객들이 몰려있었다. 그들의 뒤를 따랐다. 투어를 신청하고 요금을 지불했다. 인디오 마을 투어는 클로스된 것을 마을 청년들이 중심이 되어 오픈하고 있다고 말했다. 참으로 다행이었다. 소라의 기쁨은 말할 것도 없었다.

인디오 상점들이 나타나기 시작했다. 상점에는 여러 가지 기념품을 팔았다. 소라는 인디오 노래가 수록된 CD를 찾았으나 만족할 만한 것은 없었다. 상점 뒤로는 살림집들도 있었다. 인디오 청년이 열심히 설명했다.

〈나무십자가〉

〈철 십자가〉

〈브라질 최초로 성당이 섰던 곳〉

바닷가에 나갔다. 광장에 대형십자가가 2개 보였다. 하나는 나무 십자가 이고 다른 하나는 철 십자가 이었다. 다행히도 영어를 아는 청년을 만나 그의 설명을 들을 수 있었다. 그곳이 브라질에 최초로 천주교 교회가 섰던 자리라고 말했다. 그러니까 성지인 셈이다.

사람들이 몰려가는 곳에 갔더니 바닷길이 열리는 곳이었다. 우리도 신을 벗고 바닷길을 거닐었다. 물은 발목이 잠길 정도이었다. 1km 정도 거닐다가 되돌아왔다. 재미있는 체험이었다.

마을 박물관에 들려 소라는 전통음악 CD를 한개 샀다. 그리고는 점심을 먹으러 갔다. 영어를 아는 사람이 있어 도와주었다. 생선과 밥을 시켜먹었고 야자물과 커피까지 시켰더니 50헤알을 달라고 했다. 커피는 맛이 별로이었다. 브라질에서 좋은 커피를 실컷 마셔보려는 욕심은 접어야했다. 커다란 생선은 좀 짰지만 맛은 있었다. 소라는 점심을 먹고는 늘어지게 잤다. 나는 의자에 앉아 바다와 잠자는 소라를 바라보며 명상에 잠겼다.

브라질은 미국에 이어 세계에서 5번 째 큰 국가이다. 영토는 851만 1,965㎢ (한반도의 40배) 인구도 2억 정도이다. 세계 최대의 농산물 국가이고 지하자원이 풍부하다. 석유와 천연가스도 풍부하고 금, 은, 철광석, 다이아몬드, 크롬과 같은 광물이 많이 난다. 아마존, 파라나 강 같은 큰 강이 있어 수자원이 풍부하다.

포르투갈의 식민지이었던 브라질과 영국의 식민지이었던 미국은 독립된 해로는 40년의 차이가 난다. 미국은 독립을 피로 쟁취했지만 브라질은 쉽게 얻었다. 브라질의 독립은 미국처럼 독립전쟁으로 획득한 것이 아니다. 더욱이 남미의 여러 나라처럼 혁명에 의해서 이룬 것도 아니다. 나폴레옹의 포르투갈 침입으로 왕실이 브라질로 피난했는데, 고국으로 돌아갈 수 없게 된 돔 페드루 황태자가 1822년에 독립을 선언했다. 그래서 비교적 쉽게 독립한 나라이다.

〈원주민 옛 무기〉

〈원주민들의 노래와 춤〉

그런데 지금은 두 나라가 너무 차이가 많이 나는 게 아닌가? 도대체 그 이유는 과연 무엇일까? 놀기만 좋아하고 일은 하기 싫어하는 브라질 국민성 때문인가. 그것도 중요한 이유일 것이다.

1889년부터 군부 지도자의 혁명이 일어난 이래 정치가 불안했던 것도 낙후의 원인일 것이다. 그렇다. 문제는 사람이고 정신이다.

잠자는 소라를 깨워 바다에 들어갔다. 들어가서는 어린애들처럼 장난을 쳤다. 소라는 부산에서 자랐기 때문인지 바다를 참 좋아한다. 깐꾼에서는 물이 너무 차서 바다에 들어가는 것을 포기했었다. LA에서도, 마이애미에서도 바다에 들어간 일은 없었다. 바다가 참 좋았다. 우리는 오늘은 더할 수 없이 행복한 연인이었다. 해수욕하는 사람들도 많았다. 태양빛이 얼마나 강열한지 모두다 깜둥이가 되었다.

다시 바다에 들어갔다가 나와 4시경에 버스를 타고 여관으로 돌아왔다. 오늘은 어제간 식당에 가서 내가 저녁을 샀다. 숙소에 와서 샤워를 하고 잠을 잤다.

2010. 3. 12 금 비온 후 맑음 〈포르트세구로여 안녕〉

어제 날씨가 그렇게 좋았는데, 밤에 비가 내렸다. 옆방에서 샤워를 하는 줄 알았는데 빗소리이었다. 브라질은 비가 잦은 곳이다.

오늘 오전에는 시다지아스토리카와Cidae Historica항구에 가볼 생각이다. 그리고 오후에는 상파울루로 떠난다. 브라질의 수도 브라질리아는 가보지 못하는 것이 아쉽지만 하는 수 없다. 월래 휴스턴에서 브라질리아로 비행기를 타고 갔으면 좋았을 걸. 그러질 못했다. 계획을 잘 못 세운 것이다. 검토가 불충분했다. 항상 아쉬움이 남는 것은 어쩔 수 없다. 시간과 자금 사정 때문이다. 남은 여행이나 잘하자.

〈포루트세구루 항구〉

〈항구 근처에서 소라와〉

시다지이스토리카는 구시가지이다. 이곳이 브라질 국가 발상지이다. 작은 도시라 항구에 쉽게 갈 수 있었다. 항구는 흙탕물이었다. 그곳은 바다가 아니고 강이었다. 항구는 천연방파제가 에워싸고 있었다. 방파제의 길이가 상당히 길었다. 이래서 이 도시의 이름이 '안전한 항구' 라고 부르는구나. 그러나 우리가 찾는 브라질 국가의 발상지에 대한 기념탑은 찾을 수 없었다.

바닷가에 있는 중국식당에서 점심을 사먹었는데 너무 짜서 먹을 수가 없었다. 다시 해온 음식도 마찬가지이었다. 식당을 나와 숙소에 가서 샤워를 하고 가방을 챙겨 버스터미널에 갔다. 2시 반에 버스는 출발했다.

2010. 3. 13 토 맑음

비는 어느새 그치고 하늘은 맑았다. 아침 태양이 떠오르고 있었다. 버스는 고속도로를 달리고 있었다. 16시간이 지났는데 앞으로 10시간은 달려야 상파울루에 도착할 것 같았다. 브라질의 도로는 미국과는 달리 거의 곡선이었다. 그리고 남동부 쪽은 평야지 라기 보다는 얕은 산간지 이었다. 커피원과 과수원과 옥수수 밭이 즐비했다. 땅이 기름진지 곡식이 잘 자랐다. 가끔 목장도 나타났다. 시골 경치는 목가적인 분위기이었다. 커다란 도시를 몇 번 통과했지만 어디인지 알 수 없었다. 산의 나무가 정글지대를 이루는 것 같았다. 숲이 짙었다. 커다란 도시가 나타났다. 그것이 목적지인 상파울루이기를 바랬다. 더 가까워지면서 확신이 왔다. 다른 사람의 표정도 지루한 여행으로부터 해방되는 기쁨을 읽을 수 있었다. 거대한 도시이었다. 26시간이 걸렸다. 중남미여행중 가장 긴 버스 여행이었다. 상파울루는 인구가 11,316,149명이고 광역도시권 Metro로는 19,889,559명으로 세계 8번째 인구가 많은 도시이다. 대도시의 순위는 인구뿐 아니라 문화수준, 경제력,자연환경 등이 포함되어야한다. 상파울루는 남미 최대의 도시이다. 인구는 물론 경제, 금융, 문화의 중심지이다. 상파울루는 커피로 발달한 도시인데 지금도 세계커피의 40%를 생산하며 브라질 공업생산의 1/3을 점하며 상파울루의 비엔나레는 세계적인 행사이다. 상파울루가 이렇게 성장한데는 표고 800m의 고지에 있으며 연평균기온이 18.2°C이고 연강수량은 1.247mm이다. 날씨가 좋고 주위의 토지가 비옥하기 때문이다. 기후와 물이야 말로 사람이 살아가는 필수 조건이 아닌가. 여관을 정하지 않아 걱정했으나 다행히도 여행안내소에서 호텔을 알선해 주어 일본계 호텔에 투숙할 수 있었다. 여관방은 작지만

〈상파울루 근교의 목장〉

〈상파울루 시내의 오벨리스크〉

〈상파울루 시내 건물〉

〈시외버스터미널 〉

깨끗했다. 그곳에서는 2일 밤만 자고 포스두이구아수로 떠나야한다. 이미 버스표를 구입해두었다. 따라서 상파울루에서도 브라질의 삼바는 포기하고 포스두이구아수에서 보기로 했다.

2010. 3. 14 일 맑은 후 비 〈이뻬라뿌에라 공원 Parque do Ibirapuera〉

상파울루 미술관에 가기로 했다. 미술관은 숙소에서 그렇게 멀지 않았다. 지하철을 타고 갔다. 두 사람의 도움을 받았다. 미술관 문까지 안내해준 처녀는 영어, 불어, 스페인어, 포르투갈어를 구사하는 처녀였다. 그녀는 미술관 앞에 있는 뜨리아농 공원에 무료 공연을 보러간다고 말했다. 아직 10대의 처녀 같았다. 그녀를 따라 무료공연을 보러 갔다. 공원에 들어서자 하늘을 찌를 듯한 나무들이 해를 가렸다. 입구 쪽에서 음악회가 열리고 있었다. 많은 사람들이 음악을 듣고 감상했다.

〈뜨리아농 공원에서 음악회〉

〈상파울루 미술관의 샤갈 전〉

〈상파울루 미술관〉

그 처녀에게 고맙다는 인사를 하고 길 건너 미술관에 갔다. 노인들은 무료란다. 마침 마르크 샤갈Marc Chagall(1887-1985) 특별전을 하고 있었다. 그의 환상적인 그림을 여기서 보다니! 세상은 넓으면서도 좁다. 그 이외에도 세잔, 반 고흐, 모네, 피카소 등의 그림도 전시해놓았다. 사진 촬영이 금지되어 담아올 수 없어 아쉬웠다.

그림을 보는 도중에 하늘이 검어지더니 비가 쏟아지기 시작했다. 엄청난 비이었다. 내 평생에 본 비 가운데 단 시간에 가장 많이 내린 비 같았다.

식사시간이 돼서 지하 식당에 내려갔더니 음식값이 비싸, 길 건너 레스토랑에 갔다. 다행히도 비가 좀 뜸해졌다. 맥주 한 병과 점심을 시켰다. 맥주 한 병만 가져다주어 마셨다. 아무리 기다려도 점심은 가져다주지 않아 독촉했더니 미스가 있었던 모양이다. 음식을 가져왔다. 또 소나기가 쏟아졌다. 바람을 동반한 소나기는 굉장한 것이었다.

바로 폭우이었다. 눈앞에서 가로수를 뽑고 팔뚝만한 가지가 부러졌다.

'소나기는 삼형제' 라고 했던가? 비는 거짓말 같이 그쳤다.

날이 밝아 이뻬라뿌에라 공원에 갔다. 공원입구 앞에 반대이라스 기념상 Monumento às Bandeiras이 있었다. 멀리 떨어져서 보았는데 그 규모가 대단했다. 이 조각은 빅토르브리세레의 작품이다.

〈이뻬라뿌에라 공원 앞의 거대한 조각〉

〈각종 건물 벽에 그린 그림〉

〈41층 레스토랑〉

이뻬라뿌에라 공원은 브라질리아를 설계한 너무나도 유명한 건축가 오스카 니어마이어Oscar Ribeiro de Almeida Niemeyer Soares Filho 와 부를레 마르시 Roberto Burle Marx가 조성했다. 뉴욕의 센트럴 파크와 비견되는 공원이다. 일요일이라 그런지 사람들이 많았고 산책로며 호수며 기념관이 잘 배치되어 있었다. 호수에는 새들이 많았다. 관광객들은 새들과 잘 어울렸다. 새들은 사람을 두려워하지 않았다.

중남미 여러 나라를 돌면서 느낀 것은 이들은 전쟁 걱정은 하지 않는 것 같아 부러웠다. 핵무기도 모르는것 같았다. 우리는 북한과 대치해 있어서 늘 불안하다. 평생을 전쟁의 위협에서 산다. 젊은 연인들이 행복해 보였다. 사람들이 한가로워보였다. 우리도 덩달아 행복했다.

저녁때가 되어 이태리 빌딩에 갔다. 41층에 레스토랑이 있다. 그 식당에서 저녁을 들며 상파울루 시내 전경을 보고 싶었다. 건물의 높이는 165m이다. 고급 레스토랑인데 손님들이 가득했다. 주로 백인들이었다. 음식은 고급 음식점다웠다.

상파울루는 고층 건물이 많았다. 그러나 오래된 건물이 대부분이라 도시 전체의 미관은 우중충했다. 뉴욕이나 시카고에서 보던 그런 도시의 아름다움과는 달랐다.

음식 값은 세금과 자리 값, 팁까지 포함 51헤알 이었다. 분위기 좋은 음식점에서 즐거운 시간을 가졌다.

2010. 3. 15 월 맑음 〈한국인 젊은 부부〉

오후에 이과수 폭포로 떠난다. 브라질이 남미 최대의 국가이지만 역사적인 유물이 적고 거리가 너무 멀어 이과수만 보고 떠날 계획이다.

이과수 폭포는 나이아가라 폭포보다 폭이 2배가 넘는다. 폭포수는 275:3이다. 높이도 이과수 폭포가 더 높다. 수량은 나이아가라 쪽이 조금 많다. 기대에 부풀었다.

상파울루에서 우리가 묵은 호텔은 일본인이 영업하는 곳인데 방이 작았으나 청결했고 화장실과 세면실, 샤워실이 나누어져 있었다. 머리위에는 선반도 있어서 공간 이용을 빈틈없이 해놓았다. 그러나 커피도 없고 TV이외에는 아무 것도 없었다. 작은 냉장고도 없었다. 일본 사람들의 특징이 거기에도 있었다.

이 작은 호텔을 나와 택시로 장거리버스 터미널terminal에 갔다. 지금까지 본 버스터미널 가운데에 제일 잘 지은 건물이었다. 여기서 5시간을 기다려야한다. 먼저 점심을 시켜 먹었다. 닭고기와 쌀밥, 감자튀김이 나왔다. 나는 커피를 시켜 마시고 소라는 아이스크림을 사먹었다.

드디어 포스트이과수에 가는 장거리 버스 1등 차에 탔다. 시간이 5분이나 지난 시간이었다. 우리나라 우등 고속버스와 유사했다. 이층버스에다 의자가 침대처럼 뒤로 재껴지는 차이었다. 담요도 주었다. 그러나 차가 낡아서 안전벨트가 듣지 않았다. 퀴퀴한 땀 냄새도 났다. 장거리 버스를 한두 번 타보는 것이 아니다. 그러려니 하지만 너무 심한 것 같았다.

저녁을 먹는 곳에서 쉬어주어서 사 먹을 수 있었다. 모처럼 한국인 젊은 부부를 만났다. 반가웠다. 그들은 서울 살며 이과수를 오늘 구경하고 브라질리아를 들리고 상파울루에 갔다가 한국에 돌아간다고 말했다. 우리는 7월 10일 경에 에콰도르 수도 키토에서 돌아갈 거라고 말했더니 부러워했다.

2010. 3. 16 화 맑음 〈삼바 춤〉

포스트이과수를 향해서 출발했다.

날이 샜는데 안개가 자욱해서 밖이 보이지 않았다. 7시나 되어서야 안개 지역을 빠져나갔다. 오른 쪽은 농경지이었고 왼쪽은 정글 같았다. 조금 더 가니까 왼쪽도 농지가 나타났다. 평야가 아닌 구릉 지역이었지만 커다란 밭이 이어졌다. 밭에는 옥수수가 자라는 것 같았다. 부촌이라 그런지 집들이 깨끗했다. 여기저기에 커다란 곡식창고가 보였다.

상파울루를 떠난 지 15시간 만인 오전 9시에 포스트이과수에 도착했다. 예약한 호텔에 택시로 갔다.

소라는 빨래를 하고 나는 누웠다가 라면을 끓여 둘이 먹었다. 밤에는 브라질의 삼바 춤을 보러 가기로 했다. 물론 예약을 여관에 부탁하여 해두었다.

오후에 마트에 갔다. 마트는 이런 시골 도시치고는 무지하게 컸다. 없는 것이 없을 정도로 물건도 많았다. 필요한 것을 사고 돌아왔으나 길을 잃어 여관을 찾지 못하고 경찰의 도움으로 숙소를 겨우 찾을 수 있었다. 저녁은 삼바 춤를 보러가서 먹기로 예약이 되었다.

시간이 되어 준비를 하고 밖에 나갔다. 곧 버스가 왔다. 대형 버스인데

〈이과수 폭포 쪽의 농지〉

〈삼바 춤〉

몇 사람 타지 않았다.

여러 여관을 돌자 버스에 사람들이 가득 찼다. 곧 음식점에 도착했고 사람들이 구름처럼 모였다. 자리를 잡고 앉았다. 옆자리는 신혼여행을 온 듯한 젊은 부부들이 앉았다. 손님들은 대부분 그룹별,쌍쌍이었다. 쇼 포함 음식이 한 사람당 90헤알 이었다.

쇼는 여러 가지 했다. 정열적이고 활동적인 동작이 이어졌다. 의상은 그렇게 야하지 않았다. 전문가의 눈으로 보기에는 어떨지 모르지만 그냥 볼 만하다고 생각했다.

사진 촬영 준비가 잘 안되어 사진을 찍지 못하고 소라는 비디오를 돌렸다. 10시 반 경에 삼바 춤은 끝나고 버스로 숙소에 돌아왔다.

2010. 3. 17 수 맑음 〈이과수 폭포〉

오늘은 일찌감치 이과수 폭포를 보러간다. 택시가 와서 국립공원 정문까지 태워다 주었다. 오후 6시에 택시는 정문까지 다시 오기로 약속했다. 택시비는 50헤알 이었다. 국립공원 입장료는 37헤알. 둘이 74헤알인데 오늘 하루만 보는 것이다. 내일 다시 오면 티켓팅을 해야 한다. 미국은 이렇지 않다.

비디오 실에 들어가서 잠시 구경을 하고 구내버스를 탔다. 차는 녹음을 뚫고 달리기 시작했다. 짙은 산림의 정글이 이어졌다. 20분 정도 달리다가 버스는 호텔근처에서 멈추었다. 우렁찬 물소리가 들리고 강이 보였다.

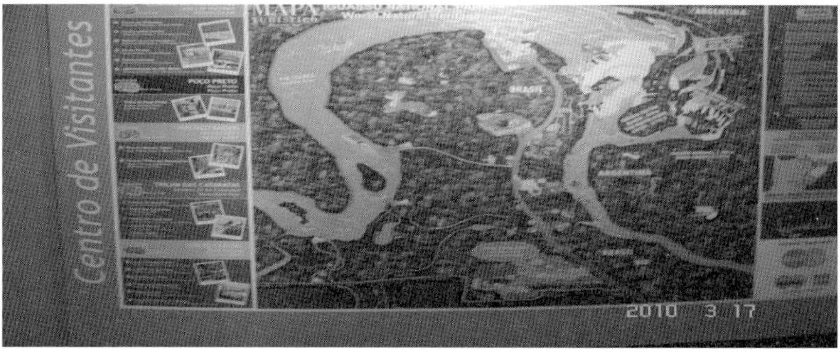

〈이과수 폭포 안내도〉

〈먼곳에서 본 폭포〉

〈폭포로 내려가는 관광객〉

강물이 장마로 인하여 황토 물이었다. 나이아가라 폭포의 물은 맑은 파란 물이었다. 천천히 산책로를 내려갔다. 거대한 폭포가 수목 사이로 보였다. 심장이 쿵 꽝 쿵 꽝 뛰었다. 날씨가 청명해서 다행이었다. 잠시 쉬면서 사과를 꺼내먹었더니 어디선지 귀여운 너구리 여러 마리가 나타났다. 너구리를 쫓았으나 자꾸만 와서 자리에서 일어나 강가로 내려갔다. 그런데 이 동물은 너구리가 아니고 꾸아띠Quati라는 동물이란다.

폭포를 확실하게 볼 수 있는 지점에 도착했다. 철제 에움길이 강의 중심부까지 이어졌다. 그곳으로 사람들이 많이 가고 있었다. 종착지는 약간 높은 정자 같은 곳인데 그곳에 모인 관광객이 꽃봉오리로 보였다. 사람들을 따라 강심으로 걸어갔다. 큰 폭포와 마주쳤다. 거대한 자연의 경이를 만끽할 수 있었다. 물보라가 높이 솟았다. 금세 옷이 젖었다. 그래도 모두들 좋아했다. 폭포는 많은 무지개를 양산했다.

이과수 폭포와 나이아가라 폭포, 아프리카 주에 있는 빅토리아 폭포의 규모를 살펴보자. 빅토리아 폭포는 가보질 못했지만.

폭포명	강	높이	폭포수	폭	수량
나이아가라Niagara Falls	나이아가라 Niagara	52m	3	1,110m	1,833㎥/s
이과수 Iguassu Falls	이과수 Iguassu	60−82m	275	2,700m	1,756㎥/s
빅토리아 Victoria Falls	잠베지 Zembezi	108m	1	1,708	1,088㎥/s

그 규모가 어마어마하지 않은가! 이 세 폭포의 등수를 매기는 것은 넌센스이겠지만 구태여 말하라면 이과수 폭포가 제일이지 싶다. 우선 폭포의 개수가 많고 폭이 넓다. 낙차도 높은 편이다.

사진도 찍고 폭포를 구경하면서 오전을 보내고 점심을 먹으러 식당으로 갔다. 관광지라 역시 음식값이 비쌌다. 소라가 피곤한지 벤치에 누워 있다가 잠이 들었다. 소라는 물소리를 참 좋아한다. 한 시간 반은 잔 것 같았다.

〈장엄한 폭포〉

〈무지개가 돋은 폭포〉

〈가까이서 본 폭포〉

〈강심까지 간 관찰로〉

〈아르헨틴 쪽 관광객〉

〈새 공원 안내도〉

이과수 국립공원 정문을 나와 새 공원에 가보기로 했다. 열대 우림지역에서 서식하는 백오십 종, 팔구백여 마리의 새들을 볼 수 있었다. 화려하고 기묘한 새들에 감탄했다. 자연의 신비를 만끽할 수 있는 장소이었다. 정글이 이렇게 많은 종류의 새들을 품고 있다니!

2010. 3. 18 목 맑음 〈 이따이뿌 댐Usina Hidreletrica de Itaipu〉

오늘은 쉬고 내일 파라과이 수도 아순시온으로 떠나기로 했다. 소라가 무슨 생각을 했는지 파라과이에 가는 것을 꺼려했다. 하긴 파라과이는 별로 구경할 것이 없다.

대신 파라과이 측 국경도시 시우다델에스테Culdad del Este에 가보기로 했다. 그곳은 물건이 싸다고 소문이 나있었다. 오늘 안가면 못 갈 거 같아서 가기로 하고 버스를 타러 나갔는데 결국 못타고 여관에 돌아왔다. 주인에게 물어보았더니 택시로 가는 방법이 있다는 것이었다. 어제의 기사가 와서 그에게 물었더니 120헤알 이란다.

파라과이의 시우다델에스테는 빠라나 강 건너 도시이었다. 면세 도시인지라 국경을 건너는 차와 오토바이가 긴 줄을 섰다. 아마 여권을 검사하는 것 같았다. 근 한 시간이나 지난 후에 통과할 수 있었다. 다리위에서 보니 수량이 풍부한 빠라나 강물이 도도히 흐르고 있었다.

우리는 강을 건너 시내로 들어간 후 주차를 하고 시장에 여행가방을 사러 갔다. 시장은 퍽 컸다. 우리나라 재래시장과 비슷했다. 싼지 어쩐지 잘 모르지만 여하튼 가방을 하나 사가지고 왔다.

가방을 사고는 이따이뿌 댐Usina Hidreletrica de Itaipu을 구경하기로 했다. 기사에게 이야기했더니 좋다고 말했다. 우리는 다리를 건너 브라질 영토로 돌아왔다. 돌아올 때는 별로 지체하지 않았다.

댐에 도착해서 컵 라면을 시켜먹고 입장권을 샀다. 입장료는 10헤알 씩 20헤알 이었다. 홍보 영화를 20분간 보고 순회버스를 탔다.

〈시우다델에스테의 관문〉

〈이타이프 댐을 관광한 나라 국기〉

〈이타이프 댐의 위용〉

〈이타이프 댐의 수문〉

이따이뿌 댐은 세계최대의 댐이었으나 중국의 삼협 댐이 건설된 후 1위 자리를 물려주고 2위가 되었다. 약 60층 높이의 빌딩 같은 낙차에 최대 방류 시 이과수 폭포의 40배의 수량이라니 어마어마하지 않는가. 저수량은 290억 톤에 시설용량은 14,000 MW란다. 소양강 댐은 저수량은 29억 톤에 시설용량이 20만KW이다.

인터넷에서 다음과 같은 자료를 찾았다.

*** 1 KW= 1,000W. 1 MW=1,000,000W. 1TW=1조W**

연간 발전량 기준으론 세계에서 가장 발전량이 큰 수력발전시설은 브라질과 파라과이 접경에 건설된 이타이프 댐이다. 그 최대 발전 가능량은 14,000MW으로 실제 연간 발전량이 2008년에 94.7TWh 2009년에 91.6TWh 이었다. 반면 삼협 댐의 경우 저수용량은 393억 톤, 최대 발전 가능량은 18,200MW이나 실제 연간 발전량은 초기라 그런지, 2008년 80.8TWh 2009년 79.4TWh를 발전하여 이타이프 댐에 미치지 못했다.

*** 중요국가 년간 전력 소비량-TWh/year**

2013년 전력소비량

1	중국	4,600	6	캐나다	559
2	미국	3,819	7	독일	525
3	일본	923	8	브라질	509
4	인도	857	9	한국	503
5	러시아	856	10	프랑스	404

이과수 폭포의 강과 이따이뿌 댐의 강은 다르다. 전자는 이과수 강이고 후자는 빠라나 강이다. 강의 크기가 다르다.

우리는 사진을 열심히 찍었다. 내일은 아르헨티나의 이과수로 간다.

2010. 3. 19 금 맑음 〈아르헨티나 이과수 폭포〉

브라질 아르헨티나 국경을 지날 때는 차를 타고 여권만 보여주었다. 이 두 나라는 이웃 나라이면서 달랐다. 우선 포스트이과수에 비해 프에르또이과수는 시골이었다. 브라질은 상업적이었고 아르헨티나는 관광에 많은 배려를 하는 것 같았다.

21일 부에노스아이레스에 가는 버스표를 미리 구입하고 예약한 여관에 갔다. 여관도 가정집 같았다. 짐을 풀고 먼저 주인아줌마에게 환전을 했다.

1980년대에 개봉된 너무나 감동적인 영화 미션Mission의 유적지 트리나다를 가보고 싶었으나 너무 멀어 갈 수가 없었다. 그곳은 차편도 없어 택시로 가야한단다. 그래서 오늘 아르헨티나 이과수 폭포의 진경인 악마의 목구멍Garganta del Diablo을 보러가기로 했다. 버스로 갈 수 있다고 해서 터미널로 갔다. 그곳에서 내일 탈 보트 티켓을 샀다. 한 사람에 100페소이었다. 조금 비싼 것 같았지만 감수했다.

버스는 한 30분 정도 달려 국립공원 정문에 도착했다. 입구에서 우리는 표를 구입했다. 아르헨티나 국민에겐 10페소 우리 같은 외국인에게는 85페소이었다. 둘이 170페소, 너무 비싸다고 했더니 하는 수 없단다. 외국인에게는 경로도 소용이 없었다. 브라질 보다 입장료가 미화 7불정도 비싼 편이었다. 내일 오면 50% 감해준단다. 여관으로 돌아가는 버스표를 구입하고 공원내의 관광기차를 타러 갔다. 아르헨티나 이과수는 낭만적인 관광열차를 타고 폭포를 구경하러 간다. 도중에 아가씨들이 식당 할인표라면서 받아가라고 말했다. 무심코 받았는데 50%를 정말로 할인해주었다.

〈아르헨티나 이과수 식당〉

〈폭포를 보러 가는 철로〉

식당은 고급식당이었다. 바비큐와 갈비를 많이 먹었다. 아르헨티나 쇠고기가 세계 최고라더니 정말 맛이 좋았다. 배불리 먹고 식당을 나오니까 한 떼의 한국 관광객들이 관광을 마치고 돌아오고 있었다. 정말 반가웠다. 그들도 우리 둘을 보고 반겼다. 그들은 곧 귀국한단다. 젊은 분들이라 우리처럼 여가가 없을 것이다. 우리는 7월 초에 귀국한다니까 퍽 부러워했다.

관광객들이 브라질 쪽보다 많았다. 기차는 짙은 정글을 뚫고 달렸다. 두 번 째 정거장에서 내려서 긴 에움길을 걸었다. 동양인들이 눈에 띄었다. 말소리를 들어보니 한국 청년들도 더러 있었다. 수없이 많은 나비들이 우리를 반겨주었다. 오염되지 않은 자연이 반가웠다.

이태리청년과 영국 여성의 부부를 만났다. 그들은 신혼여행을 왔다고 말했다.

〈신혼여행을 온 영국인 부부〉

〈악마의 목구멍을 보는 관광객들〉

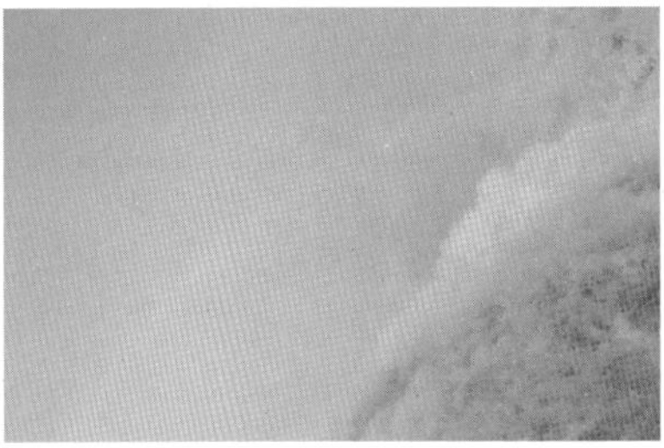

〈폭포인지 짙은 안개인지〉

〈아르헨티나 이과수 폭포 안내도〉

〈작은 폭포들〉

〈큰 폭포들〉

여러 갈래의 작은 강을 철재 에움길을 건너 넓은 강폭이 나타났다. 오른쪽으로 '미션의 촬영다리' 라는 표시판이 있었는데 장마에 거의 파괴되고 흔적만 남아있었다. 에움길의 끝 지점에 사람들이 모여 있었다. 그곳이 악마의 목구멍이었다. 우뢰 같은 낙차 소리와 물보라가 높이 치솟았다. 수십 개의 무지개가 돋았다. 아르헨티나 이과수 폭포를 늦게 온 것이 다행이었다.

악마의 목구멍은 참 굉장했다. 여기서 나는 엘리노 루즈벨트가 이과수 폭포를 구경하고 "불쌍한 나이아가라!(Oh, poor Niagara!)" 라고 했다는 말을 상기했다. 그것이 과장이 아님을 깨닫는 순간이었다.

높이가 82m이라는데, 10m 아래론 물안개로 볼 수 없었다. 날씨가 좋아 다행이었다. 사방에서 무지개가 나타났다가 사라졌다. 사람마다 들떠서 사진을 찍었다. 소라도 굉장한 광경을 비디오로 정신없이 훑었다. 이곳에 온 후 왜 이과수가 세계 최고인지 알 수 있었다.

폭포 아래는 성난 물이 사정없이 소용돌이 쳤다. 폭포는 자유를 만끽하고 있는 것을 인식했다. 머릿속이 하얘졌다. 순간 그곳에 몸을 던지고 싶었다. 나는 섬뜩해서 뒤로 물러섰다. 니이체의 말- "괴물의 심연을 오랫동안 들여다 본다면, 그 심연 또한 우리를 들여다보게 될 것이다." 이 구절이 생각났다.

이과수 폭포

모두들 신나게 구경하고
그냥 돌아간다
아무도 남아있지 않는다

남아있어야 하는 데 왜
모두들 가지
제 정신이 아닌가

폭포에 뛰어드는 사람 아무도 없다
나비가 뛰어들고
무지개도 뛰어 드는데.....

물은 숙명으로 알고 뛰어든다
악마의 목구멍으로 뛰어든다

아 아
자세히 보니 햇빛도 뛰어든다

나라도 뛰어들어야겠다
악마의 목구멍으로

돌아오는 기차의 관광객들은 만족하는 표정이었다. 우리가 내일 보트투어를 할 역에서 많은 사람들이 내렸다. 그 곳에서 내리고 싶었지만 소라의 다리에 무리가 될까봐 참았다. 내일 다시 오기로 했다. 날씨가 계속 좋아 내일 비가 오면 어쩌지 하는 일말의 근심이 들었다.

2010. 3. 20 토 구름 비 〈이과수 폭포의 보트투어〉

오늘은 아르헨티나 이과수 폭포의 낮은 에움길Circuito Inferior과 높은 에움길Circuito Superior를 걸어보고 스릴 만점인 보트투어를 할 것이다.

아침 8시 30분에 버스를 타러나갔다. 투어버스가 와서 급히 탔다. 며칠 날씨가 좋더니 하늘에 구름이 잔뜩 끼었다. 비가 올 것 같았다.

오늘 국립공원 입장료는 45페소이었다. 한사람당 40페소를 깎아주었다.이만치라도 활인해주니 다행이다. 브라질 이과수는 이런 제도가 없는 것 같았다.

첫 번 째 역에서 관광열차를 내려 철제 에움길을 걸었다. 여러 갈래로 나누어져 있어 헷갈렸다. 처음에 우리는 높은 에움길을 택했다. 크고 작은 수많은 폭포를 구경할 수 있었다. 좋은 사진을 찍기 위해서 준비해간 삼발이를 꺼냈다.

비가 내리기 시작했다. 준비해간 비옷을 꺼내 입었다. 비는 점점 세차졌다. 카메라를 비닐 주머니에 넣었다. 비가 내려도 관광객들은 여전히 강 쪽으로 내려갔다. 보트투어는 비가 너무 와서 기대 반, 실망 반이었다. 사람들은 비옷을 사서입고 혹은 수영복차림으로 걸었다. 높은 에움길에서 낮은 에움길로 바꾸어 걸었다. 그리고 보트를 타러 강 기슭로 내려갔다. 비속에서도 보트투어는 계속되고 있었다. 안도의 한숨이 내쉬어졌다. 뒤따라오던 소라가 비명을 지르기에 돌아보았더니, 커다란 뱀이 내 발뒤꿈치로 지나갔다는 것이었다. 밟았으면 어떻게 되었을까? 아찔한 순간이었다. 뱀이 철 에움길로 올라오다니. 믿어지지가 않았다. 운이 참 좋은 편이다. 이번 여행에 운이 좋은 것을 여러 번 느꼈다. 나를 위해서 기도해주는 사람이 많기 때문일 것이다.

안내인이 아래로 내려가라고 해서 급히 내려갔다. 비가 너무 오면 중단할지도 모른다는 생각이 들었기 때문이었다. 구명조끼를 받아 입고 튼튼한 비닐백에 배낭을 넣고 배에 승선했다. 보트는 고무보트이었다.

〈보트로 돌진할 매머드급 폭포〉

〈선착장으로 가는 길〉

우리 배 말고도 10여척의 보트가 강에 떠있었다. 승선하는 시간은 12~13분이었다. 배에 몸을 묶는 벨트도 없었다. 배가 천천히 달리더니 중간 정도의 폭포로 돌진해서 많은 양의 물이 머리위로 쏟아졌다. 사람들은 탄성을 질렀다. 두 번째는 그보다 큰 폭포수, 세 번 째 간곳은 그보다 큰 폭포수, 네 번째 간 곳은 매머드 급 폭포였다. 물 폭탄을 머리에 맞을 때 마다 사람들은 환호성을 질러댔다. 안경에 물방울이 튀어 아무 것도 보이지 않았다. 안경을 분실할까 봐 안경을 벗었다. 나이아가라 폭포의 보트투어는 이렇게 위험한 모험은 하지 않았다. 물이 황토물이라 얕게 생각되어서 그런지 두려움은 없었다. 맑고 푸른 물이었다면 훨씬 두려운 생각이 들었을지도 모른다. 모두가 만족한 표정이었다.

산 마르띤 섬은 갈 수 없다고 말해서 포기했다.

〈승선〉

〈뱃놀이〉

〈폭포 속으로 돌진〉

〈더 큰 폭포 속으로 돌진〉

돌아오는 길은 4시간의 에움길이라고 했지만 그렇게 멀다고 느껴지지는 않았다. 비는 어느새 그쳤다.

사실 오늘도 악마의 목구멍을 다시 보기로 했지만 그만 두기로 했다. 좋은 날에 가졌던 좋은 추억을 간직하고 싶어서였다.

어제 점심을 먹었던 그 식당에 가서 식사를 했다. 긴 여행을 위하여 영양 보충을 했다. 90페소를 지불했다.

우리가 묵고 있는 여관은 민박수준이지만 주인내외가 참 친절하고 좋은 사람들이었다. 그 여관에는 큰 개가 3마리나 있었다.

2010. 3. 21-22 일 구름 밤에 비 22 맑음 〈부에노스아이레스로〉

오후에 프에르또이과수와 작별을 했다. 아르헨티나 장거리 야간버스에 올랐다. 멕시코와 브라질, 아르헨티나 장거리 버스가 비슷하면서도 조금 달랐다. 우선 보기에는 아르헨티나 버스가 제일 좋은 것 같았다. 저녁 식사와 간단한 아침식사, 커피와 사탕도 주었다. 비행기처럼 정기사, 부기사, 서비스맨이 있었다.

밤 12시 경에 비가 내렸다. 브라질의 포르트세구르에서 상파울로에 갈 때도 이와 같은 비가 내렸다. 비가 내렸다하면 천둥 번개를 동반한 무시무시한 폭우이다.

9시 반 경에 부에노스아이레스에 진입했다. 시내를 한 시간이나 달려 버스터미널에 도착할 수 있었다.

다음 행선지인 코르도바에 가는 버스표를 사고 예약한 여관에 택시로 갔다. 여관은 낡은 건물이었으며 TV도 없는 곳이었으나 값이 쌌다. 우리는 그냥 1층에 있기로 하고 점심을 먹으러 나갔다. 중국 음식점을 겨우 찾았으나 휴업이라 바로 옆의 카페에 들어갔다. 한 사람 몫만 시켰는데 음식이 많이 나와서 둘이 먹어도 남았다. 음식값은 50페소이었다.

오후에 우리는 쉬었다. 소라는 빨래를 했다. 저녁은 부엌이 있어 밥을 지어 먹었다. 내일은 시내 구경을 하고 시간이 되면 카우초에 갈 계획이다. 모래는 우루과이에 있는 콜로니아에 갈 계획이다.

밤에 자는데 1시가 다 되어도 여자애들이 밖에서 너무 떠들어 잠을 잘 수 없었다. 소라도 잠을 못 잤는지 일어나서 창문을 열고 조용히 해줄 것을 이야기했다. 곧 조용해졌다.

2010. 3. 23 화 맑음

산마르틴 광장에 남미 독립의 영웅 산마르틴 Jose de San Martin(1778~1850) 장군의 기마상이 서 있었다. 그는 1778년 아르헨티나의 파라나 강변에 있는 야페유Yapeyu에서 태어났다. 탁월한 전략가로서 스페인군을 남미에서 몰아내어 아르헨티나, 칠레, 페루의 독립에 결정적인 역할을 한 혁명가이었다. 안데스 산계의 험준한 준령을 넘은 것은 한니발, 나폴레옹이 알프스를 넘은것과 비견된다. 그는 칠레의 총독 자리를 양보했고 페루의 리마를 탈환하고 남미의 북부에서 혁명을 주도히여 볼리비아를 독립시킨 베네수엘라 출신 시몬 볼리바르Simon Bolivar(1783-1830)와 꽈나길에서 단판을 하고 스스로 망명의 길로 떠나 유럽에서 운둔을 했다. 그는 권력에는 사심이 없었던 진실한 혁명가인 것 같다. 그가 죽은 8월 17일은 아르헨티나의 휴일로 지정되어있다. 산 마르틴 보다 150년 후에 태어난 체 게바라Che Guevara(1928-1969)는 아르헨티나 의사이었으나 혁명에 가담하여 쿠바혁명을 완성하고 높은 지위에 올랐다. 그 곳에 안주하지 않고 볼리비아의 혁명에 투신했다가 체포되어 39세에 총살당했다.

한 편 시몬 볼리바르는 권력을 장악해서 그란콜롬비아와 페루의 대통령이 되었다. 그는 끝없는 탐욕으로 독재자가 되고, 자유주의자들에 의해서 권좌에서 쫓겨나고 만다.

볼리바르는 1830년 건강 악화와 그를 제거하려는 암살단들의 준동을 피해 유럽으로 도피하려던 차에 후계자로 키웠던 수크레Antonio Jose de Sucre(1795-1830)가 고향으로 돌아가는 도중에 암살되었다는 소식을 듣고 한없는 슬픔에 빠졌다. 그는 유럽행 계획을 취소하고 산타마르타 근처의 한 스페인 사람의 영지에서 결핵으로 생을 마쳤다.

콜로니아(우르과이)에 일일 투어를 가 보자고 해서 택시를 타고 항구에 갔다. 항구의 사무실은 문이 닫쳐있었다. 걸어서 부케부스에 갔다. 오늘 콜로니아에 가는 것은 틀렸고 내일 가는 수속을 밟았다. 여행 안내서에는 싼 것으로 소개되었으나 162페소나 받았다. 둘이 324페소이다. 카우초는 알아보았더니 콜로니아보다 더 비쌌다. 한 사람당 230페소 내란다. 포기했다.

시내를 걸었다. 소라는 이제는 걸음을 잘 걸었다. 부에노스아이레스에서 가장 중심이 되는 5월 광장을 찾아갔다. 과연 훌륭한 광장이었다. 오전인데도 많은 사람들이 운집해있었다.

이 광장은 처음 이름은 요새광장이었고 다음은 승리광장이었으나 1810년 5월 25일 이곳에서 역사적인 독립을 선언함으로서 5월 광장이 된 곳이다. 광장에는 5월의 탑과 아르헨티나 국기의 창안자 마누엘 벨그라노Manuel Belgrano(1770-1820)의 기마상이 있다. 바로 옆에는 화사한 분홍색의 건물, 대통령궁이 있었다.

부에노스아이레스에 가면 한 번은 가봐야 할 유명한 카페 토르토니에 갔다. 바다로 간 여류시인 알폰시나 스토르니Alfonsina Storni(1892-1938)와 아르헨티나 최고의 탱고가수 까를로스 가르델Carlos Gardel(1890-1935)이 사랑한 곳이다. 내부치장이며 분위기가 어울리는 카페이었다. 많은 예술가들이 사랑했고 사랑하는 카페이었다. 그 자리에 앉아보니 유럽이나 남미 사람들의 카페문화가 이해되었다. 내가 사는 대전에도 이런 카페가 있었으면 좋겠다. 점심시간이라 커피와 샌드위치를 시켜서 먹었다.

〈카페 토르토니〉

〈카페에서 소라와〉

알폰시나 스토르니와는 비극적인 삶을 산 여류시인이다. 그녀는 시골 교사로 재직할 무렵 유부남을 사랑하게 되었고 그 결과 사생아를 낳았다. 그로 인하여 교직을 그만두고 부에노스아이레스로 가서 살기위해서 온갖 허드래 일을 다 하며 멸시와 찌든 가난으로 살았다. 그나마 그녀를 지탱해준 것은 시이다.
그녀는 암에 걸려 그녀가 사랑했던 마르델플라타의 바다에 가서 투신하고 만다. 이 사건을 안 펠릭스 루나는 아래와 같은 가사를 지어 아리엘 라미레스에게 작곡을 부탁했다.

알폰시나와 바다

작곡: 아리엘 라미레스(Ariel Ramírez)
작사: 펠릭스 루나 (Félix César Luna)

그대의 가녀린 자취는 파도 어른대는
고운 백사장으로 결코 돌아오지 않으리.
한과 침묵이 감도는 호젓한 길은
바다 속 깊이 다다랐네.
삼켜버린 한이 서린 호젓한 길이
물거품 속으로 사라졌네.

그대가 얼마나 큰 고뇌에 잠겨있는지,
고동들이 웅얼거리는 노래에
포근히 기대려고 얼마나 크나큰
오랜 고통을 삼키고 있음을 신은 알지.
어두운 바다 밑바닥에서
고동들이 부르는 노래에.

알폰시나여, 고독을 안고 가는구려.
어떤 새로운 시를 찾으러 갔나요?
소금기 어린 해묵은 해풍이
그대 영혼을 어루만지며 데려가는구려.
그리고 그대는 꿈에 취한 듯
바다의 옷을 입고 그리로 가네.

다섯 인어가
해초와 산호초 길로 인도하리니.
반짝거리는 해마들이

옆에서 원무를 그릴 지며
어느새 바다의 주민들이
옆에서 노니리니.

유모, 불을 조금 더 낮추고
편안히 잠들게 해주오.
그가 전화해도 없다고 해주오.
알폰시나는 돌아오지 않는다고 해주오.
그가 전화해도 꼭 없다고 해주오.
내가 가버렸다고 해주오.

알폰시나여, 고독을 안고 가는구려.
어떤 새로운 시를 찾으러 갔나요?
소금기 어린 해묵은 해풍이
그대 영혼을 어루만지며 데려가는구려.
그리고 그대는 꿈에 취한 듯
바다의 옷을 입고 그리로 가네.

(스페인어)
Por la blanda arena que lame el mar
su pequeña huella no vuelve más
y un sendero solo de pena y silencio llegó
hasta el agua profunda
y un sendero solo de penas puras llegó
hasta la espuma

Sabe Dios que angustia te acompañó
qué dolores viejos calló tu voz
para recostarte arrullada en el canto
de las caracolas marinas
la canción que canta en el fondo oscuro del mar
la caracola

Te vas Alfonsina con tu soledad
¿qué poemas nuevos fuiste a buscar?

Y una voz antigua de viento y de mar
te requiebra el alma
y la está llamando
y te vas, hacia allá como en sueños,
dormida Alfonsina, vestida de mar.

Cinco sirenitas te llevarán
por caminos de algas y de coral
y fosforescentes caballos marinos harán
una ronda a tu lado.
Y los habitantes del agua van a nadar pronto a tu lado.

Bájame la lámpara un poco más
déjame que duerma, nodriza en paz
y si llama él no le digas que estoy,
dile que Alfonsina no vuelve.
y si llama él no le digas nunca que estoy,
di que me he ido.

Te vas Alfonsina con tu soledad
¿qué poemas nuevos fuiste a buscar?
Y una voz antigua de viento y de mar
te requiebra el alma
y la está llamando
y te vas, hacia allá como en sueños,
dormida Alfonsina, vestida de mar.

큰 길을 따라 고층건물이 솟은 거리를 걷다보니 광장이 나타났는데, 고풍스러운 아르헨티나 국회의사당이 있었다. 남미의 여러나라 중에서 가장 미국의 국회의사당과 닮은 건물이었다. 규모는 좀 작았다. 세계에서 가장 넓은 거리라는 7월 9일 대로에는 방첨탑이 있다. 이 탑은 워싱턴 탑과 같은 모양이었다. 탑의 규모는 좀 작았다.

〈국회의사당〉

〈시내 건물〉

〈오벨리스크〉

〈콜론 극장〉

2010년 3. 24 수 맑음 〈라플라타 강 하구(219km)〉

택시를 타고 어제 간 부케브스buchebuso에 갔다. 사람들이 많이 몰려있었다. 우루과이 콜로리아가 얼마나 유명하기에 이렇게 많은 사람들이 간단 말인가 하는 생각이 들었다. 수속을 마치고 배에 올랐다. 5층의 배이었다. 우리의 표는 일등석이라 2층에 있었다. 그러나 전망이 좋지 않아 3층에 가서 창 옆에 앉았다. 배는 9시 50분에야 떠났다. 20분이나 늦은 셈이었다. 한 시간이면 도착할 것 같았는데 3시간 반이나 걸렸다.

라플라타 강 하구(219km)가 세계에서 두 번째로 넓다더니 이렇게 넓은가 하는 생각이 들었다. 이러니 오전에 가야 오후에 돌아올 수 있겠다. 점심은 하선

한 후에 줄 걸로 알아서 사먹고 싶은 것도 꾹 참고 배에서 내렸다. 오늘 어떤 투어인가 물었더니 한 시간 투어이고 자유시간을 주고 돌아온단다. 한 시간의 투어를 위하여 어제 오늘을 소비하고 거금(?)을 냈다니 비경제적이다.

버스를 타고 시내로 갔다. 3시 반에 투어시작이라면서 점심을 먹으라고 해서 각자 식당에 가서 점심식사를 했다. 점심은 투어 요금에 포함되지 않았다. 우루과이의 대표적인 음식 아사도를 시켜먹었다. 불에 구운 쇠고기인데 맛이 좋았다. 요금은 18불이었고 물을 한병 사서 19불을 지불했다.

시내는 보통 조그마한 도시이었다. 가로수는 키 큰 플라타너스가 빽빽이 들어서 있었다. 그 나무가 유해하다는 것을 모르는가보다.

〈콜로니아 가는 항구〉

〈유네스코 문화유산〉

〈콜로니아 입구에 관광객들〉

〈요새의 대포〉

〈포르투갈 돌포장 길〉

〈화실〉

〈망루〉

〈광장과 스페인 식 돌포장 도로〉

우리 버스는 안내인이 영어를 좀 하는, 거만하고 뚱뚱한 여자이었다. 시간이 되어 투어가 시작되었는데 기사가 너무 차를 빨리 몰고 해가 역광이라 사진을 찍을 수가 없었다. 버스로 시내를 한 바퀴 돈 후 요새지에서 내렸다. 차를 타고 도는 것은 별 의미가 없다. 유적지는 바다에 면한 일종의 성이었다.스페인 시대의 유물이 세계문화유산이 되었다고 한다. 원래 이곳은 포르투갈이 먼저 식민지화하고 그 후에 스페인이 들어왔단다. 작은 대포가 하나 있었다. 미국에서 본 요새에다 비하면 이건 장난감이다. 포르투갈과 스페인이 조성했다는 도로가 있었다. 도로에 돌을 까는 방법이 달랐다. 그들이 지었다는 건축물이 전부였다. 그 성안에는 교회와 플라자도 있었다. 출입구에는 유네스코세계문화유산 이라는 표시판이 있었다. 우리나라도 이 정도의 성이야 많은데 유네스코세계문화유산이 못되어 관광

수입을 올리지 못 하는 것이 억울했다. 강화도의 요새나 남한산성은 이것에 비하면 훨씬 훌륭하다. 안내인은 여러 가지로 설명했으나 들어오는 것이 별로 없었다. 투어를 마치고 자유 시간을 주어 별로 볼 것도 없는 경내를 어슬렁거렸다. 버스를 타고 항구에 도착하여 배에 올랐다. 참으로 엉성한 투어이었다. 이런 투어가 162페소이었다. 돌아올 때 우리는 2층 1등석에 앉아 반은 자면서 왔다. 항구의 불빛이 휘황찬란했다.

2010. 3. 25 목 맑음 〈국립미술관〉

오늘밤 22시 15분에 코르도바로 떠난다. 1,060km 떨어진 멘도사에 가서 국경을 넘자니 너무 허전해서 아르헨티나의 제 2 도시 코르도바에 가기로 했다. 그러니까 부에노스아이레스의 마지막 날이다. 우리는 시내 투어를 하기로 했다. 아침 8시 경에 집을 나섰다. 우선 세계 3대 극장 중 하나

〈라바예 거리〉

〈산마르틴 광장〉

〈꽃 조각〉

〈국립미술관〉

인 꼴론 극장에 가보기로 했다.

라바예 거리가 극장가라고 해서 찾아갔다. 꼴론 극장은 보수가 한창이었다. 건물 밖 쪽에 건축용 지지대가 거미줄처럼 엮여있었다. 보수공사가 아직 먼 것 같았다. 건물은 고풍스럽고 웅장했다. 사진을 찍고 국립미술관 쪽으로 갔다. 브라질의 미술관들과 비교해보고 싶었다. 국립미술관은 분홍색 건물로 독특한 미적 감각을 살린 건물이었다. 고흐와 피카소, 렘브란트와 고야, 미로와 칸디스키 등 유럽 거장들의 아름다운 미술품들이 잘 전시되어 있을 뿐 아니라 아르헨티나의 현대 작가들의 작품들도 전시되어 있었다. 다만 미국에서 너무 좋은 미술관을 많이 다녀서 그냥 슬슬 보았다. 사진을 못 찍게 한 것도 그림에 대한 애착을 감소시켰다. 미술관 옆에는 넓은 잔디광장이 있었는데 꽃 조각이 특이했다.

The United Nations Square, is a 4 acres green public space, known for its Floralis Generica sculpture, mostly referred as The Flower. Architect Eduardo Catalano donated the Flower to the City of Buenos Aires in 2000. Two years later, it was installed in the square.

The Flower blooms anew every day in a pool of water next to the National Museum of Fine Arts and Universidad de Buenos Aires Law School, revealing four long pistons inside. Its six 13-meter-long petals open at eight in the morning and slowly close again at sunset, mimicking the actions of a real flower. Each of the processes takes about 20 minutes. When the petals are closed, the 18 ton flower is 75 feet tall and 26 meters wide, and when blossoms, this amazing man-made flora is an incredible 105 feet wide.

UN 스퀘어는 플로라리스 헤네리카Floralis Generica라는 조각작품으로 유명한 4에이커의 공공公共 녹지 공간이다. 이 조각은 '더 플라워The Flower' 라고 더 잘 알려져 있는데 건축가 에두아르도 카탈리노Eduardo Catalano가 2000년 부에노스 아이레스 시에 기증했다. 2년뒤 이 작품이 광장에 설치되었다.

'더 플라워' 는 부에노스아이레스 법과대학 건물과 국립 미술관 옆의 호수에서 매일 새롭게 피어난다. 꽃이 필 때 안쪽에 숨어있는 4개의 길다란 꽃의 수술을 볼 수 있다. 13미터 길이의 8개의 꽃잎이 실제 꽃과 같이 오전 8시에 피고 일몰 에서 진다. 꽃이 피고 지는 데는 각각 약 20분이 소요된다. 이 18톤 무게의 꽃은 꽃잎을 닫았을 때 폭이 26미터이고 높이가 75피트(약 23m)이며, 꽃이 펼쳐졌을 때 인간이 만든 이 놀라운 꽃의 폭은 105피트(약 32m)가 된다.

In Catalano's own words:

" I chose the United Nations Square because it is a green space, generous and free of architectural chaos. A serene space, I avoided to make an object like the urban symbols. My goal was to design a complete environment that covers the entire square. A space defined by its lush trees, the earth carved with geometric shapes, ramps, walkways, a reflecting pool of 44 meters in diameter, overflowing with waterfalls, and its focus Floralis Generica continuing with their movements and environmental changes that are reflected in their bright petals."

카탈리노의 말:

" 내가 UN광장을 선택한 이유는 그곳이 녹지이고, 넓은 공간이며 혼란스러운 건축물들과 멀리 떨어져 있기 때문입니다. 이 고요한 공간에 나는 도시의 심볼과 같은 오브제는 피하고 싶었습니다. 내가 추구하는 것은 광장 전체를 덮는 완전한 환경을 창조하는 것입니다. 풍성한 나무들로 둘러싸인 공간은 기하학적 모양의 조각, 경사로, 산책길, 직경 44미터의 물결이 반사되는 호수pool, 분수대의 흘러넘치는 물로 채워져 있습니다. 여기에 이 공간의 핵심인 플로라리스 헤네리카Floralis Generica가 끊임없이 움직이고, 이렇게 아름다운 꽃의 꽃잎을 통해 환경이 변화되는 것입니다."

배가 고파 아사도를 먹어보기로 하였다. 아르헨티나의 아사도 맛은 과연 어떨까? 한 식당에 들어갔다. 겉보기에도 깔끔한 식당이었다. 아직 오픈할 시간이 안 되었다고 하기에 기다리겠다고 말했다. 또 예약을 했는가 물어서 관광객이라 예약을 못했다고 말했더니 가장 나쁜 장소를 안내해주었다. 출입문 쪽이었다. 기분은 좀 좋지 않았지만 기다리기로 했다. 주문을 하라고 해서 스페시얼로 시켰더니 7% 세금이라고 했다. 커피 한 잔과 코카콜라까지 주문했다. 그 식당의 아사도는 우리나라 갈비와 유사했다. 갈비 두 대의 분량이 나왔는데 각각 5 점씩 먹을 수 있었다. 쇠고기가 맛이 좋았다. 식사를 한 후 카운터에 갔는데 112페소이었다. 미화로 36불정도이다. 자릿세와 서비스 요금이 20페소이었다.

식당에서 나와 거리를 걸었다. 너무 많이 걸어서 택시를 타기로 했다. 다음은 국립역사박물관에 갈 차례이다. 택시 기사는 영어를 구사하는 사람이었고 성격이 서글서글했다. 우리 숙소에서 가까운 거리에 그 박물관은 있었다. 택시비를 지불했더니 위조지폐라고 말하면서 다른 지폐를 요구했다. 지금까지 여행하면서 위조지폐를 받아본 일이 없었는데……어느 나라나 사기꾼들은 있기 마련이다. 처음 부에노스아이레스에 와서 구멍가게에 가서 포도주를 샀을 때 받은 거스름돈이 위조지폐이었다. 중년 부인이 주어서 무심코 받아 넣었는데 그것이 위조지폐이었다. 진짜 지폐와 구분이 거의 되지 않았다.

코르도바에 가려고 장거리 버스터미널에 가서 서너 시간 기다린 후 버스를 탔다. 침대 버스이었다. 지금까지 탄 어느 버스보다도 고급이었다. 서비스도 좋았다. 맛있는 저녁과 양주까지 한 잔 주었다. 서비스가 비행기 수준이었다.

2010. 3. 26 금 맑음 〈코르도바〉

새벽 7시 15분에 아르헨티나 제2의 도시 코르도바에 도착했다. 버스는 어둠을 뚫고 밤새도록 달렸다. 버스가 밤에 달려 거대한 팜파스를 구경할 수 없다는 것이 유감이었다. 새벽에야 우리는 농장과 목장을 볼 수 있었다. 부에노스아이레스에서 코르도바까지는 약 700km이다.

코르도바는 부에노스아이레스보다 먼저 발달한 도시이고 대학이 남미에서 최초로 생긴 도시이기도 하다. 이 대학은 남미에서 가장 우수한 대학으로 평가된다. 코르도바는 코르도바 산맥으로 둘러싸인 분지이며 평균 강수량이 750mm로서 건조한 편이다. 기록에 의하면 남아메리카 주에서 가장 높은 기후가 1920. 1. 2의 49.1°C이다. 그런데 그 지역이 바로 코르도바 주라는 것이었다.

1866년에 프리메로 강에 세워진 산로케 댐은 남미에서 가장 오래된 댐의 하나이며 코르도바의 공업, 농업, 식수원으로 이용되고 있다.

코르도바에 도착해서 먼저 멘도사로 가는 버스표를 예매했다. 이번에는 낮에 가기로 했고 1등 버스표가 없어 2등 버스표를 샀다. 요금이 270페소이었다.

택시를 타고 예약한 여관을 찾아갔다. 너무 일찍 들려서 11까지 기다리라고 말했다. 10: 20분에 방 배정을 받았다. 방은 2층인데 부에노스아이레스 방의 반 정도의 크기이었고 가방을 올려놓을 곳이 없어서 방바닥에 놓았다. 여관에서 빵을 내주어 먹었다. 샤워를 하고 잠을 잤다. 소라는 빨래를 한 후 다음에 갈 멘도사의 여관을 인터넷으로 찾았다. 시간이 많이 걸렸다.

은행에 가서 400페소를 찾고 내일 근교 투어신청을 했다. 영어가이드가 있는 투어라 190페소이다. 영어가이드 값이 30페소이다. 둘이 380페소인 셈이다. 오늘 찾은 돈이 다 들었다. 아르헨티나 투어가 그렇게 훌륭한 것은 아니었다. 그러나 어쩔 수 없었다. 밤에는 9시 반부터 여관에서 바비큐 파티가 열렸다. 우리는 피곤도 하고 젊은이들의 파티라 나가지 않았다. 밤 2시까지 파티가 이어졌다. 주위가 너무 시끄러워 잠을 잘 수 없었다.

여행은 어쩌면 인생과도 같다는 생각이 들었다. 혼자 여행을 하느냐 둘이 여행을 하느냐? 도 중요하고 어디를 여행하느냐? 도 중요할 것이다.

여행객은 남미도 백인들이 대부분이었다. 북미는 단연 퇴직한 백인 노부부들이 많았는데, 남미는 젊은 연인들이 많은 것이 특징이었다. 기회의 땅이기 때문일까? 우리나라 젊은이들도 남미에 여행을 많이 왔으면 좋겠다.

2010. 3. 27 토 맑음 〈코르도바 투어〉

9시가 되어 나이 지긋한 가이드가 왔다. 우리는 소형 버스에 타고 출발했다. 두어 곳을 더 들려 일행은 10여 명이 되었다. 차는 코르도바의 교외로 달리는 듯했다. 코르도바 공항을 지나 작은 위성 도시를 통과하고 산으로 들어갔다. 산에 나무들이 드물었다. 동부의 정글 같은 나무는 없고 작은 관목들이 듬성듬성 서있었다.

처음 버스에서 내린 곳은 작은 폭포가 있는 산중턱이었다. 물줄기가 가늘고 한 줄기인데 바위투성이의 암산에서 물이 흘러내린다는 것이 신기했다. 그곳은 지중해성 기후라 비가 적고 건조한 곳이란다. 지중해성 기후라는데 포도원은 보이지 않았다. 가이드는 그 지방의 기후가 캘리포니아나 이태리의 기후와 흡사하다고 말했다.

〈작은 폭포〉

〈마늘 묶음〉

〈외로운 산새〉

〈코르도바 산맥에서 소라와〉

〈산 양〉

〈골짜기를 흐르는 물〉

차는 코르도바 산맥의 큰 씨에라Sierra를 오르고 있었다. 중턱에서 버스가 다시 멈추었다. 그곳에는 상점을 겸한 레스토랑이 있었다. 여러 가지 물품이 있었고 사진을 붙여놓았다. 박제된 콘도르가 있었다.

처음 이 신비의 새를 보았다. 우리 일행은 그곳에서 차를 한잔 마시고 다시 출발했다. 산은 예상보다 더 높았다. 정상부근은 넓은 바위들이 덮고 있었다. 여기 저기 웅덩이에 물이 고여 있었다. 그 웅덩이에서 발원한 작은 물줄기가 실타래처럼 엉켜있었다. 이곳이 조금 전에 본 폭포의 수원같았다. 고개를 넘어서자 광활한 산지가 펼쳐졌고 콘도르가 배회하는 것을 볼 수 있었다. 우리는 콘도르를 보기 위해서 그곳에서 다시 차를 멈추었다.

콘도로는 세계에서 캘리포니아 콘도르와 안데스 콘도르 2 종류뿐인 희귀종인데 북미산 콘도르는 멸종 위기에 놓여있고 안데스 콘도르만 남아 있다. 그런데 코르도바에서 콘도르를 본다니 참 운이좋았다. 콘도르는 해발 3,000m 이상 되는 고지에서만 살며 날개 길이가 3m가 넘는다. 그러니까 독수리보다 훨씬 큰 새이다. 물론 맹금류에 속하나 발톱이 연약하고 발의 힘이 약해서 산 짐승을 잡아 먹는 것이 아니고 죽은 고기를 주로 먹는다.

어쨌든 나는 콘도르가 그렇게 높게 귀족적으로 나는 것을 처음 보고 알았다.

다시 차는 출발했다. 씨에라는 연속되었다. 산 아래로 바둑판 같은 경작지와 마을들을 보았다. 1시가 넘어서 니나클아베로Nina Clavero 라는 작은 도시에서 점심을 먹었다. 아사도를 41페소 주고 시켜 먹었다. 부에노스아이레스의 고급 식당에서는 121페소 주고 아사도를 시켜먹었는데 맛은 비슷했다.

〈박물관 외관〉

〈각종 자물통과 열쇠 〉

〈저울 종류〉

〈부처〉

〈평화의 기도〉

〈한복〉

〈재봉틀〉

〈각종 병〉

〈각종 십자가〉

〈다리미〉

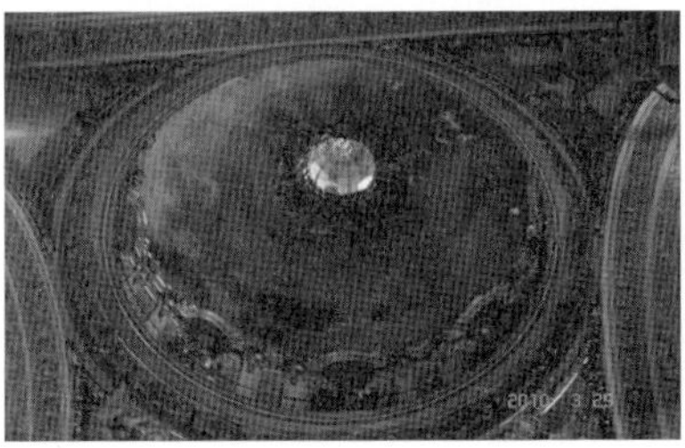

〈벽시계〉

〈차 스푼〉

점심식사를 하고 록센Rocsen박물관에 갔다. 화려하지는 않지만, 인류의 위인들의 조각이 2층 높이에 흉대로 걸려있었다. 4대 성인과 그리스의 철학자들, 바하, 에디슨 등 커다란 족적을 남긴 50여명의 위인들이었다. 프랑스인 록센이 수집한 물품이 엄청나게 많았다. 가지가지 광석, 접시, 자물통과 열쇠, 각종 연장, 각종 살림 도구, 각종 저울, 각종 기계, 절구통, 구유, 집게, 컵과 호롱, 차와 관계연장, 술통, 마차, 악기, 인형, 술잔, 곤충 채집, 나비채집, 호야, 촛대, 아코데온, 풍금, 축음기, 나팔, 조각, 탈, 부처, 도자기, 사진기, 그림, 병, 각종 술병, 십자가, 아이론, 벽시계, 넥타이, 모자, 수저와 포크, 한복, 신발, 목걸이, 악세사리 등이었다. 서양사람들은 무엇을 해도 엄청나게 한다. 참으로 대단했다.

〈여자 신발〉

〈보석류〉

박물관을 구경하고 코르도바로 돌아왔다. 돌아오는 길은 갈 때보다 빨랐다. 여관에 와서 저녁을 지어 먹었다. 부엌이 있는 여관이라 그런 점은 편리했다.

2010. 3. 28. 일 맑음 〈카비노의 음악회〉

소라의 허리띠를 사주기 위해서 쇼핑센터를 찾아갔다. 가는 도중 한

성당에 들어갔다. 아이들이 올리브나무 가지를 팔고 있었다. 알아보니 예수의 예루살렘 입성을 환영하기 위해서 올리브나무 가지를 쓴단다. 우리나라에서는 측백나무나 편백나무를 쓴다. 성당은 굉장히 크지는 않지만 화려하고 깨끗했다. 신자들이 참 많았다. 이것이 코르도바 대성당이냐고 물었더니 아니란다. 여행객이라 바빠서 나가야된다고 말하고는 밖으로 나왔다. 쇼핑센터 IO를 찾아갔다. 한 상점에 들려 소라의 허리띠를 골랐다. 아르헨티나는 소가 많은 나라라 가죽 산업이 발달되었다. 디자인이 독특한 것이 있어서 하나 사주었다. 내 것도 하나 샀다. 소라 것이 172페소 내 것이 154페소이니 300페소가 넘는 셈이다. 사실 내 것은 아들 줄 것이다. 지난 번 미국에서 사다준 허리띠는 버클Buckle이 너무 작아 마음에 들지 않았다. 우리는 구경을 하고 코르도바 대학에 갔다. 명성에 비하여 그렇게 훌륭해 보이지 않았다. 어제 안내인에게 코르도바 대학을 물었더니 남미뿐 아니라 세계 각처에서 유학을 올 정도로 훌륭한 대학이라고 입에 침이 마를 정도로 자랑을 했다. 다음은 대성당을 찾았다. 대성당은 산 마르틴 광장 바로 옆에 있었다. 문을 닫아놓았다. 4시 반에 문을 연다고 해서 바로 옆에 있는 식당에 가서 점심을 먹고 코르도바 미술관에 갔으나 수리중이라 크로스되어 있었다. 하는 수 없이 대성당 옆에 있는 카비노에 가서 구경을 하고 라는 의자에 누워 낮잠을 자고 나는 대성당의 십자가만 하염없이 바라보았다. 십자가 주위로 구름이 모여들었다. 잘 관찰해보니 새들이 십자가 주위에서 많이 날고 있었다. 콘도르 한 쌍이 하늘을 나는데 그렇게 높게 나는 새를 본 일이 없었다. 구름 속으로 들어갔다 나왔다 하는 것 같았다. 곡예 하는 비행기 같았다. 그 광경을 보고 시를 한편 썼다.

코르도바의 콘도르

피곤에 지친 몸을 의자에 의지하고
앉아 졸고 있었다.
눈앞에는 대성당의 십자가가 보였다.
건조지대인 그곳은 하늘이 유난히 파랗다.

한 쌍의 콘도르가 십자가 위를 배회하더니
하늘 높이 높이 날고 있었다.
구름 속으로 들어갔다가는 나오는 것 처럼 보였다.
곡예 비행을 하는 비행기
이렇게 높게 나는 새를 본 일이 없다.

콘도르는 2종류 뿐인데
이곳 안데스의 콘도르가 가장 크다.
대부분의 새들은 십자가 보다 아래쪽을 날고
날다가 지치면 십자가 근처나
성당 건물에서 쉬었다가 난다.

콘도르가 그렇게 높게 나는 것은
지상의 먹이를 찾는 것은 아닌 것 같다.
죽은 고기만을 먹는다는 콘도르는
그저 날고 싶어서 나는 것 같다.
시인들도 때로는 까닭 없이 저렇게 날고 싶어 한다.
창공이 바로 하늘임으로

시간이 되어 대성당의 내부를 보려고 이층에서 내려오는데 의자를 정리하기에 무슨 일이냐고 물었더니 밤 7시 30분에 음악회가 있다고 말했다. 구경 와도 되느냐니까. 그렇단다. 소라는 음악회라는 말만 들어도 눈이 반짝인다.

〈산 마르틴 광장〉

〈성당〉

〈교회 내부〉

〈대성당의 밤 모습〉

밖에 나오니 성당 문이 열려있어서 들어가 보았다. 대성당은 외부와는 달리 천장과 벽에 그림과 장식들이 웅장하고 화려했다. 과연 대성당다웠다. 기념사진을 찍었다.

여관에 오면서 마트에 들렸다. 물건을 사고 잔돈을 받았는데 그게 위조지폐이었다. 아르헨티나에서 두 번이나 이런 일을 당해 인상이 안 좋았다.

밤에 카비노에 갔다. 음악회는 수준이상이었다. 연주자들도 그냥 연주자가 아닌 것 같았다. 지휘자는 두 사람이 했는데 두 사람 다 잘했다. 소라는 수준 높은 연주회라고 칭찬했다. 바하 · 브람스 · 비발디 · 슈벨트의 음악까지 연주했다. 소프라노 · 테너 가수도 있었고 합창도 했다. 좋은 기분으로 밤길을 걸어 숙소에 돌아와서 잤다.

2010. 3. 29 월 맑음 <아르헨티나의 최고의 포도 산지 멘도사>

멘도사에 가는 버스는 밤 버스가 아닌 낮 버스를 탔다. 1등급 버스가 없어 2등급 버스를 탔더니 자리도 비좁고 대우도 딴판이다. 우리는 5, 6번 자리에 앉았다. 차는 정시에 떠났고 아르헨티나의 그 유명한 팜파스를 달리고 있었다. 끝없이 넓은 직사각형 밭에 곡식이 가득했다. 주로 콩과 옥수수밭 이었다. 브라질의 밭과는 영 달랐다.

멘도사 가는 길은 멀고멀었다. 산길을 좀 달릴 줄 알았는데 모두가 평지이었다. 비가 많이 와서 수해의 흔적도 보이고 곡식이 없는 저지대가 물에 잠겨 있는 곳이 끝도 없이 이어졌다.

도로는 미국처럼 직선도로이었다. 작은 도시들을 몇 지났고 멘도사 300km 지점에 갔을 때 산이 나타났다. 제법 큰 산맥 같아서 그것이 안데스 산맥인 줄 알았는데 아니었다. 멘도사 60km지점에 가서야 희미하게 안데스 산맥을 보았다. 과연 세계적인 산맥이다. 이 산맥을 얼마나 보고 싶었던가. 그런데 이상하게 그렇게 높아 보이지 않았다. 그리고 주위에 포도밭이 나타나기 시작했다.

그곳은 포도와 올리브 산지이며 칠레로 가는 국경도시이다. 연간 강수량이 223.2mm인 사막의 기후이나 안데스의 눈 녹은 물을 이용한 대규모의 관개수로로 포도원과 올리브 과원이 끝이 보이지 않을 정도로 광활했다. 아르헨티나 포도주의 70% 이상을 멘도사에서 생산한다고 한다.

오후 6: 30분에 멘도사에 도착해서 칠레의 산티아고에 가는 버스표를 예매하고 예약한 여관을 찾았다. 여관은 참 형편없었다. 싼 여관만 찾았으니 그럴 수밖에. 여기저기에 축음기판을 잔뜩 걸어놓았다. 이곳에서 3일을 자야한다.

우리는 저녁을 밖에 나가 먹었다. 잠은 개처럼 자지만 먹는 것은 잘 먹어야할 것 같아서 고급 식당을 찾았다. 고기를 주었는데 아사도는 아니지만 맛이 있었다.

2010. 3. 30 화 맑음 〈글로리아언덕〉

〈여관의 장식물〉

〈산마르틴 동상〉

돈을 300페소 쯤 찾고 산마르틴 공원에 가기로 했다. 오후에는 와이너리 투어에 참가하기로 했다. 얼른 숙소에 와서 와이너리 참가 신청을 하고 산마르틴 공원에 걸어서 갔다. 공원에 도착 샌드위치를 하나씩 사서 먹고 콜라도 마셨다. 공원순회버스를 타고 글로리아언덕Cerro dela Gloria에 올라갔다. 그곳에는 산마르틴 장군을 기념하는 훌륭한 브론즈 기마상이 있었다. 우루과이 태생의 조각가 후안 페라리Juan Manuel Ferrari(1874-1916)의 대표작으로 알려져 있다. 남미의 여러 나라, 아르헨티나, 칠레, 페루의 광장에 있는 산마르틴 장군의 여러 동상을 보았지만 이보다 더 훌륭한 동상은 본 일이 없었다. 참으로 훌륭했다. 바위와 브론즈 동상이 잘 조화되었고 웅장하면서도 아름다웠다. 아주 독특한 디자인과 공들여 만든 조각이었다. 공원에는 축구장과 야외공연장, 경마장, 자연과학 박물관, 보트경기를 할만 큼 큰 인공 호수도 있었다.

플라타너스와 포플러가 녹음을 드리웠고 700종이나 되는 장미원은 이 공원의 자랑이라고 했다. 그러나 사막지대라 나무들은 메말랐다.

오후에는 보데가 견학이다. 멘도사에 크고 작은 양조회사가 3,300개 정도라고 한다. 관광 인원은 약 20명이었다. 젊은이들이 대부분이고 노인들

〈와인 탱크〉

〈참나무 통〉

〈올리브유 공장〉

〈포도 운반차〉

은 우리를 포함해서 4명, 중년도 2명 있었다.

처음 간 곳은 소문난 보데가 토소 이었다. 창업 100년이 넘는 곳으로 전통을 자랑하는 곳이었다. 우리는 백포도주와 적포도주를 시음했다. 약간 쌉쌀한 맛에 누룩냄새 비슷한 향내가 났다.

그 다음은 올리브유 농장에 갔다. 올리브나무 과원이 이렇게 큰 것은 처음 보았다. 대추 같은 올리브유 열매도 처음 보았다. 여러 가지 가공식품을 팔았다.

그 다음에 간 곳은 포도주를 직접 만드는 곳이었다. 멘도사 시내에서 트럭이 포도를 거름처럼 싣고 가는 것을 여러 번 보았는데, 공장 뜰에 그런 트럭이 몇 대 서있고 장화를 신은 일꾼들이 삼지창을 가지고 올라가더니 포도를 거름처럼 퍼서 탱크에 던졌다. 그러면 자동시스템에 의해서 으깨어지고 즙이 짜져서 포도주를 만든다고 한다.

다음에 간 곳은 판매점인데 여러 가지 술과 올리브 가공식품이 있었다. 압생트 주도 있었다. 판매원이 설명을 하고는 무슨 술을 마셔보겠느냐고 물어서 나는 반 고흐가 즐겨마시고 이생진 선생이 좋아하는 술 압생트를 들겠다고 해서 주위 사람을 놀라게 했다. 압생트 주는 쑥으로 만드는 술인데 많이 마시면 정신이상 증세를 나타난다고 해서 판금되었다가 다시 나오는 모양이었다. 75%의 독주인데 커피 스푼에 따라서 불을 댕기니까 파란 불꽃을 피웠다. 설탕을 넣어주어서 받아 마셨더니 과연 독했다. 소주잔의 1/3의 양인데 병에 남아있던 술의 전부이었다. 가져간 물을 마셨다. 배속이 뜨뜻해지더니 볼이 확 달아올랐다.

압생트 술 한 병에 얼마냐고 물었더니 53페소 한단다. 한 병 사가지고 왔다. 오늘 좋은 관광을 했다. 투어 요금이 비싸지만, 투어를 해야 단시간 내에 여러 가지를 볼 수 있다. 내일은 안데스 산맥 쪽으로 투어를 간다.

2010. 3. 31 수 맑음 〈알타몬타나Alta montana 투어〉

알타몬타나Alta montana 투어에 참가하기로 했다. 안데스 최고봉인 아콩카과는 칠레에 가서 하기로 했다. 사막의 날씨가 구름 한 점 없이 청명했다. 7시 30분에 소형 버스가 바로 왔다. 요금을 내고 앞자리에 앉았다. 여러 여관을 돌아다니며 투어 객을 싣고 안데스 쪽으로 떠났다. 멀리 아스라이 안데스의 신비스러운 영봉들이 보였다. 눈모자를 쓰고 있는 봉우리는 보이지 않았다. 어제 포도주 투어에 참가한 사람이 6명이나 되었다. 반갑게 인사를 나누었다. 일행은 이십 명 남짓했다.

차가 안데스 기슭에 들어서자 커다란 호수가 나타났다. 물빛이 바닷물 빛처럼 파랬다. 자세히 보니 댐으로 막은 인공 호수이었다. 농업용수와 식수를 공급하는 댐으로 이 도시의 생명수이었다. 이 호수 덕택으로 멘도사에 포도원이 조성된 것이다. 그곳에서 잠시 쉬었다가 차는 다음 장소로 떠났다.

안데스 산맥 깊숙이 들어가면서 강이 흐르고 양옆으론 안데스의 고봉이 이어졌다. 그러나 눈모자를 쓰고있지는 않았다. 아직 여름철이라 그런지 이해가되지 않았다. 내 상상 속의 안데스 산은 대부분이 눈모자를 쓰고 있을 것으로 알았다. 그러니 상상과 현실은 얼마나 다른가! 바위투성이의 산은 큰 나무 한 그루 없었다. 도로 옆에 관목들만 듬성듬성 있었다. 그러니 그렇게 많은 새들도 나비도 곤충도 없었다. 콘도르도 찾아볼 수가 없었다. 우리는 두 번 째 잠시 쉬었다. 그곳은 산마르틴 장군이 5,000명의 기병대를 지휘해서 칠레의 독립을 도우려고 안데스를 넘었는데 바로 그곳을 지나쳤다고 말했다. 멘도사 강은 흙탕물이었는데 그 곳 골짜기에서 흐르는 물은 맑은 물이었다. 다리 위쪽에는 입산 금지가 되어있었다.

〈산마르틴 장군 숙영지〉

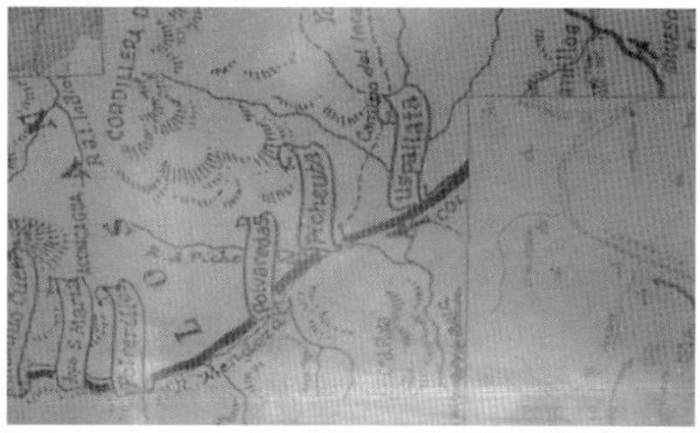

〈안데스 산맥을 넘는 루트〉

〈푸엔테델잉카Puent del Inca〉

우리는 다시 출발해서 푸엔테델잉카Puent del Inca에 갔다 푸엔테델잉카는 '잉카의 다리' 라는 뜻인데 온천수에 함유된 광물이 굳어져서 자연스럽게 생긴 다리라고 말했다. 다리와 주변에는 노랑, 녹색, 브라운, 회색, 흰색, 주황과 검정색의 퇴적물들이 섞여 있어 신비한 느낌을 주었다. 다른 곳에서는 보지 못한 장관이었다. 점심을 사먹고 내려오면서 차는 구절양장의 비포장 도로를 올랐다. 운전기사는 퍽 조심스럽게 차를 몰았다. 드디어 고갯마루에 도착했다. 그곳은 표고 4,200m이며 크리스토레덴토르Cristo Redentor 지역이다. 아르헨티나와 칠레의 종전을 기념하기 위해서 양국군의 대포를 녹여서 만든 십자가를 든 예수상이 있었다. 양국 국기가 게양되었고 조그마한 사무실도 있는 것 같았다. 분단국인 우리나라를 생각하며 깊은 한숨을 토했다. 바람이 어찌나 심하게 불고 추운지 방한복을 입어도 손이 어는 것 같았다.

4,200m 지점에서는 눈모자를 쓰고있는 안데스의 영봉들이 보였다. 그리고 높은 영봉들이 산맥을 이루며 뻗어나갔다.

산을 내려와서 눈모자를 쓰고 있는 거대한 아콩카과 영봉을 보았다. 높은 산에 가려 영봉만을 보았다. 아세아주의 산을 제외한 모든 주에서 가장 높은 산으로 6,962m이다. 산의 정상은 아르헨티나 쪽에 있다.

〈아콩카과 산의 영봉〉

〈크리스토레덴토르Cristo Redentor〉

〈국경지역의 방송탑 혹은 유류탱크〉

건너편 산은 석탄산 같이 온 산이 검었다. 노천광산 같아 채굴하면 돈을 많이 벌 것이다.

해가 질 무렵 숙소로 돌아왔다. 먼 곳에서 가스를 태우는 불빛이 아름답게 보였다. 멘도사에서도 석유가 나는 모양이었다. 석유는 왜 사막지대에서 주로 나나.

2010. 4. 1 목 구름약간 〈국경 검문〉

아르헨티나에게 안녕을 고하고 칠레를 향해 떠났다. 우리나라는 칠레와 FTA를 체결하여 활발한 교역이 이루어지고 있어 친숙한 사이이다. 아침 일찍 택시를 불러 달래서 버스정류장에 도착했다. 짐을 짐칸에 싣고 버스를 탔다. 하늘을 보니 구름이 잔뜩 끼어있어 어제 알타몬타나 투어를 잘 한 것 같았다.

차는 단층 버스이었다. 어제 왔던 길을 달려 이내 호수에 도착했다. 어제 보이던 안데스 산들은 구름에 가려 잘 보이지 않았다. 버스가 안데스 산맥으로 깊숙이 들어가자 구름이 걷히고 산이 보였다. 암벽미를 유감없이 발휘하는 안데스의 높은 봉우리는 별 쓸모가 없을 것 같았다. 내부에 얼마의 광물을 숨기고 있을지 모르지만. 국경 마을은 거의 광산마을 같았다. Ceramica(도자기)라는 글자가 보여서 반가웠다. 도자기는 중국과 우리나라가 최고인줄 알았는데 세계 도처에 있었다.

아르헨티나 국경 검문소는 쉽게 통과했다. 칠레의 국경에 가까워지자 산은 칼날 산이 되었다. 저 곳을 어떻게 넘나 생각했는데, 버스는 예고도 없이 긴 터널 속으로 빨려 들어갔다. 터널을 빠져나오자 나라가 바뀌었다. 세계에서 가장 긴 나라, 칠레 땅이었다. 동쪽으로 흐르던 물길이 이제는 서쪽, 태평양으로 흐르고 있었다.

아르헨티나 쪽에서는 경사가 완만했는데 이쪽은 가팔랐다. 대관령을 넘을 때와 비슷했다. 내 평생에 그 보다 높은 재는 넘어본 일이 없었다.

〈출입국 관리소〉

〈수양버드나무〉

아르헨티나의 국경검문소보다 규모가 큰 건물이 나타났다. Chile라는 붉은 글씨 아래에 Welcome to. 버스,승용차, 트럭은 이곳으로. 칠레의 입국 검사장이었다. 심사가 까다롭다더니 버스에서 2시간을 기다렸다. 심사가 시작되고도 2시간을 기다렸다. 4시간이 걸린 셈이다. 버스는 조심스럽게 고개를 내려갔다. 내려오면서 보니 안데스산맥의 높이를 알 것 같았다. 대단한 높이었다. 사진을 여러 장 찍었다. 개울물이 옆에서 흘렀다. 그러나 높은 산치고 강폭이 너무 좁았다. 급류라 쉽게 물이 빠져 내려가기 때문인 것 같았다. 평지에 이르러서도 한 참을 달렸다. 개울가에 수양버드나무가 가끔 눈에 띠어 고향을 생각하게 했다.

칠레의 수도 산티아고Santiago에 도착한 것은 오후 8시가 넘어서 였다. 도로변에 포도원이 많았다. 여관에 도착해서 짐을 풀었다. 이번 숙소는 아파트로 된 좋은 여관이었다. 178불에 3일간 투숙하기로 했다. 침실, 욕실, 부엌과 거실이 구분되어 있고 작지만 깨끗했다. 창문을 열면 산이 보였다. 짐을 풀어놓고 저녁식사를 하러 시내에 나갔다. 시내는 사람들이 붐볐다. 찾아간 식당은 백 뮤직이 요란한 중급 정도의 레스토랑이었다. 시민들은 지진의 참사를 잊고 있는 듯했다. 식사를 마치고 값을 물었더니 9,800페소라고 했다. 7불 정도이니 비싼 편은 아니다.

2010. 4. 2 금 맑음 〈산티아고〉

산티아고는 칠레의 수도이며 칠레에서 가장 큰 도시이다. 인구는 2002년 조사로 5,428,590명이다. 칠레인구의 1/3이 이 도시에서 살고 있다. 상파울루와 부에노스아이레스와 더불어 남미의 3대 경제중심지이다.

마포초 강Mapocho River이 시내를 흐른다. 전기, 식수, 농업용수로 사용된다.

잠을 잘 자고 우리는 ATM에 가서 환전을 했다. 240,000페소를 찾았다. 그리고 바로 슈퍼에 가서 장을 봐왔다. 큰물 하나, 쇠고기 조금, 계란, 상추, 쌀, 라면, 감자, 양파, 파 등이었다. 포도주도 한 병 샀다. 요금은 13,600페소이었다. 부엌이 완비되어있고 깨끗해서 아침저녁은 해먹을 작정이다. 점심은 슈퍼에서 사먹었다. 3,500페소이니까 퍽 싼 편이다. 그리고 오후에는 박물관에 갔다. 공휴일이라 쉰단다. 우리는 아르마스 광장에 갔다. 산티아고에서 가장 유명한 광장이다. 야자수를 비롯한 거목이 그늘을 드리우는 그 광장은 사람들이 붐볐고 거리의 미술가들이 많은 그림을 전시했고 거리의 음악가들이 악기를 연주했다. 광장에는 독립기념탑이 있

〈산티아고 거리의 조각〉

〈대성당 내부〉

〈국립미술관 내의 조각작품〉

〈조각 작품〉

고 주위에는 대성당과 시청사, 중앙우체국, 국립역사박물관이 있다.

대성당은 16세기에 세워진 건물인데 외관도 고풍스러웠고 내부도 잘 장식되어 있었다. 칠레 가톨릭의 총본산이다. 마침 부활절 예배를 드리는지 붉은 옷을 입은 추기경을 비롯하여 사제들이 많았다. 많은 신도들로 발 디딜 틈이 없었다. 우리는 내일 방문할 곳 위치를 알아보고 일찍 숙소로 돌아왔다.

2010. 4. 3 토 맑음 〈지진으로 폐쇄된 박물관들〉

아침에 일어나니 공해의 도시라는 산티아고에서 앞에 산이 확연하게 보였다. 이 정도면 좋은 날씨이다. 우리는 전철을 타고 국립미술관에 갔다. 남미에서 가장 오래된 미술관이라 한다. 일층은 조각 작품이고 2층은 미술품이다.

칠레 출신으로 유네스코 본부의 대 벽화를 그린 추상표현주의 작가이며 초현실주의 화가 로베르토 마타Roberto Matta(1911.11.11일- 2002 11.23) 의 그림도 있었다.

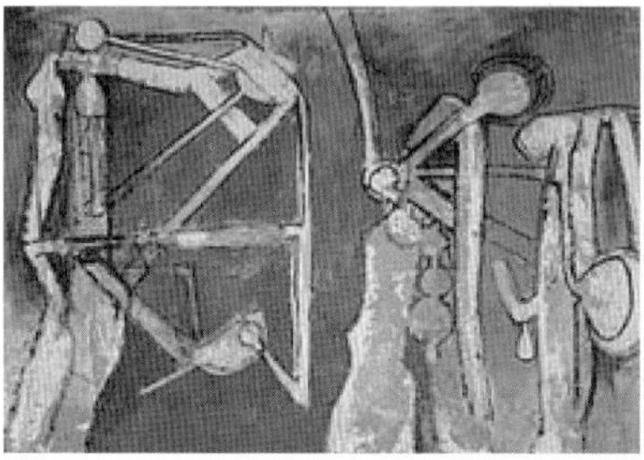

〈마타 〈세계의 그림, 1958〉〉

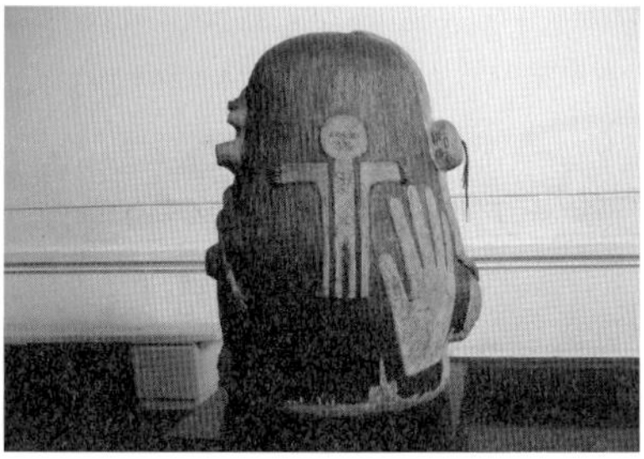

〈국립미술관의 조각 작품〉

〈미술작품〉

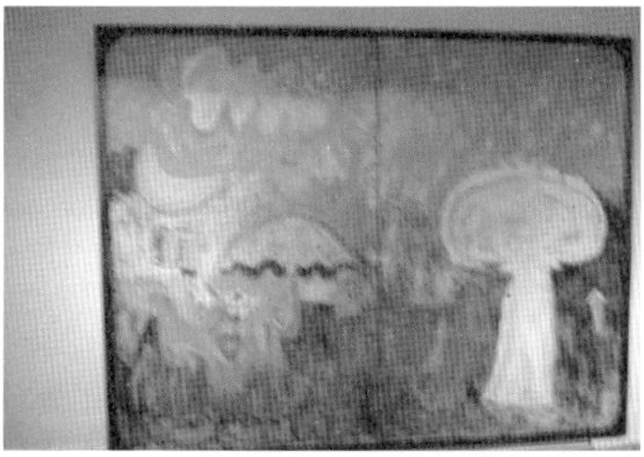

〈미술작품〉

그는 건축가, 화가, 철학자, 시인이기도 한 인물이었다. 그의 대표작을 싣는다.

칠레전의 그림도 역시 현대작품들이었다. 현대미술가들은 어떻게 하면 미술에서 중요시하는 미를 파괴하느냐 하는 문제를 집요하게 추구하는 것 같았다. 역시 어려웠고 재미도 없이 그로테스크했다. 그리고 많은 전시실이 폐쇄되었다. 서너 달 전에 일어난 지진 때문이란다.

다시 아르마스 광장으로 갔다. 미술관에서 얼마 멀지 않았다. 소라는 프레콜롬비아 예술박물관을 보고 싶어 했다.

아르마스광장에는 2사람의 관광 안내인이 있어서 물어보았다. 프레콜롬비아 예술박물관은 대성당 바로 옆에 있었다. 그러나 오늘은 휴관이란다. 모아이상과 상형문자가 새겨진 목간 등 가치 있는 자료가 많기로 정평이 난 자연사박물관을 찾아갔으나 역시 휴관이었다. 다시 아르마스 광장으로 돌아와서 중앙 시장에 소라가 좋아하는 생선을 먹으러 갔다. 소라는 성게를 먹고 싶다고 해서 시푸드 Sea food 음식점을 찾았다. 음식점이 굉장히 많았다. 그 중 한 곳을 골라 들어갔다. 성게를 한 접시 시켜먹었다. 나는 처음 먹어보는 해산물이라 그렇게 좋은 줄 모르겠는데 소라는 맛있다고 말했다. 그러나 부산에서 먹던 맛이 안 난다고도 말했다. 그런데 싸다는 성게의 값이 10,000페소이었다.

〈시내의 조각 작품〉

〈거리의 화가〉

다시 아르마스 광장에 갔다. 소라가 대성당의 박물관에 들어가 보자고 해서이다. 역시 닫혀있었다. 오늘은 운이 나쁜지 가는 곳마다 폐쇄한 곳이었다. 광장에 나가 벤치에 앉아 있다가 거리의 화가들의 그림을 보고 사진도 찍었다. 소라는 거리의 음악가나 화가들에게 연민을 갖고 있었다. 늙은 악사나 추레한 미술가들에게 측은한 생각이 드는 것은 나도 마찬가지이다.

2010. 4. 4 일 맑음 〈산티아고의 교외〉

지하철 1호선을 타고 모네다 궁전에 10시에 맞추어 갔다. 위병교대식을 구경하기 위해서이다. 모네다 궁전은 퍼레이드 하는 것을 보고 사진만 몇 장 찍고 다시 프레콜롬비아 예술박물관에 갔다. 어제와 마찬가지로 휴관이었다. 우리처럼 몇 사람이 찾아왔다가 발길을 돌렸다. 지진관계로 장기 휴관이라는 것이었다. 그렇다면 장기휴관 사실을 써서 붙여놓아야 하지 않을까? 3번이나 이곳에 와서 허탕을 쳤으니 울화가 치민다. 미국이 왜 선진국인가. 그것은 박물관 뿐 아니라 모든 것이 개방되어 있다. 미국은 박물관이 항상 열려있다. 우리나라처럼 월요일은 휴관이다 이런 게 없다. 그림도 비교적 노후레시로 자유롭게 찍을 수 있다. 후버 댐도 공개했다. 에어 앤 스페이스 박물관도 공개되어 있다. 남미에서는 한 장도 없는 팸플릿도 귀찮을 정도로 많

〈거리의 미술 작품〉

〈국립자연사박물관 건물〉

〈담벽에 그려진 그림〉

〈모네다 궁전의 위병 교대식〉

다. 그러니까 문화의 공유를 아는 나라이다.

대성당에 들어가서 미사에 참가했다. 추기경이 두 명인데 나이 지긋한 추기경이 오늘 미사를 집전하는 것 같았다. 앞좌석에는 수녀가 3명 있었는데, 신도들이 서로 인사를 할 때 그녀들이 돌아서서 악수를 청했다. 한 수녀는 흰 옷을 입고 있었고 두 수녀는 검정색 수녀복을 입고 있었다. 미사는 젊은 신부들이 추기경의 미사를 많이 도왔다.

미사를 보고 중앙시장에 가서 생선을 사가지고 숙소로 돌아왔다. 생선 값이 싼 편이었다. 점심을 지어 먹고는 시내버스를 타고 종점까지 갔다가 다시 돌아왔다. 산티아고의 변두리를 보고 싶었기 때문이었다. 변두리로 갈수록 벽에 그림이 많았다.

돌아오면서 슈퍼에 들려 물과 상추를 사고 치약도 샀다. 산티아고에서는 별 소득이 없었다.

2010. 4. 5 월 구름
〈발파라이소Valparaiso와 비냐델마르Vina del Mar〉

산티아고의 교외에는 포도원이 많다. 멘도사 만큼은 아니지만 여기저기 보이는 곳마다 포도원이다. 그래서 칠레가 포도주의 산지임을 알 것 같았다. 바다에 가까워지자 숲이 나타나기 시작했다. 산에는 나무들이 자라고 있었다.

태평양의 진주라는 발파라이소Valparaiso에 도착해서는 실망이 컸다. 도시가 전부 산비탈에 있었다. 여관도 벼랑에 있는 것 같았다. 산을 얼마를 올라가서 여관은 있었다. 거리는 개똥도 많고 지저분했다. 산티아고의 여관에 비하면 이곳은 거지 집이었다. 하루만 머물기로 했다. 발파라이소는 언덕이 45개가 있단다. 이 도시는 아센소르가 명물이다. 아센소르는 언덕을 오르는 일종의 엘리베이터이다.

발파라이소는 19세기 중반까지 '태평양의 진주'로 불릴 만큼 발전하는 도시이었다. 파나마운하가 개통되면서 사양길로 접어들었다. 남쪽에 있는 산 안토니오에게 칠레 제 1의 항구 자리를 내주었다. 그러면서도 칠레의 중요한 항구이며 군항이다. 발파라이소는 인구는 275,982명이며 칠레의 문화 수도이다. 이곳에 칠레의 국회가 있다. 2003년 시가 유네스코 지정 세계문화유산으로 등록되었다.

〈발파라이소 항구〉

〈소토마요르 광장〉

인구가 286,931명의 비냐델마르Vina del Mar는 칠레 최대의 리조트 지역이다. 발파라이소나 비냐델마르는 하나의 도시권이라 신시가지 구시가지로 구분하는 것이 오히려 자연스럽다. 산티아고에서는 2시간의 거리이다. 발파라이소와 비냐델마르는 칠레의 대부분의 도시들과 같이 지진에 취약하다. 지난 2월 27일 콘셉시온 지역에서 강도 8.8의 지진에 800여명의 사망자가 발생했다. 3월 4일 다시 발파라이소 인근에서 규모 6.1의 여진이 발생했다. 그전에도 1906년 3,000명이 죽은 지진과 1985년 알가로보Algarrobo지진, 2008년 파푸도Papudo 지진이 있어 여진이 걱정되었다.

내일은 시내 투어를 하기로 했다. 물론 네루다의 라세바스티아나도 간다. 버스터미널에서 예약을 해두었다. 미화로 40불을 지불했다. 그리고 모래는 비냐델마르의 고고학박물관과 네루다의 이슬라네그라에 갈 계획이다.

칠레는 지진으로 타격을 받았고 한국은 천안함 사건으로 우울하다.

2010. 4. 6 화 구름 〈라세바스티아나와 이슬라네그라〉

오늘은 시내투어와 네루다가 살던 집에 가기로 했다. 10시에 투어회사에서 차를 가지고 오기로 되어있었다. 우리는 비좁은 여관에서 시간을 보내다가 밖으로 나갔다. 10분이 지났는데도 안내인은 오지 않았다. 20분이 지나서야 그가 왔다. 버스터미널에서 만난 중년의 사내였다. 당신이 직접 해설을 하느냐고 물었더니 그렇단다. 우선 가옥들을 이야기 해주었다. 이곳은 영국인. 저곳은 독일인. 이태리인. 프랑스인. 스페인인. 포르투갈인. 네덜란드인 등의 가옥들이 다 달랐다. 다음은 프라트 부두와 소토마요르 광장에 갔다. 어제 오다가 본 광장이었다. 프라트 부두도 바로 이웃에 있었다. 알레그레 언덕과 콘셉시온 언덕에도 갔다. 거기서 우리는 발파라이소의 명물 아센소르 엘페랄을 타보았다. 콘셉시온 언덕에는 전망 좋은 카페와 분위기 있는 식당들이 있었다. 그리고는 여러 개의 교회건물도 소개했지만 별 흥미를 끌지 못했다.

사랑과 혁명의 시인 파블로 네루다Oablo Neruda(194-1973)가 살던 집을 기념관으로 꾸며놓은 곳에 갔다. 그 건물은 바다와 주민들의 집을 한눈에 볼 수 있는 높은 언덕위에 있었다. 5층 짜리 집인데 집이 너무 커서 1~2 층은 다른 사람에게 팔고 삼 사 오층만 네루다가 사용했다. 그 집은 라세바스티아나 라는 스페인 건축가가 지었는데 완성을 하지 못하고 죽어서 그의 명예를 생각해서 네루다가 그 집 이름을 '라세바스티아나' 라고 명명했다고 한다. 네루다의 인간미를 엿볼 수 있는 대목이었다. 네루다가 바다를 좋아해서 그 집을 배 모양으로 지었다. 건물 안엔 서재, 식당, 침실, 친구들과 술을 마시던 바, 집필실 등이 있었다. 그의 유물들이 이곳저곳에 진열되어 있었다. 책은 별로 없었다. 관광객들이 많았다. 내부는 사진 촬영이 금지되었고 겉만 허용

〈발파라이소 아센소르〉

〈네루다 동상옆에서〉

〈미스트랄동상과 함께〉

〈비센떼 우이도브로 동상 옆에서〉

〈라세바스티아나(네루다의 집)〉

〈집안에 있는 사롱〉

〈네루다가 사용한 타자기〉

〈라세바스티아나에서 바라본 시가와 바다〉

되었다. 책을 두 권 샀다. 그 저택은 영화「일 포스티노」의 촬영지가 되었다.

집 앞 작은 공원에는 칠레가 낳은 3명의 시인 가브리엘라 미스뜨랄, 비센떼 우이도브로(Vicente Huidobro(1893~1948 칠레의 아방가르드 운동의 선구시인), 파블로 네루다의 입상이 서 있었다. 나는 그들 옆에서 사진을 찍었다. 다음은 비냐델마르로 갔다. 발파라이소와 비냐델마르 해변은 참 아름다웠다. 시내로 들어가 모아이상으로 유명한 이스터섬의 자료가 많다는 고고학박물관을 찾았다. 그곳 역시 지진의 영향으로 보수중이란다.

발파라이소나 비냐델마르 시내에는 출입금지된, 철거해야할 건물들이 너무 많았다. 우리는 로댕의 조각 한 점을 보고 발길을 돌렸다. 칠레의 대표적 특산품인 라피스라졸리의 가공품을 파는 가게에 들려 소라에게 귀고리를 하나 사주었다. 모아이상의 열쇠고리 두 개도 샀다.

〈고고학 박물관 모아이 상 옆에서〉

〈발파라이소의 가파른 층계에서〉

가이드인 마리오가 소개하는 해변의 한 음식점에서 점심을 먹으면서 내일 할 예정이었던 이슬라네그라에 가자고 말했다. 오전에 구경을 빨리해서 오후 시간이 있었다. 마리오도 좋다고 말했다. 비용은 1인당 50불인데 알아서 달라고 했다. 조금 있더니 한 사람분인 50불만 요구했다. 점심 두 그릇에 31,000페소에 팁 2,000해서 33,000페소 들었다. 한 그릇은 마리오의 것이었다.

미리 예약을 해야 된다면서 마리오가 전화예약을 해주었다. 마리오는 박식한 사람이었다. 호주에서 이민온 사람인데 원래는 독일인의 혈통이고 이태리인, 인디오의 피도 섞여있다고 말했다. 그는 자신을 국제인이라고 으슥뎃다. 그는 한국에 대해서도 좀 알고 있었다. 여행을 하다보면 우리나라 이름은 몰라도 삼성과 현대는 알고 있었다.

이슬라네그라는 상당히 먼 곳이었다. 버스로 2시간 반의 거리라는데, 승용차로 2시간은 걸리는 것 같았다. 가는 도중에 유카리나무 숲을 여럿 보았다.

커다란 고목들이 즐비한 해변의 일급 별장지에 도착했다. 그러나 별장들은 하나도 없었다. 아담한 석조 단층집에 도착했다. 바로 이슬라네그라이다. 우리는 예약한 시간을 지키느라고 해변으로 나갔다. 탁 트인 바다와 넓은 백사장이 눈에 들어왔다. 해변에는 기묘하게 생긴 검은 바위들이 많았다. 아 이래서 이슬라(섬)네그라 (검은)이구나 하고 수긍이 갔다. 한 바위에는 네루다의 흉상을 조각해 놓았다. 그 조각은 바다를 바라보고 있었다.

약속 시간이 되어서 안으로 들어갔다. 관광객이 라세바스티아나 보다 많았다. 신부와 수녀들도 눈에 띄었다.

〈이슬라네그라 네루다의 기념관〉

〈이슬라네그라 간판〉

처음 들어간 홀은 네루다의 여러 사진을 전시해 놓았다. 그의 일생을 잘 정리해 놓은 것 같았다. 그리고는 그가 살던 집으로 갔다. 거실, 식당, 침실, 친구들과 술을 마시던 바를 구경했다. 집필실은 3층에 있다는데 보여

주지 않았다. 이집은 네루다가 직접 설계했다고 한다. 방마다 수집품들이 참 많았다. 어느 것은 네루다가 직접 수집했을까 하는 의심이 가는 물품도 있었다. 그가 유럽에서 수집한 그림들과 그가 좋아하는 시인들의 사진도 많았다. 특히 눈에 띄는 것은 휘트먼의 사진이었다. 휘트먼의 사진은 라 세바스티아나에도 있었다. 귀국해서야 네루다가 휘트먼을 정말로 좋아한 사실을 알았다. 그 이유는 휘트먼의 시가 스페인문학의 시와 공통점을 가지고 있기 때문이었다. 조금 떨어져서 초라한 한 칸짜리 돌집이 있었는데 그것이 네루다가 맨 처음 이곳에 오두막을 짓고 시를 쓰던 곳이라고 했다. 그곳도 내부가 공개되지 않았다. 나는 해설사에게 두 가지 질문을 던졌다. 하나는 네루다가 가난한 걸로 알았는데 어떻게 이 많은 물건을 수집했는가 하는 것이었고 또 하나는 그가 '사랑과 혁명의 시인' 인 줄 알고 있는데 감옥에 간 일이 있는가이다. 해설사는 네루다는 감옥에 간 일이 없다고 말했다. 그러면 그는 운이 퍽 좋은 시인 같다. 해설사는 워낙 국민의 신망이 두터워 건드리지 못한 점도 있고 망명과 도피생활을 수없이 했다고 말했다.또한 진열품은 전부가 수집품은 아니고 기증품이 많다고 말했다.

네루다의 무덤에 갔다. 바다를 바라다보는 낮은 언덕에 세 번 째 부인과 함께 잠들어 있었다. 무덤 주위에는 채송화 같은 자잘한 꽃이 피어있었다.

〈네루다와 셋째 부인의 무덤〉

〈친구들과 술을 마시던 사롱〉

〈네루다가 처음 진 오두막 집〉

〈가든에 있는 기관차〉

무덤을 떠나 밖으로 나오면서 보니까 앞 가든에 기관차가 있어 의아했다. 그런데 마리오가 그것은 철도에서 일한 아버지를 기리기 위해서 네루다가 구해놓은 것이라고 설명해주었다.

이집에서 네루다는 세 번 째 부인과 만년을 보냈다. 그러나 만년도 칠레의 격변기의 정황이 네루다를 안주하게 하지 않았다.

돌아오는 길에 고산 윤선도의 고택 생각이 났다.

여관에 오니 방을 바꾸어놓았다. 방이 마음에 들어 하루 더 있기로 했다. 내일 모래 우리는 라세레나La Serena로 떠난다.

2010. 4. 7 맑음 〈비냐델마르의 생선 요리〉

발파라이소에 온 지 3일 째 되는 날이다. 모처럼 날씨가 좋았다. 오늘 하루 더 머물기로 했다. 로칼 기차를 타고 바로 이웃인 비냐델마르 해변에 갔다. 해변이 아름다워 구경을 하고 고급 생선 요리를 사먹고 숙소에 올 계획이다. 그러니까 관광이 아닌 휴식을 취하기로 했다. 우리는 계단을 내려가서 항구로 갔다. 그곳에 로칼 트레인의 시발점이 있기 때문이었다. 표를 사가지고 들어갔다. 기차가 곧 와서 타고 비냐델마르로 떠났다. 우리나라의 지하철과 비슷했다. 다만 땅위로 가는 것이 달랐다.

〈대통령 별장〉

〈아름다운 해변〉

옆에 앉은 사람에게 소라가 "어디서 내려야 아름다운 해변에 갈 수 있는가?" 하고 물었다.

옆의 중년 남자는 영어를 잘 알아 자세히 가르쳐주었다. 우리는 가르쳐 주는 데서 내렸다. 아름다운 해변이었다. 꽃도 잘 키워놓았다. 발파라이소가 서민의 도시라면 비냐델마르는 부자의 도시이다. 부자의 별장들이 많다고 들었다. 과연 그런 것 같았다.

바람은 잔잔한데 파도는 심했다. 기기묘묘한 바위들과 물보라를 일으키는 파도와 망망한 대해의 바다, 알맞은 흰 백사장, 바다 위에 정박하고 있는 크고 작은 배들이 한 폭의 그림이었다.

시내를 통과하여 바다로 흐르는 작은 강이 있는 곳까지 갔다. 강건너에 주차장을 겸비한 그림 같은 식당이 있어서 그곳에 가서 식사를 하기로 작정했다. 다리를 건너 그 식당으로 가는 공원길도 아름답게 꾸며놓았다. 그곳에 가서 피스코와 생선요리를 시켰다. 피스코가 먼저 나오고 빵이 따라 나왔다. 메인 요리는 한참 후에야 나왔다. 진짜 요리다웠다. 한 접시를 시켰는데 둘이 먹고 배가 불렀다. 피스코 한 잔에다 안주. 기분이 날아갈 것 같았다. 바다를 바라보면서, 파도가 바위에 부서지는 것을 보면서, 물새들이 나는 것을 보면서 식사를 즐겼다. 관광객은 아니지만 식사를 즐기는 사람들이 많았다. 식사후 비냐델마르 다운타운으로 천천히 걸어가서 로칼 트레인을 타고 숙소로 돌아왔다.

저녁을 지어먹고 내일 갈 라세레나에 대한 정보를 읽어보고 잠자리에 들었다.

2010. 4. 8 목 맑음 〈칠레의 북쪽으로〉

칠레의 남쪽으로 콘셉시온, 푸에르토몬트, 태평양 바다 멀리에 이스트 섬 등이 있지만 북상을 택했다.

해안을 따라 올라가면서 칠레를 관광하고 볼리비아로 갈 계획이다. 오늘 갈 곳은 라세레나 이다. 여관에서 불러준 택시는 50페소를 요구했다. 버스 터미널에 도착 12시 버스표를 사고 점심식사를 했다.

버스는 북쪽으로 달렸다. 작은 도시들을 들리느라고 자주 멈추었다. 바닷가로 갈 줄 알았는데 주로 내륙으로 달렸다. 조금 지나니까 황량한 사막이 나타났다. 산에는 나무 한 그루 없었다. 작은 내가 흐르는 골짜기에 촌락과 농지가 조금 있을 뿐이었다.

이윽고 바다가 멀리 보였다. 아름다운 해안이었다. 다만 파도가 상당히 심했다. 라세레나에 도착했을 때는 해가 지고 어둠이 짙게 드리워졌다.

라세레나는 조용한 항구 도시이다. 비치가 아름다워 여름에 관광객이 많다. 라세레나 아래에 있는 항구도시 코킴보는 조선업이 발달되었다. 엘키강과 산페드로 지류가 가까이 있어 농업이 발달되었고 엘키 강을 따라 내륙으로 깊이 들어가면서 포도밭이 끝없이 이어진다. 인구는 20만 정도이며 엘키강 상류에 있는 비쿠냐는 일 년 내내 거의 비가 내리지 않아 남반구 최대 천문학연구소인 톨롤로 천문관측소가 있다.

택시를 타고 여관에 도착했다. 여관은 아파트 식인데 2층은 침실, 아래는 키친과 화장실이었다. 별별 여관에 다 투숙한 셈이다. 가장 특이한 여관이었다. 이층에는 방이 셋이었다. 가족이 여행 오면 좋을듯했다. 일종의

〈엘키강 농 식수용 댐〉

〈피스코 공장〉

〈포도원〉

콘도인 셈이다. 짐을 드려놓고 시내에 나가 저녁을 사먹었다. 피스코 한 잔씩 곁들여 마셨다. 여관에 와서 빨래를 하고 잤다.

2010. 4. 9 금 맑음 〈이스터 섬의 신비〉

아침에 일어나니 안개가 많이 끼었다. 훔볼트 한류의 영향으로 오전에는 안개가 끼는 일이 많단다.

작은 도시인만큼 걸어서 관광을 하기로 했다. 라세레나에는 별로 볼 것이 없었다. 오히려 비쿠냐에 가서 톨롤 천문관측소와 가브리엘라 미스트랄의 생가를 구경하고 싶었다. 우선 은행에 가서 돈을 찾았다. 칠레 화폐로 20만 페소만 찾았다.

소라가 가보자고 해서 고고학박물관을 찾았다. 식당이 많은 라레코바 시장에서 그리 멀지않았다. 다행히도 휴관이 아니었다.

지진지대를 벗어났는지 파괴된 건물들이 눈에 띄지 않았다.

문을 열고 들어가자 그렇게 찾던 모아이 상이 거기 있었다. 모아이에 대한 패널도 여러 장 벽에 걸어 놓았다. 반가웠다.

원래는 이스트 섬에 모아이 상을 보러 갈 계획이었지만 거리가 너무 멀어 비행기로 가야하고 비용이 너무 많이 들어서 포기했다. 우리는 고고학자가 아니기에 박물관에 가서 자료를 보는 것으로 만족하기로 했었다. 그런데 산티아고에도 발파라이소도 비냐델마르에서도 모아이 상에 관한 유

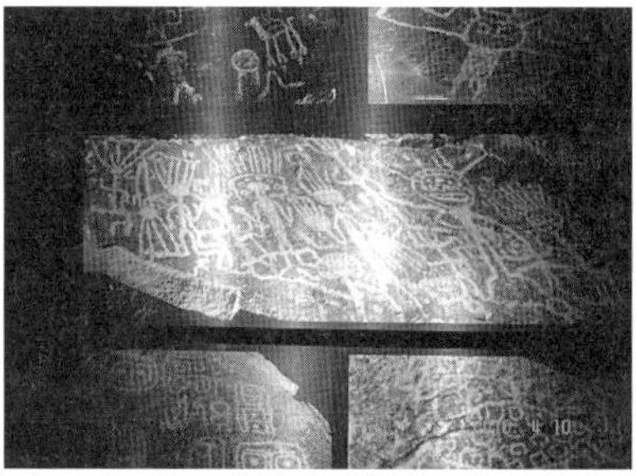

〈라세레나의 고고학 박물관의 암각화〉

〈모아이상 화보〉

〈토기〉

〈고고학박물관 건물〉

물을 볼 수 없었는데 라세레나에 와서 보다니 기분이 좋았다.

이스터 섬의 신비

태평양의 한가운데에 떠 있는 이스터섬은 '모아이'라고 하는 거석상과 롱고롱고 문자(영어: Rongorongo Script)로 인해 상당한 관심을 불러일으키는 곳이다.

이스터섬은 타이티 섬에서 4,000km, 하와이에서 8,000km, 호주에서 9,000km 거리에 있는 외딴 섬이다. 1888년부터 칠레에 귀속되었다.

원주민들은 이 섬을 '라파 누이(큰 섬)'라 부르고 있으나 우리나라 안면도의 크기라 한다. 옛날 폴리네시아인들이 최초로 이 섬을 발견했을 때는 '테 피토 테 헤누아(지구의 배꼽)'라 했다.

이 섬에서 다리가 없고 몸통만 있는 머리는 아주 크며 귀도 상당히 긴 그런 괴상한 모습의 거석상들이 약 1,000여개 가량 발견되었다. 이 거석상을 '모아이'라고 한다. 키는 3.5 ~ 4.5m에 달하고 무게가 20톤쯤 되는 것이 많다. 이 중 가장 큰 것은 90톤에 10m나 되는 것도 있다. 게다가 미완성으로 남아 있는 것 중에는 21m나 되는 것도 있다.

모아이들은 서기 400~1680년 사이에 만들어졌으며, 11세기 경에 가장 많이 제작된 것으로 알려진다. 대부분의 모아이들은 라노 라라크 채석장에서 만들어진 것으로 보인다

또하나 신비한 것은 롱고롱고 문자이다. 이 섬에서 쓰이고 있는 라파누이어를 기록할 때에 쓰인 것으로 추정되는 문자이다. 현재까지 이 문자는 남아있는 문헌이 많지 않아서 문자에 대해 알려진 것이 많지 않은 상황이다. 목판이 발견되었으나 주민들 중에 이 문자를 읽을 수 있는 사람은 한 사람도 없다. (인터넷에서 종합)

잉카 토기도 있었고 미국 서남부에서 본 암각화가 많았다. 작은 박물관이지만 전시품이 다양했고 잘 정돈된 편이었다. 사진촬영이 허용되어 사진을 찍고 관람을 마친 후 음식점에 갔다. 피스코가 공짜라고 해서 한잔 씩 마셨고 점심을 시켜먹었다. 4,500 페소라고 했다. 메뉴에는 2,500페소인

데 우리가 시킨 메뉴는 스페셜이란다. 속고속이는 세상이다.

아르마스 광장 옆에 있는 여행사를 찾았다. 그곳에서 2가지 투어 신청을 했다. 하나는 가브리엘라 미스트랄 기념관 투어와 천문대 방문이다.

라세레나에서 동쪽으로 110km 떨어진 톨롤로에는 공기가 건조하고 일년 내내 비가 내리지 않아 남반구 최대의 천문학연구소가 있다. 미국 애리조나 주에 있는 키트피크 Kitt Peak 국립천문대의 남반구 천문대인 셈이다. 이밖에 톨롤로 천문대에 비해 규모가 작은 마마유카천문관측소도 있다. 그곳은 일반인들에게 개방된다.

2010. 4. 10 토 맑음 〈몽테그란데 마을〉

남미에서 최초로 노벨 문학상을 받은 여류시인 가브리엘라 미스트랄 Gabriela Mistral(1989-1957) 의 기념관은 두 곳에 있는데 비쿠냐의 기념관은 증축 중이라 그녀가 성장한 몽테그란데 마을에 간다.

7시 반에 밖에 나가 차를 기다렸다. 조금 있으니까 봉고차가 와서 표를 보여주고 탑승을 했는데 조금 가니까 다른 회사란다. 잘 못 탔다는 것이었다. 투어 차를 바꾸어 탔다. 늦게 타서 자리가 마음에 들지 않았다. 사람이 살아가는 데는 운도 많이 작용한다. 어제 밤 꿈에 돌아가신 할머니와 어머니를 뵈었다. 돌아가신 가족을 꿈에 보면 좋지 않다는 이야기를 들은 것 같다. 조심해야겠다.

기사가 해설도 겸했는데, 성격이 활발하고 박식하고 영어도 잘해서 마음에 들었다. 기사가 물을 준비하라고 해서 물 2병을 샀다. 오늘 투어는 엘키 강을 따라 올라간단다. 엘키 강 주변으로 농지가 발달되었다. 감자밭도 더러 보였다. 조금 더 올라가니까 안개가 걷히고 비로소 포도원이 나타났다. 곧 제법 큰 댐이 나타났다. 농업용수와 식수원의 댐 같았다.

그곳에서 잠시 쉬면서 구경을 했다. 약간 덥긴 해도 청명한 가을 날씨 같았다. 구름 한 점 없었다.

호수위 쪽 지역은 전부가 포도밭이었다. 이곳이 유명한 포도산지의 하나인 엘키밸리이다. 다른 칠레의 중요 포도 산지는 산티아고 남쪽에 있다. 콜차구아 밸리나 카차포알Cachapoal 밸리가 다 그 쪽이다.

엘키 강을 따라 깊숙이 들어갔다. 바로 강 옆의 밭은 대부분이 자갈밭이었다. 그런 척박한 땅에 강물을 이용하여 포도밭을 이룬 칠레인들의 부지런함과 집념이 대단하다는 생각이 들었다.

마을에는 피스코Pisco공장이 있어 안내인의 인도로 포도주와 피스코 주를 시음할 수 있었다.

아르헨티나의 포도주 공장과 너무 대조적이었다. 공장이 지저분하고 위생적이지도 못하고 가내 공장의 수준을 넘지 못한 것 같았다. 반면에 멘도사의 포도주 공장은 현대식이고 깨끗했다.

다시 피스코 공장에 들려 피스코를 원액으로 마셨다. 강이 계속되니까 포도원도 계속되었다. 엘키강은 두 골짜기에서 흘러내렸다. 오른쪽 강은 칠레 강이고 왼쪽 강은 아르헨티나 강이라고 기사가 말했다. 왼쪽 강은 흙탕물이고 칠레 강은 맑은물이었다. 우리는 칠레 강쪽으로 방향을 잡았다. 산은 점점 높아지고 차는 고개를 오르기 시작했다. 오른쪽은 작은 분지인데 포도원이 산기슭까지 이어졌다. 밭마다 작은 웅덩이가 있었다. 그곳에 물을 어떻게 공급하는지 의문이 생겼다. 아마 펌프로 품어 올릴 것 같았다. 고개 중턱에 이르자 음식점이 나타났고 그곳에서 점심을 먹었다. 일행은 점심을 먹고 쉬지도 못하고 가브리엘라 미스트랄이 자란 몬테그란데 마을Village of Montegrande에 갔다. 그녀의 초라한 기념관이 거기있었다.

〈가브리엘 미스트랄 생가〉

〈미스트랄이 공부한 교실 책상〉

〈그녀가 자란 마을의 포도원〉

마을주변은 6,000m 급 고봉들이 이마를 마주대고 있는 골짜기이었다. 칼날 같은 험준한 바위산에는 나무 한 그루 없었다. 이렇다 할 자연적인 풍요는 눈을 씻고봐도 보이지 않았다. 보이는 것이란 위압적인 산괴와 좁고 푸른 창공이 전부였고 포도밭뿐이었다.

미스트랄은 시인, 교육자, 외교관, 여성해방 운동가로 명성을 날렸다. 태어난 곳은 비쿠냐의 칠레 마을이고 자란 곳은 이곳 몽테그란데 빌리지 이다.

미스트랄의 아버지는 이 빈한한 마을의 초등학교 선생이었으나 미스트랄이 세 살이었을 때 가족을 떠나 1911년에 객지에서 죽었다. 어머니는 침모, 학교 교사의 도움이로 일했으므로 가난을 벗어날 수 없었다. 고로 미스트랄은 열다섯살부터 가장이 되었다.

그녀는 몽테그란데의 초등학교에서 언니로부터 글을 배웠고 16세에 그 학교의 교사가 되었다.

1904년부터 지방지에 시를 발표했고 1906년 교사로 일할 때 철도공무원인 호마리오 우레타Romelio Ureta를 만나 사랑하게 되었으나 결혼은 못했다. 우레타가 횡령에 연루되어 자살함으로 미스트랄은 심한 슬픔에 잠겼다. 그녀는 애인이 죽은 후에 죽음의 소네트Sonnets of Death를 써서 1914년 Jueges Florales laurel crown and gold medal(칠레상)을 받았다.

시인의 기념관이 있는 곳은 언니에게 공부를 배운 교실과 그녀가 앉았던 책상이 있었는데 교실은 우리나라 교실의 반 정도이고 책상과 의자는 비슷했다. 이렇다 할 유물은 없었다. 그 곳에서도 내부에서는 촬영을 금해서 사진으로 담아올 수 없었다.

미스트랄은 불행하게 자라서 또 평생을 결혼을 하지 않고 혼자 살았지만 초인적인 일을 한 입지전 적인 인물임을 알 수 있었다.

비쿠냐의 프라하에 갔을 때 그곳 정원에 미스트랄의 얼굴을 조각한 오브제가 있었다.

아이스크림 상점에 들려 투어에 참가한 12명 모두가 500페소 하는 아이스크림을 사서 들면서 차에 올랐다.

2010. 4. 11 일 흐림 구름 〈안토파가스타〉

다음 행선지를 고민하다가 안토파가스타는 마땅한 여관이 없어서 그 위에 있는 이키케로 가기로 정하고 여관을 인터넷으로 예약했다. 안토파카스타는 광물의 도시이며 북쪽 칠레에서 가장 큰 도시이다. 무역과 상업의 중심지이다. 인구는 2002년 조사로는 296,905명이며 원래는 볼리비아령 이었지만 페루, 볼리비아, 칠레 3국 전쟁으로 1879년 칠레 령이 되었다. 라세레나에서 북쪽해변으로 15시간 정도 걸리는 거리라 야간 버스를 이용하기로 했다.

버스표를 예매하고 라피스라즐리 콘도르를 사러 시내에 갔으나 일요일이라 상점들이 문을 닫아 살 수가 없었다.

코르도바에서 콘도르를 보고 생일 선물로 라피스라즐리 콘도르를 받고 싶다고 소라에게 말했기 때문이었다. 대신 슈퍼에 가서 장을 봐 왔다. 쌀 조금, 닭다리 2개, 소고기 200g, 물과 감자 2개, 양파, 간장과 칠레 소스, 카라멜 등 이었다. 점심을 해먹고 다시 시장에 갔다. 혹시 라피스라즐리 콘도르를 파는 작은 상점은 문을 열어놓았을지도 모른다는 생각에서이었다. 많은 사람들에게 물었으나 이번에도 허탕이었다.

포기하고 오늘밤 마마유카천문관측소에 별을 보러가기로 해서 그것을 기다리고 있었다. 하루 종일 구름이 잔뜩 끼어 불가능할 것 같았다. 7시에서 7시 반까지 투어차가 오기로 되어있었다.

점심 때 끓여놓은 닭다리를 먹고 나갈 계획이었다. 그런데 오늘밤은 구름이 너무 많이 끼어 갈 수 없으니 내일 가겠다는 연락이 왔다. 내일도 구름이 너무 많이 끼면 환불해준다고 말했다.

밀린 일기를 쓰고 소라는 피곤한지 잠을 잤다. 내일 8시에 오바예에 가기로 했다. 라피스라즐리 콘도르를 사기 위해서 이다. 오바예는 라피스라즐리와 터키석의 산지가 가까이 있어 액세서리 생산이 많은 도시이다.

2010. 4. 12 월 구름 〈우주의 신비〉

8시에 오바예에 가기 위해서 택시를 타고 버스정류장에 갔다. 그리고 오바예행 완행버스를 탔다. 우리나라 80년대 시골버스와 유사했다. 자리가 없어서 서서 갔고 여러 번 쉬었다. 오바예 근교에도 포도밭이 있었다. 그러나 라세레나에 비하면 작은 도시이었고 포도밭의 규모도 작았다. 라피스라즐리 전문상점을 물어가며 찾았으나 찾지 못했다. 이 보석으로 만든 콘도로는 나에게 너무 사치스러워 인연이 없나보다 생각하며 포기하고, 노점상에게 조잡한 모아이상 라피스라즐리를 하나 사고 라세레나로 돌아왔다.

가브리엘라 미스트랄의 영문판 시집 한 권을 사고 싶어 영어전문서점에 갔으나 없었다. 그냥 돌아 왔다. 귀국한 후 아마존에 주문하면 살 수 있을 거라고 소라가 말했다.

라세레나의 하늘은 어제와 같이 구름이 잔뜩 끼었다. 여행사에 가서 오늘밤 마마유카 천문대에 갈 수 있는가 물었다. 아직 확실하지 않단다. ATM에 가서 돈을 좀 찾고 집에 돌아왔다.

소라는 오늘 하기로 한 마마유카 투어는 포기하고 쉬고 싶다고 말해서 나는 혼자 가기로 했다. 그녀는 이층으로 올라갔고 나는 일층에서 연락을 기다렸다. 7시가 넘도록 아무 연락이 없어 나도 포기하고 이 층으로 올라갔는데 여관집 주인이 밖에서 찾아서 나가보았더니 천문관측소에 가겠느냐고, 지금 차가 오고 있다고 말했다. 나는 반가워서 소라에게 잘 다녀 오겠다고 말하고 대문을 박차고 나섰다.

중년부부만 타고 있어서 나는 뒷자리로 갔다. 소라가 동행을 안 하니까 그녀의 빈자리가 너무 컸다. 혼자라는 점을 실감했다. 시내를 조금 가더니 젊은이들 6명을 태웠다. 인원이 어린애 포함 10명이 되었다. 차는 비쿠냐 쪽으로 달렸다. 시내를 벗어나 댐 있는 곳에 가니까 차창 밖으로 별이 총총히 돋기 시작했다. 참 신기했다. 라세레나는 구름이 잔뜩한데, 여기는 청명한 하늘이다.

이곳은 안데스 산맥의 높은 고기압의 영향으로 청명한 날이 계속된단다. 일년에 300일 이상이 청명해서 남반구 최대의 톨롤로천문관측소Cerro Tololo Astronomic Observatory가 바로 이곳에 있단다. 이 천문대는 '레오' 라는 가장 큰 성운을 발견한 곳으로 유명하다. 앞에서 기술한것 처럼 톨롤로 천문대는 키트피크 미국국립천문대Kitt Peak Nat'l Observatory의 남부지부라고 한다. 키트피크 천문대는 애리조나 주 남부에 있는데 그 정문 앞까지 갔으면서 들려보지 못했다. 굉장히 큰 천문대구나 라고 생각은 했으면서도 그렇게 어마어마한 천문대인 줄은 몰랐다. 애리조나의 기후와 이곳 칠레의 기후가 비슷하다.

안데스 산맥을 따라 자리 잡은 천문대는 5개 이다. 모두가 가까운 거리에 있다. 톨롤로 천문대이외에 유럽의 쎄로파라넬Cerro Paranel천문대, 역시 유럽의 라씨아La Silla천문대, 미국 카네기재단의 라스캄파나스Las Campanas 천문대, 칠레가 여섯 나라와 함께 세운 쎄로파촌Cerro Pachon천문대 등이다.

라스 캄파나스의 마젤란 망원경은 6.5m로 세계 최대라 한다.

마마유카 천문관측소는 톨롤로천문관측소가 비쿠냐의 주민들을 위해서 건설해주었다. 비쿠냐 주민들은 톨롤로천문관측소를 위해서 가정의 전등불을 촉수가 낮은 것을 쓰고 시내의 조명을 거의 하지 않았다. 이렇게 협조해준 점에 감사하는 마음으로 건설해 준 작은 천문관측소이다.

마마유카 천문관측소는 비쿠냐에서 5km 남짓 떨어져있다. 그리 높지 않은 산에 있었다. 산에 도착해서 버스를 내리자 하늘에 별들이 총총했다. 그렇게 많은 별들은 본 일이 없었다. 달도 뜨지 않는 밤이라 잘 분간할 수는 없었지만 가로등부터 아주 달랐다. 초록색의 가로등들이 땅바닥에 켜져 길을 안내했다. 그 불빛으로 인하여 동화의 세계를 연상하게 했다.

한참 후에야 비쿠냐에서 태운 해설사가 천체에 대해서 설명을 해주었다.

그리고 망원경으로 별을 5차례나 보았다. 처음 본 우주는 밤하늘 360° 파노라마 은하수이다. 두 번 째는 은하의 중심인 궁수자리, 세 번 째는 별의 생성과 소멸을 보여주는 오리온좌, 네 번 째는 뱃사람들의 방향의 길잡이가 된 남십자성자리를 보여주었다. 조금이나마 우주의 비밀을 느낀 것 같은 신기한 경험이었다.

조인자 시인의 **'별'** 이 생각났다.

별들은 겨울에 익는다.
캄캄한 어둠속에서도
차디찬 어둠 속에서도 익는다.

별들은 시꺼먼 어둠을 먹고도
눈부신 빛덩이로 자란다
시꺼먼 어둠을 먹고도
오랜지 빛으로 장밋빛으로 익는다.

별들은 빠알갛게 익어서도
땅위에 내릴 때는
하얗게 부서져서 내린다.

별들은 어둠속에서 반짝이며
억겁을 사는 지혜
어둠을 향그럽게 하며
억겁을 사는 힘
아득하게 아득하게 내게로 오느니
어둠을 먹고도 빛덩이의 말을 빚어내는
시인이여

별들은 겨울에 익는다.
캄캄한 어둠을 사랑하며 익는다
차디찬 어둠을 사랑하며 익는다.

쏟아지는 별빛을 원 없이 보고 라세레나로 돌아왔다. 우주의 신비를 마음껏 느낀 밤이다. 마음이 우주만큼 넓어졌다.

2010. 4. 13-14 화 수 맑음 〈대형 라피스나즐리 콘도르〉

라세레나 날씨가 모처럼 청명하다. 짐을 싸고 조금 누워 있다가 주인에게 여관비를 지불하고 점심을 먹고 와도 되는가 물었다. 짐은 아래층에 모아두란다. 라레코바 시장 2층에 가서 아로스와 생선 요리를 시켜 먹었다. 점심을 먹고나서 아래층으로 내려오다 보니, 민예품을 파는 가게들이 있어 가 보았다. 첫 번 째 들어간 가게에서 우리가 그렇게 찾던 라피스라즐리 민예품을 보았다. 소라는 반지와 모아이상을 하나씩 샀다. 그곳에는 콘도르도 하나 있었는데 라피스라즐리로 만든 콘도르가 아니었다. 얼마냐니까 12,500페소란다. 다른 가게에 가서 찾는 물건이 없으면 그거라도 사야겠다고 생각했다. 그런데 바로 옆 가게에 그렇게 찾던 라피스라즐리 큰 콘도르가 있었다. 받침대까지 880,000페소란다. 우리 돈으로 약 180만원이다. 라피스라즐리라 너무 비쌌다. 진열대에 있는 것을 꺼내보았다. 비싸서 그렇지 정말로 찾던 물건이었다. 위에 있는 새만 얼마인가 물었더니 계산기를 두드려보더니 650,000페소 내란다. 너무 비싸다니까 좀 깍아주었다. 610,000페소만 내란다. 나는 엄두가 안나 포기했는데 소라가 사주겠다고 말했다. 조각도 훌륭하고 라피스라즐리도 진품인 것 같아서 머뭇거리니까, 소라가 사주었다. 소라가 통큰 여자인줄은 이내 알았지만 의외이었다. 내가 운이 좋은 것이다. 하필이면 이 때 그 물건이 눈에 띠냐 말이다. 미화로 돈을 지불했다.

90일 후에 한국까지 가져갈 거라니까, 주인은 새만 분리해서 박스에다 잘 싸주었다.

숙소에 와서 짐을 들고 인사를 하고 나왔다. 참 친절한 사람들이었다. 여관주인과 사진을 찍고 짐을 택시 타는 곳까지 들어다주어 고마웠다.

4:30분에 아리카로 떠났다. 17시간이 걸린다니 내일 9:30에 도착할 것이다. 북부 칠레의 최대 도시 안토파가스타까지는 대부분 내륙으로 달렸고 안토파가스타부터는 바다 바로 옆길을 버스는 달렸다. 새벽 무렵이라 바다를 볼 수 있었다. 대양은 아름다웠지만 해변과 산은 풀 한 포기 없는 모래 지역이었다. 진짜 사막을 보는 것 같았다. 해변에는 검은 기암들이 참 많았다. 검은 바위 위에 새들이 흰 똥을 많이도 싸놓았다. 모아다 거름으로 사용해도 될 것 같았다. 경치가 그만이었다. 한국 같으면 전부가 해수욕장으로 개발되었을 터인데 이곳은 버려진 채로 있었다.

그런 해안선에 듬성듬성 판자집들이 조그마한 촌락을 형성하고 있었다. 아마도 어촌 같았다. 칠레도 긴 해안선이 있어서 수산물이 많이 난다. 그 유명한 칠레 홍어도 있다.

30분 정도 후인 10시경에 이키케에 도착했다. 이키케는 비치가 참 아름다운 항구도시이다. 인구는 2002년 조사로 216,419명이다. 시내는 야자수와 잔디가 무성했다. 원래는 초산염을 유럽으로 실어 나르는 항구로 발달했으나 지금은 수산업과 휴양지, 관광지이다.

이키케 역시 볼리비아 땅이었는데 태평양 전쟁 때 빼앗은 땅이다. 볼리비아는 이로 인하여 바다에 항구가 없는 나라가 되고 말았다.

예약한 여관을 찾아갔다. 여관은 바닷가에 있어 좋았으나 화장실을 공동으로 사용하는 곳이었다. 하루 있으면 방을 바꾸어준다고 해서 그냥 있기로 하였다.

오후에는 프라자까지 걸어가서 투어를 신청했다. 여행사를 서너군데 가보았다. 영어 가이드가 있는 곳을 찾아 20,000페소를 더 주고 모래 가기로 했다. 슈퍼에 가서 물과 식료품을 조금 사왔다. 저녁을 먹고 잠을 자는데 투숙객들이 떠들어서 잠을 잘 수 없었다. 무엇이 슬슬 기는 것 같아 일어나보니 빈대가 나왔다. 소라는 기겁을 했다. 빈대는 소라는 물지 않고 나만 물었다. 몸이 근질거렸다.

카운터에 내려가 침대서 빈대가 나온다고 말하고 내일 여관을 옮기기로 했다. 그런데 내일 방을 바꾸어준단다. 방을 보고 내일 결정하기로 했다.

뜬눈으로 밤을 지샜다.

2010. 4. 15 목 구름 〈이키케 해변〉

빈대소동으로 방을 바꿔주었다. 옆방이 비어서 청소를 해주었다. 우리는 면세품 쇼핑몰에 가려다가 포기하고 기다렸다. 아침은 어제 슈퍼에서 사온 생선국을 끓여먹었다. 간을 맞추고 둘이 밥을 지어 맛있게 먹었다. 상추가 너무 작아서 2묶음을 사왔는데 한 묶음은 아침식사에 다 먹었다. 밥을 조금 해서 빵으로 보충해야했다.

노트북이 둘 다 인터넷이 안 된다. 내 노트북은 화면조차 뜨지 않는다. 둘의 노트북은 상당히 값비싼 것인데 인터넷이 안 된다. 인터넷이 안 되면 한국과 연락이 두절된다.

점심을 먹고는 바다에 나가기로 했다. 칸꾼의 바다만은 못해도 이키케의 바다도 아름다웠다. 바다 물빛하며 백사장이 깨끗했다. 알맞은 파도가 밀려온다. 바다자체가 낭만이다.

빈대가 안 나오면 토요일 밤도 이곳에서 지내고 일요일에 아리카로 떠나기로 했다. 이곳은 부엌이 있어 좋다. 여관 요금이 싸서 그런지 아침식사를 하러 내려가 보니 사람들이 참 많았다. 물론 젊은 대학생들이 대부분이다. 당구대도 있고 탁구대도 있었다.

바다가 있고 해수욕을 할 수 있는 조건이 이 여관에 사람들을 불러 모으는 요인이 되는 것 같았다. 3층 베란다에 나가보면 바다가 더 잘 보인다. 청소하는 아가씨에게 팁으로 500페소를 주었더니 시트를 바꾸어주었다. 방 분위기가 새로워졌다.

점심은 빵으로 떼우고 낮잠을 조금 자고 일어났다. 소라는 영국에서 온 대학생들에게 노트북을 빌려서 다음에 방문할 도시, 아리카에 여관을 예약했다. 그 대학생은 아르헨티나에서 3개월 있었단다. 그리고 칠레에 넘어온지 얼마 안됐다고 말했다. 그는 볼리비아에 갈 계획이란다. 혼자 온 줄 알았더니 4명이 같이 왔다. 대학생들은 경제학, 정치학, 화학, 영문학. 이렇게 전공이 다양했다.

바다에는 어제보다 사람들이 많았다. 서핑을 즐기는 사람들도 더러 있었다. 그들은 추운지 해녀들처럼 검은 고무옷을 입고 있었다. 우리는 발을 바닷물에 담그면서 거닐었다. 파도가 밀려와 옷을 적셨다. 작은 물새들이 먹이를 주어먹고 있었다. 물새의 종류도 여러 가지 이었다. 해표무리와 펠리컨도 구경했다.

두어 시간 정도 바다에 있다가 숙소로 돌아왔다. 영국청년들은 밤 9시에 장거리 버스를 탄다고 말했다. 저녁을 해먹고 잠을 잤다.

낮잠을 자서 잠이 안와 아래층에 가서 와인병을 따왔다. 기구가 좋아 잘 따졌다. 소라를 깨워서 백포도주를 한 잔씩 들고 잠을 잤다.

사람의 마음은 간사하다. 술 덕택에 잠을 잘 수 있었다. 다시 1시경에 일어나서 밀렸던 일기를 썼다.

라피스라즐리 모아이 상을 꺼내보았더니 옆에서 바라보던 소라가 자기 것보다 좋단다. 내가 보기에는 흠집이 여러 군데 있는데.

2010. 4. 16 금 맑음 〈고스트 타운인 움베르스토네Humberstone〉

구름은 조금 있지만 맑은 날이었다. 오늘 움베르스토네 투어에 참가하기로 했다. 8시 반에 온다던 버스가 조금 일찍 와서 허둥대었다. 소형버스인데 인원이 24명이나 되었다. 차는 이키케의 동쪽에 있는 높은 모래산을 오르기 시작했다. 이 산에 이런 도로가 있는 것은 상상도 못했다. 정상을 오르자 저만치 도시가 나타났다. 이런 모래산 위에 무슨 물이 있어 도시가 있단 말인가 도저히 이해가 되지 않았다. 플라자에는 사람들이 화단을 정리하느라고 야단이었다. 조금 있으면 큰 종교행사가 있어서란다.

투어 안내인은 60대로 보이는 노인인데 참 부지런한 사람이었다. 다만 영어해설을 안 해주고, 묻는 것만 영어로 간단히 설명해주고 대답해주었다. 차는 허허벌판의 사막을 달려갔다.

〈고철이 다된 빈 초산공장〉

〈산타로라 공장 배치도〉

〈해설사의 설명을 듣는 관광객들〉

〈산티아고 움베르스토네〉

처음 간 곳은 산타로라 초산염 공장이었다. 이미 폐업된 지 오래된 공장이었다. 마치 흉가처럼 보였다. 스페인말로 무어라고 이야기하는데 알아들을 수가 없었다. 영어가 필요한 사람은 단지 우리 두 사람뿐이었다. 산타로라의 공장 배치도가 있어 사진에 담아왔다.

초산염은 비료, 고체로켓연료, 연막탄, 불꽃놀이뿐만 아니라 도자기, 유리, 범람의 성분으로도 쓰인다.

다음 행선지는 고스트 타운인 움베르스토네Humberstone에 갔다. 이 근처에 초산 공장이 300여 개나 있었는데, 초산염이 인공적으로 합성된 1960년대에 다 문을 닫고, 공장과 마을은 유네스코문화유산으로 등록되었다. 광장, 마을, 교회, 상점, 학교, 공장, 수영장, 극장 등이 그대로 남아 있었는데 사람이 떠나 유령의 도시가 되고 말았다. 폐허가 된 이유는 앞에서 말한 것처럼 인공적으로 초산염을 합성하는 기술이 발명된 데다 전에는 이 근처에 강이 흘렀는데 강이 말라서 사람들이 다 떠났단다.

핀타도스의 지상화Geoglifos de Pintados 를 보러갔다. 염호 라는 말이 소금호수인 줄 알았는데 물은 하나도 없고 쩍쩍 갈라진 소금을 머금은 흙덩이 뿐이었다. 버스에서 내려 한참을 걸어갔다. 안내인이 가리킨 산에 지상화가 많았다. 5km가 넘는 산에 400개가 넘는 지상화가 있다. 지상화의 종류는 콘도르, 퓨마, 뱀, 사람, 곤충, 해와 달, 별자리 등이었다.

〈고스트 타운 유네스코 문화유산〉

〈고스트 타운 움베르스토네〉

〈공장〉

〈공장기계〉

〈움베르스토네 프라자〉

〈수영장과 학교〉

〈멀리 떨어져 있는 초산 공장〉

〈폐허의 도시〉

이곳 말고도 지상화가 여러 곳에 분포되어 있단다. 미국의 서남부에서 본 록 아트와도 달랐다. 다음 행선지는 피카Pica였다. 피카는 오아시스 도시인데, 그곳에서 점심을 먹었다. 2시 반이 지난 시간이었다. 점심은 밥과 감자, 쇠고기 요리인데 야채가 먼저 나오고 피스코도 한 잔 나왔다. 디저트도 나왔다. 점심을 배불리 먹고 야외온천에 갔다. 미리 수영복을 입고 가서 들어가기 쉬웠다. 물은 그렇게 뜨겁지 않았다. 한 시간 쯤 온천에 몸을 담갔다. 열대 오아시스 지대인데 추웠다. 이가 닥닥 부딪쳤다. 작은 플라자에 가서 기념품을 사고 교회도 구경하고 과일도 사먹고 버스를 탔다.

7시가 되니까 어둠이 깔렸다. 이키케 시내의 전등불빛이 찬란했다.

〈지상화 핀타도스〉

〈아사파 계곡의 지상화〉

〈확돌들〉

〈화려한 꽃앞에서〉

2010. 4. 17 토 구름 〈커플링〉

오늘은 2년 전에 커플링을 사서 낀 날이다. 그러므로 우리 둘에게는 뜻 깊은 날이다. 그런데 사소한 문제로 소라와 싸워서 기분이 우울했다. 한국 사람은 둘뿐이니 바로 풀어졌다.

어제 그렇게 좋던 날씨가 구름이 잔뜩 끼었다. 시장에 가서 닭다리를 사왔다. 냄비에 마늘과 쌀을 넣고 끓였다. 닭죽 끓는 냄새가 구수했다. 아침에는 빵을 커피와 먹었는데 커피를 너무 많이 마셔 하루 종일 커피에 취한 것 같았다.

저녁에도 닭죽을 먹었는데 끓이다가 태워서 속상했다. 건망증이 더 심해졌다. 내일 아침까지 해결하려했는데 저녁에 다 먹어치웠다.

밤에는 촛불을 키고 칠레 포도주를 마셨다. 부부싸움은 '칼로 물 베기' 라더니 정말 그랬다. 연인 사이는 서로의 장점을 키워주고 결점은 보충해주어야 한다.

소라의 장점 중에 하나가 꽁한 성격이 아니라는 점이다. 10분도 안 돼서 언제 싸웠냐는 식이다. 나는 좀 꽁한 성격이다. A형과 B형은 괜찮은 커플이다.

2010 4. 18 일 맑음 〈아리카〉

아리카로 떠났다. 거기에는 수산시장이 있다니까, 그리고 오아시스의 도시라니까, 기대가 되었다. 버스터미널에 9시에 나갔더니 9시 30분 버스는 떠나고 12시 45분 버스가 있었다. 12시 차도 있었는데 그걸 몰랐다. 결국 12시 차로 바꾸었다.

바다 쪽으로 자리를 달라고 했더니 5, 6번을 주었다. 그런데 아무리 생각해도 7, 8번이 바다 쪽일 거 같았다. 그 번호를 달라니까 여자점원이 자꾸 우긴다. 옆 창구에 가서 물어보니까 아리카 행은 해안으로 가지 않기 때문에 소용없단다.

12시가 되어 차는 출발하였다. 일전에 움베르스토네에 간 길이었다. 곧 고스트 타운을 지나 왼쪽 길로 달렸다. 차는 나무 한 그루 없는 사막으로만 달렸다. 2시간 정도 달린 후에는 관목지대를 통과했다. 여기는 어떻게 해서 나무가 자라는지 모르겠다. 산과 들은 모래와 바위뿐인 사막이었다. 그런 곳에도 사람이 살았다. 높은 고개를 2개나 넘고 깊은 골짜기에 있는 마을을 몇 개 지나며 4시간을 달린 후에 도시가 나타났다. 바로 아리카이었다.아리카는 아담한 도시이었다.

여관에 도착해보니 시내의 중심지에서 많이 떨어져 있고 볼품이 없었다. 꼭 도깨비 집 같은 곳인데 주인까지 너무 떠드는 사람이라 이거 큰일 났다 싶었다. 다행인 것은 주인 남자가 영어를 구사할 수 있다는 점이었다.

소라는 주인과 투어에 대한 이야기를 나누었다. 주인이 건네 주는 팸플릿의 내용이 여행안내서의 내용과 너무 달랐다. 믿을수 없는 사람이라는 생각이 들었다. 소라가 투어를 신청한다는 걸 내가 말렸다. 짐을 풀고 시내에 가서 식사를 하고 투어는 내일 알아보고 신청할 계획이었다.

식당 찾기가 쉽지 않았다. 겨우 찾아 생선 요리를 달랬더니 참 초라한 요리가 나왔다. 재수 없는 날이었다. 피곤해서 집에 와서 쉬었다.

2010. 4. 19 월 흐림 〈아리카 시티 투어〉

아리카는 칠레의 가장 북쪽에 있는 국경도시이다. 전에는 페루 영토이었으나 태평양 전쟁(일명 초석전쟁 1879-1883) 때 칠레에게 빼앗긴 도시이고 볼리비아의 포토시에서 나는 은을 수출하던 항구이었다. 페루의 국경도시 타크나도 칠레가 빼앗았으나 타크나는 돌려주었다고 한다. 아리카인구는 2002년 조사로 185,268명이다. 해안이 아름답고 기후가 온화하여 리조트지로 개발이 활발하다. 또한 수산업이 발달하였다.

아리카는 1868년 8. 13일 강도 8.0~9.0의 지진으로 약 25,000~70,000명이 죽은 일이 있었다. 무시무시한 일이었다.

아리카도 날씨가 흐렸다. 이키케에서도 떠나는 날에야 날씨가 맑았다.

이곳 태평양 연안은 훔볼트 해류Humboldt Current(페루 해류)로 인하여 날씨가 온화하고 안개가 많이 낀다. 훔볼트해류는 남극에서 적도로 향하는 해류 중 최대 해류로 하층의 영양염분이 풍부한 차가운 바닷물로 인하여 세계 최대 어장을 형성한다.

투어 신청은 여행사에 가서 하기로 했다. 여행사를 몇 사람에게 물었다. 마침 정부가 운영하는 여행안내소가 있어서 좋은 정보를 들을 수 있었다. 영어 가이드가 있는 라우카국립공원 투어는 20,000페소씩 하는 1일 관광을 예약했다. 영어 가이드가 있어서인지 2,000페소씩 더 냈다. 소라가 가고 싶어 하는 고고학 박물관이 포함된 시티투어를 예약했다. 시티투어는 오늘 3시에 시작해서 8시에 끝난다고 말했다.

어시장에 가서 생선을 사고 포도주도 한 병 사왔다. 생선국을 끓이고 포도주를 한잔씩 마셨다. 조금 쉬다가 3시에 밖에 나가 기다렸다. 곧 투어차가 왔다. 칠레의 여행 안내인은 대부분이 노인들이었다. 제네랄 모터스에서 근무했다는 노인은 영어를 잘 하는데다 박식했다. 시티 투어는 우리 둘뿐이란다. 안내인이 운전도 했다.

처음에 간 곳은 아사파 계곡이었다. 멀리 떨어진 작은 산에 지상화가 있었다. 동물과 샤만이 그려져 있었다. 다음에 간 곳도 지상화이었다. 이곳 지상화는 소규모이지만 더 가까이서 똑똑하게 볼 수 있었다.

아사파 계곡에는 산호세 강이 흐르고 있었는데 그 물을 이용한 올리브과원이 끝없이 전개되었다. 그곳에는 농과대학과 큰 올리브 가공 공장도 있었다.

고고학 박물관에 갔다. 그곳 박물관은 사막에서 발굴된 미라로 유명하다. 일설에 의하면 세계에서 가장 오래된 미라라고 한다. 만년 전의 미라로 추정된다고 한다. 토기들도 많았는데 잉카 이전의 토기들이 대부분이었다. 안내원은 식물 이름도 많이 알고 있었다.

시내로 돌아오는 길에 언덕에 핀 화려한 꽃을 보았다. 붉은 색, 분홍색, 노란색 꽃들이 어울러져 피어있는 꽃무더기는 감탄을 자아내고도 남았다. 기념사진을 찍었다. 안내인이 무슨 꽃이라고 이름을 가르쳐주었는데 잊어버렸다. 기억력이 좋은 시절에 여행을 해야 할 것 같다.

시내로 돌아와서 어유를 짜는 공장을 지나 해안을 따라 아리카 비치를 먼발치에서 보았다.

안내인은 내일 라우카 국립공원에 가니까 고산병에 주의하고 오늘밤에 술을 마시지 말라는 당부도 해주었다. 그에게 팁으로 2,000페소를 주었다.

2010. 4. 20 화 흐림 〈라우카 국립공원 충가라 호의 투어〉

라우카 국립공원 충가라 호의 투어 날이다. 새벽 7시에 출발한다고 해서 잠을 설쳐가며 기다렸다. 시간이 되어 밖에 나가 기다렸더니 바로 소형버스가 와서 우리는 몸을 실었다. 운전기사는 얼굴이 붉은 중년 사내이었다. 인디오의 피가 섞였는지 동양인의 얼굴이었다.

충가라호는 칠레의 최북단 아리카에서 동쪽으로 175km 떨어진 라우카 국립공원에 있다. 라우카 국립공원은 1983년 유네스코 자연보호지구로 지정된 곳이기도 하다.

그런데 국립공원이라고 해도 어떤 곳은 우리의 상식을 뛰어넘는 곳이 여럿 있다는 것이다. 다시 말하면 경치가 아름답지 않은 곳도 있어 실망할 수도 있다. 사실 라우카 국립공원이 어찌 보면 바로 그런 곳이다. 차는 유타계곡으로 들어갔다. 지하수를 이용하여 채소를 재배하는 농지가 끝없이 이어지는 계곡이다. 작은 강이 골짜기를 흐르고 있었다.

처음 우리가 하차한 곳은 지상화를 구경하는 민둥산 앞에서이었다. 지상화는 미이라와 토기 등과 같이 사막지대에 있는 고고학적인 자료이다. 미국

〈포콘칠레의 오래된 교회〉

〈푸트레 마을〉

의 서남부에 산재해있는 록 아트와 유사한 것이다. 록아트가 화산암에 새겨놓은 것이라면 남미의 지상화는 사막의 모래산이나 언덕에 그려놓았다.

계곡의 양쪽 산은 이 지방의 특색인 그야말로 풀 한 포기 나지 않는 모래산이다. 회색 빛 산은 황량한 느낌을 강렬하게 준다. 포콘칠레 마을에서 이 지역의 가장 오래된 조그마한 교회를 보고 10시경에 도로 옆에 있는 레스토랑에서 빵과 코카잎 차로 아침식사를 대신하고 다시 길을 떠났다. 코카잎 차는 마약성이 있어 고산병 예방에 효과가 있다고 해서 마셨다.

고도가 높아가면서 골짜기에는 짙은 안개가 끼었다. 안개 위에는 회색의 준령들이 끝없이 이어졌다. 도로는 아스팔트길이었다. 그 길로 무거운 짐을 싣고 화물차들이 힘겹게 올라가고 있었다. 필시 볼리비아 국경을 넘을 것 같았다.

라우카국립공원이 가까워지자 길가와 계곡에 약간의 변화가 감지되었다. 풀과 칸델라브로Candelabrofkrh 라는 선인장과 살라르Salar ㊇Salt flat가 나타났다. 계곡에는 작은 계류가 흘렀다. 작은 계류부근에는 풀이 자라고 있어 비쿠냐 무리들이 자주 눈에 띄었다. 이곳이 비쿠냐 생태보존지역이란다. 해발 3,500m의 프트레 마을이 불쑥 나타났다. 주위로 농경지가 푸르다. 우리는 신기한 그 마을을 내려다보고는 다시 길을 떠났다. 돌아올 때 그 마을에 들린단다.

라우카 국립공원에 들어서자 눈모자를 쓴 고봉들이 나타났다. 맨먼저 인사를 한 봉오리는 표고 5,810m의 네바드데프트레 산이었다. 다음은 세계에서 가장 높은 활화산 구아야티레 산Volcan Guallatire6,060m이 있고 저 멀리 쌍둥이 봉인 파리나코타 산Volan Parinacota6,350m과 포메라프 산Volcan Pomerape6,240m이 위용을 자랑했다. 그 옆의 작은 봉우리들도 눈 모자를 쓰고 있었다. 대단히 높은 지역임을 알 수 있었다.

조금 더 깊이 들어가니까 숨이 가빠지고 일행 중에는 고산병 증세가 나타나는 사람도 있었다.

〈충가라 호〉

〈호수에는 물새〉

〈에델바이스〉

충가라호에 가기 전에 코타코파니 호에 도착했다. 작은 호수이었으나 물새들이 많았다. 코타코파니 호수 주변으로 수많은 작은 호수들이 있어서 습지와 비슷한 느낌을 주었다. 호수주변에는 풀들이 자라고 비쿠냐와 알파카, 라마의 무리들이 여러 곳에서 발견되었다.

드디어 표고 4,500m, 세계에서 가장 높은 곳에 있는 부동호에 도착했다. 많은 물새들이 파란 호수에서 노닐고 있었다. 더욱 놀라운 것은 이 호수에는 프라밍고Flamingo가 서식하는데 3 종류의 프라밍고가 서식한단다. 프라밍고는 세계에서 5종류 밖에 없다.

무심히 땅을 내려다 보았더니 솜다리edelweiss가 별처럼 피어있다. 설악산 능선에서 본 그 에델바이스이었다. 사진에 담아왔다.

이렇게 높은 곳에 있는 호수가 얼지 않는다고 해서 물에 손을 담가보니 감촉이 따뜻했다. 겨울로 접어드는 이 시기에 물에 온기가 있는 것은 이 지역이 화산지대임을 말해주었다. 우리는 호수 주변에서 구경을 하고 볼리비아 검문소가 있는 곳에서 차를 돌렸다.

돌아오면서 잉카 이전의 푸카라 유적과 오래된 교회도 보았다.

2010. 4. 21 수 구름 〈푸트레 마을〉

푸트레Putre 마을은 어제 라우카의 충가라호 투어를 마치고 돌아오는 길에 들려 점심을 먹은 마을이다. 충가라 호에 갈 때 푸트레 마을이 내려다 보이는 도로에서, 차에서 내려 안내인의 설명을 들었었다. 표고 3,500m의 이 마을 뒤로 5,810m의 네바드데푸트레 산이 눈모자를 쓰고 있었다. 마을 주변으로는 초록의 밭들이 아름다웠다. 마을에는 학교와 교회도 보였다. 둘러보아야 회색뿐인 거대한 사막의 산간에 이런 마을이 있다는 것은 신기한 일이었다.

안데스의 고봉들 사이의 이 마을은 인디오 마을이며 한국의 면 소재지 같아 보였다. 꼬불꼬불한 산골길을 내려가 그 마을 깊숙이 들어갔다.

TV에서 본 중국 운남성의 석두성 같은 마을이었다. 석두성이 더 요새다웠다. 다락논도 많았다. 인구는 푸트레 마을이 많고 넓었다.

그 마을에는 플라자도 있고 교회도 있고 은행도 있었다. 중학교도 있었다.

그러나 그 마을은 초라한 인디오의 가옥들이 대부분이었다. 마을 중심부에 수로가 있었는데 풍부한 맑은 물이 쏜살 같이 흘러가고 있었다. 이 마을의 번영은 바로 이 냇물이었다.

〈푸트레 마을교회〉

〈푸트레 마을 지도〉

〈푸트레 마을 꽃밭〉

〈푸트레 마을 놀이터〉

이 풍부한 물은 네바드데푸트레 산에서 내려오는 것 같았다. 마을의 생업은 농업과 목축업이다. 알파카와 라마의 무리를 몰고 지나가는 주민을 여럿 보았다. 레스토랑에 들어가니 관광객들이 꽉 찼다. 알파카 고기와 닭고기를 시켜먹었다.

점원들은 전부가 인디오들이었다. 키 작은 인디오 악사가 기타를 치며 노래를 들려주었다. 소라가 팁을 주었다. 식사를 한 후 자유시간이 있어 구경을 나갔다. 교복을 입은 중학생들이 자주 눈에 띄었다. 우선 플라자 쪽으로 갔다. 플라자에는 화초들을 심어놓아 소박한 꽃들이 피었다. 플라자 주위로는 기념품 상점들인데 많은 백인들이 몰려있었다.

물이 있는 곳에는 밭이 있었다. 엘키강의 포도원, 아스파계곡의 올리브 과원, 유타계곡의 포도원, 푸트레 마을의 푸른 밭들. 인간의 생명력이란 대단한 것이다. 이런 악 조건에도 사람들은 생명을 유지하고 살아간다. 한국은 너무 좋은 나라이다.

아리카에 돌아온 것은 20시 경이었다. 시내에 전등불이 환했다.

2010. 4. 22 목 내륙 맑음 해안 구름 〈칼라마〉

아리카에서 페루로 바로 넘어가지 않고 칠레의 북동부를 구경하고 아르헨티나의 살타와 후후이를 거쳐 볼리비아를 관광하고 페루로 갈 계획이다.

아리카에서 라우카 국립공원과 충가라 호수, 몇몇 지상화와 고고학박물관을 보고 칼라마에 가는 장거리 버스를 탔다. 북쪽으로 올라왔다가 다시 남동쪽으로 내려가는 셈이다. 안토파가스타를 경유하는 버스이었다.

버스가 이키케까지 갈 때는 내륙의 사막지대를 통과했다. 나무 한 그루 없는 고봉의 산허리를 휘감아 돌아갈 때는 공포를 느꼈다. 이키케에서 안토파가스타까지 가는 길은 해안 길이었다. 비치가 참 아름다웠다. 이렇게 아름다운 해안이 개발되지 않는다는 것이 이상했다. 먼 훗날은 아마 멕시코의 깐꾼처럼 호텔이 즐비하게 늘어설지도 모른다.

어둠이 서서히 깔렸다. 칼라마까지는 아직도 멀었다. 버스 창으로 보이는 하늘에 남반구의 수없는 별들이 반짝이는 것이 보였다.

칼라마는 사막에 있지만 로아 강이 흐르고 있다. 더욱이 이 도시를 빛나게 하는 것은 세계최대의 노천 구리광산인 추키카마타 광산이 있다. 채광된 구리는 중국 등 많은 국가들에 수출하여 칠레 경제의 버팀목 역할을 한다. 인구 약 십만의 오아시스 도시인데 기원전 만이천년부터 사람이 살았다.

그러나 지금은 광산의 개발로 공해에 시달리는 면도 있다.

2010. 4. 23 금 맑음 〈추키카타마Chuquicamata 광산〉

칼라마에 온 이유가 추키카타마Chuquicamata 광산을 구경하는 것이었다. 노천 광산은 한 번도 본 일이 없다. 세계 최대라니 호기심이 발동했다. 오늘이 금요일이라 오늘 안 가면 주말은 안내를 안 해준다고 하니 월요일에 관광을 해야 한다. 그러면 체류 날자가 너무 많아 서둘기로 했다.

〈추키카마타 광산 표시판〉

〈거대한 광산 설비터〉

점심을 먹고 3월 23일 광장 옆에 있는 추키카타마에 가는 꼴렉티보 Colectivo 승차장에 갔다. 10분 쯤 기다리니까 택시가 와서 산티아고에서 왔다는 노부부와 같이 탔다. 시내에서 북쪽으로 16km 지점에 그 광산은 있었다. 어떤 것도 있을 것 같지 않은 불모의 대지를 고물차는 달렸다. 드디어 가로수가 서있는 정문이 나타났다. 수위실에서 우리는 방문한 목적을 이야기했다. 수위는 대기실에서 기다리라고 말했다. 대기실에는 2 사람이 기다리고 있었다. 이윽고 호주에서 온 부부, 스위스에서 온 한 사람, 칠레 사람들을 합쳐 10여명이 되었다. 1시간 이상을 기다린 후에 광산 버스가 와서 승차했는데, 난데 없이 어디선가 한 때의 관광객이 몰려와 그 큰 버스가 꽉 찼다. 관광객은 한 건물로 들어갔는데 바로 광산의 홍보관이었다.

합류한 사람들은 젊은 사람들이 대부분이었는데 유럽에서 온 사람들이 많았고 특히 지리 선생들이 많은 것이 특징이었다. 그들은 열심히 비디오와 카메라에 추키를 담았다.이 노천 채굴 광산의 사이즈는 깊이가 1,000m, 폭이 3,000m, 길이가 4,700m이며 매년 구리 생산량은 620,000톤이고 순도는 99.99%인 세계 최대 노천 채굴 광산이라고 설명했다.

〈광산 내부〉

〈광산내부 기계설비〉

〈먼지 가득한 광산〉

〈광석운반용 차〉

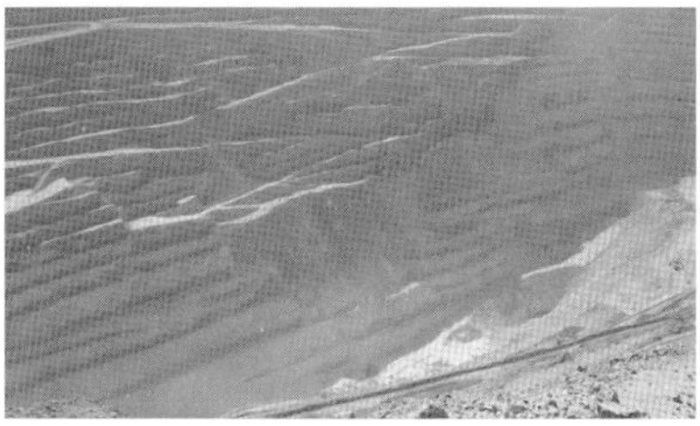

〈노천 광산〉

〈광산의 뒤쪽〉

〈새로 개발하는 노천 광산〉

홍보관에는 여러 가지 자료들이 있었다. 구리 광석은 2 종류가 있다, 초록색 빛이 뚜렷한 광석은 산화구리화된 광석인데 300m이내의 광산에서 캐내고 초록색이 없는 광석은 더 깊은 곳에서 캐낸 광석으로 제련방법이 다르다고 말했다. 그리고 이 광산에서는 부산물로 은, 금과 다른 광물도 나오는데 흙의 금속 함유량은 0.86% 이란다. 이 수치가 무엇을 말하는지 모르지만 상식적으로 생각해도 대단한 량 같았다.

우리는 설명을 듣고 배부해준 헬멧을 빌려 쓰고 광산을 시찰했다.

전문가들이 아니면 알 수 없는 설비들이 광활한 지역에 설치되어 있고 작업 중이라 먼지가 자욱했다. 내 키의 두 배나 되어 보이는 바퀴가 달린 초대형 덤프트럭이 원석을 실어 나르느라고 분주했다.

추키카마타 광산은 1882년에 최초로 산업계획이 수립됐고 1911년 미국회사가 현대광산을 세웠으며 1915년에 최초로 구리가 생산되었고 1969년 칠레가 50%의 회사지분을 샀고 1972년에야 칠레가 회사의 전 지분을 소유하게 되었다.

안내인에게 이 광산이 앞으로 어느 정도 채굴 할 수 있는가 물어보았다. 매머드 광산은 앞으로 30년은 가능하고 바로 위에 있는 작은 광산은 50년이라고 대답했다. 그리고 그 주변에 아직 개발되지 않은 무진장한 광맥이 있다고 말했다. 원래 이곳은 볼리비아 땅이었는데 태평양 전쟁 때 칠레가 빼앗은 곳이란다. 볼리비아가 배가 많이 아플 것 같았다.

비가 내리지 않는 이런 곳이니까 노천 채굴이 가능하지 우리나라 같으면 어림도 없을 것이다.

2010. 4. 24 토 맑음 〈엘로아 공원〉

칼라마는 시내에 나무가 많았다. 가로수가 우거져서 그곳이 사막의 도시라고는 믿어지지 않았다. 엘로아 강이 있는 엘로아 공원에 갔다. 엘로아 공원에는 소라가 좋아하는 고고학 박물관이 있다. 오픈 시간이 4시라고 해서 좀 쉬다가 꼴렉티보를 탔다. 작은 도시에 있는 공원이라 겨우 5분 거리이었다.

공원입구에서 차를 내려서 안으로 들어가니 옛 인디언 광장을 재현해놓은 것이 보였다. 공원이니 만큼 나무들이 무성했다. 조금 더 걸어가니 작은 보가 보였다. 엘로아 강이었다. 물이 파랄정도로 맑고 물속에는 수중 식물들이 자라고 있었다. 물가에 떠있는 수십대의 보트를 보니 보트놀이도 하는 것 같았다. 물은 작은 보를 넘어 흘렀고 오랜만에 냇물 소리를 들을 수 있었다. 강둑을 따라 조금 더 가니까 흔들다리가 있는데 중간에 가서 물속을 내려다보니 제법 큰 고기들이 노닐고 있었다. 강물 양 옆으로 나무와 풀들이 우거졌고 잠자리가 유독 많았다.

〈광산에 필요한 저수지〉

〈엘로아강의 맑은 물〉

고고학 박물관을 보기위해서 4시 될 때까지 기다렸으나 찾는 사람이 없어서 그런지, 고고학박물관은 문을 열지 않아 돌아올 수밖에 없었다. 돌아올 때는 시내 구경도 할 겸 걸어서 왔다.

3월 23일 광장에 도착해서 소라를 프라자 의자에 앉혀놓고 물을 사러 가게에 갔다 와 보니 소라가 없어서 찾아보았으나 찾지 못해 여관에 혼자 간 것으로 알고 여관에 급히 가보았지만 없어서 다시 프라자에 뛰어왔다.등짝에 진땀이 났다.

그곳에 소라가 있었다. 천만다행이었다. 그녀는 무사했다. 어디 갔다 왔느냐고 나도 모르게 볼멘소리가 나왔다.

그녀는 햇빛 때문에 자리를 옮겨 앉아있었단다. 아무리 기다려도 내가 안 와서 성당 안에 갔다 왔다 고 말했다.

우리는 서로가 많이 걱정한 것을 확인하고 손을 꼭 잡고 여관에 와서 저녁을 지어먹고 잤다.

2010. 4. 25 일 맑음 〈산페드로데아타카마San Pedro de Atacama〉

아침에 일어나 서울에 있는 몇 사람에게 메일을 보내는데 노트북이 말썽을 부렸다. 남미에서는 인터넷이 안 되는 경우가 더러 있다. 고 선배에게 메일을 보내면서 사진도 3장 첨부했다. 충가라 호에서 찍은 설산과 새, 화산 사진이었다. 이어서 희정이와 딸애들에게도 메일을 보냈다.

12시 버스를 타러 11시에 버스정류장에 갔다. 산페드로데아타카마San Pedro de Atacama에 가는 버스는 고물 버스이었다. 오래 전에 폐기처분을 했을 그런 버스이었다. 멕시코에서 이곳까지 오면서 탄 어느 버스보다 더 고물이었다. 그래도 신기하게 잘 굴러갔다. 짐도 그냥 맡겼다. 딱지도 주지 않아 불안했다.

1시간 반 정도 사막을 달려 특이한 곳을 지나가더니 나무들이 우거진 도시가 나타났다. 흙벽돌을 찍어 지은 가옥들만 눈에 띄는 작은 도시이었다. 인구는 2002년 조사로 4,969명이었다. 도로도 대부분이 비포장이다. 이곳이 바로 남미에서 방문한 도시가운데서 가장 독특한 도시이다. 칠레북동부 관광의 거점 도시인 산페드로데아타카마 이었다.

버스정류장에 도착해서 짐을 챙기고 있는데 여관집 청년이 차를 가지고 나와 기다리고 있었다. 청년은 건장하게 생긴 인디오이었다.

먼저 아르헨티나의 살타로 가는 버스표부터 샀다. 인디오청년은 영어를 말해서 의사소통이 수월했다. 그가 소개해주어 4월30일 버스표를 구했다. 바로 숙소에 와서 점심을 먹고 2시에 여행사에 나가 투어를 신청했다.

이곳은 볼거리가 많은 곳이다. 달의 계곡, 타티오 간헐천군, 아타카마 염호의 프라밍고 서식지의 투어를 신청하고 고고학 박물관과 푸카라 유적지를 볼 것이다.

〈산 페드로 교회〉

〈고고학 박물관〉

이어서 조그마한 마트에 들려 쌀과 물, 호박, 감자 등을 사왔다. 쓴 돈이 약 140,000페소. 수중에 약 100,000페소. 앞으로 입장료로 나갈 돈이 약 27,000페소. 빠듯할 거 같다.

숙소로 돌아오는데 비포장도로에서 먼지가 너무 나서 눈을 뜰 수가 없었다. 여행사에서 받아온 팸플릿을 보니까, 이곳 말고도 방문할 곳이 많았다.

2010. 4. 26 월 맑음 〈달의 계곡 투어〉

하늘이 그렇게 맑을 수가 없었다. 어제는 바람이 심하게 불어 먼지가 많고 구름도 끼었는데, 오늘은 구름 한 점 없는 하늘이다. 이런 하늘이니 밤하늘의 별도 아름다울 거 같았다.

오전에는 쉬고 오후에 달의 계곡에 가기로 했다. 여관집 청년이 고물차로 여행사에 데려다 주었다. 우리말고도 3사람이 동승했다. 젊은 백인 청년 2명과 백인 처녀 한 사람이었다. 그들은 다른 회사 투어에 참가했다.

투어회사에 참석해보니 인원이 4사람이라 플라자 옆에 있는 다른 투어회사에 가보라고 해서 그곳에 갔다. 청년이 그곳까지 수고해주었다.

투어 안내원은 영어를 잘 했다. 차는 3시에 출발했다. 달의 계곡은 산페드로로부터 16km 떨어져 있었다. 어제 저녁 때 오면서 본 기묘한 곳이다. 안내인이 입구에 이르자 화장실에 다녀오라고 해서 모두들 초등학생처럼 말을 들었다. 차가 다시 움직이기 시작했다. 차는 좁은 계곡으로 천천히 전진했다. 흙바위가 정말 달의 표면 같았다. 지금까지 그런 곳을 한 번도 본 일이 없었다. 차가 더 이상 진입할 수 없게 되자 차에서 내려서 천천히 걸어가면서 구경을 했다. 경치는 문자 그대로 전입가경이었다. 막다른 곳에 이르니 올라가는 곳이 있었다.

안내인에게 그곳으로 올라가느냐고 물었더니 그는 아니란다. 되돌아가란다. 안내인은 우리를 모아놓고 달의 계곡이 생긴 유래와 그 동안의 지진이 발생해서 변모된 지형들을 이야기해주었다. 원래 이곳은 염호로 소금 산

〈달의 계곡〉

〈달의 계곡〉

〈달의 계곡을 설명하는 안내인〉

〈달의 계곡의 바위〉

지이었던 곳이 물이 말라서 이루어진 지형이라는 설명이었다.

구경을 마치고 돌아와서 차를 타고 얼마를 달렸다. 그곳에서 내려서 산비탈을 한 1km쯤 걸어 올라갔다. 양옆으로 전개되는 경치도 그야말로 절경이었다. 나는 삼발이를 꺼내서 사진을 찍었다. 소라도 끝까지 올라왔다.

다음에 간 곳은 그로테스크한 형상을 한 바위가 있는 곳이었다. 약 20분 쯤 구경을 했다. 어찌 보면 낙타의 두상 같기도 했다. 옛날 기우제를 지내던 곳이 아닌가 싶다. 그 바위는 중남미 여행 책자의 표지에서 여러 번 본 사진이었다. 다시 차를 타고 죽음의 계곡이 내려다보이는 곳에 가서 감상하고 사진을 찍었다.

이제는 마지막 코스로 석양을 본다고 했다. 친절한 안내인은 가끔 우리 곁에 와서 영어로 설명해주었다. 노을을 구경하는 등성이에는 여러 대의 차량이 몰렸다. 그러니 많은 사람들이 오늘 달의 계곡 투어를 하는 것이다. 드디어 해가 지고 있다. 붉은 노을이 거대한 서쪽 시에라에 비치었다. 붉은 노을은 산자락의 모래에 비치어 오색을 만들어냈다. 장관이었다. 손에 사진기를 든 사람들이 다투어 셔터를 눌렀다. 6,000m 가까운 거대한 산줄기에는 화산이 10여 개란다. 볼리비아 쪽에 활화산 란칸카브로 산Volcan Lincancabur이 직선 쪽에 있었다.

〈달의계곡에서 소라와〉

〈황혼의 빛〉

2010. 4. 27 화 맑음 〈타티오 간헐천군Los Geisers del Tatio〉

타티오 간헐천군Los Geisers del Tatio에 가기로 했다. 어제 저녁을 먹고 바로 잤는데 차 소리가 나서 깨었더니 10시라 다시 잠을 청했으나 잠이 오지 않아 애를 먹었다. 3시에 일어나서 이것저것 준비하고 누워있다가 소형버스가 와서 몸을 실었다. 우리가 제일 먼저 탔다. 시내를 돌아다니며 곳곳에서 모인 숫자가 겨우 일곱 사람이었다. 버스는 밤공기를 뚫고 비탈을 오르기 시작했다. 타티오 간헐천군은 해발 4,200m에 있었다. 파카며 내의로 완전무장을 했는데도 추위가 뼈 속까지 파고들었다. 칠레의 차들은 냉방이나 난방의 개념이 전혀 없다. 속절없이 동태가 되었다.

길은 비포장도로이었다. 도로 공사를 하는 곳이 여럿이었다. 중간지점에서 차 아랫부분에 딱 하는 소리가 나더니 고장이 났나. 20km의 속도로 달린다. 앞뒤로 여러 대의 투어버스가 달리고 있다.

간신히 차를 고쳐 아직도 어두운 시간에 정문에 도착했다. 작은 건물 앞에 타티오 간헐천에 대한 설명문의 패널이 있었다. 세계에는 간헐천이 이십여 개 있는데, 타티오 간헐천군은 크기가 세계에서 3번째 이며 남반구에서는 가장 크다.

〈간헐천〉

〈간헐천군〉

〈간헐천〉

〈간헐천 화구〉

입장료를 지불하고 화장실에 다녀오고 현장으로 향했다. 여명이 시작되는 시간이었다. 실로 장관의 장면이 전개되었다. 팔구십 개의 간헐천이 김과 연기와 물기둥을 분출하고 있었다. 우리는 두려워하지도 않고 그 사이사이를 돌아다니며 구경했다. 사실 이곳은 화산지대가 아닌가.

구멍에서 보골보골 하는 소리가 나다가 갑자기 물을 품어 올렸다. 참으로 장관이었고 신기했다. 모두들 탄성을 질렀다. 잘못했다가는 뜨거운 물벼락을 맞고 화상을 입을지도 모른다.

아침식사로 커피와 빵을 주었다. 추운 날씨에 뜨거운 커피는 언 몸을 녹였다. 커피향이 짙게 풍겼다.

안내원은 칠레정부에서 이곳에 지열발전소를 세우기 위해서 시도했으나 여러 가지 이유로 그만 둔 일이 있다고 말했다. 지금도 지열발전소 이야기가 다시 나오면서 관광지로 두는 것이 좋다는 이야기도 있다고 설명했다. 식사를 하면서 왜 이렇게 추위를 무릅쓰고 일찍 오는가 물었더니, 새벽이 이 간헐천을 보기에 가장 좋은 시간이란다. 뜨거운 물이 새벽의 찬 공기와 부닥쳐서 수증기를 가장 왕성하게 내품기 때문이란다.

뜨거운 커피를 마신 후 가장 큰 분출구로 갔다. 거대한 물기둥을 품어 올리고 있었다. 안내인이 가까이 가지 말라고 제지했다. 오늘 따라 카메라 전지의 충전을 안 해서 사진을 많이 찍을 수 없었다. 아래쪽에는 수영을 할 수 있는 곳이 있어 영하의 날씨에도 수영을 하는 젊은이들이 있었다. 젊음이 참 좋긴 좋다.

소라도 수영을 하고 싶어 수영복을 입고 갔으나 추위 때문에 할 수 없어 퍽 아쉬워했다. 가까이에 대장 분출구가 있었는데 대단했다. 수증기가 수십m까지 올라가는 것 같았다. 8시 쯤 되자 햇빛이 비치는 곳은 기세 좋던 분출이 사그라졌다.

시간이 되자 아쉬운 광경을 뒤로 하고 산을 내려왔다.

돌아오는 길에 보니까 비쿠냐가 여럿 있었다. 눈녹은 물이 고여 연못을 만든 곳도 여럿이었다. 물은 계곡으로 흘러들고 그런 곳에는 마을이 있었다. 볼리비아의 프타나 활화산Volcan Putana5,890m에서 연기를 내뿜고 있었으나 무수한 간헐천을 본 직후라 시시해보였다. 그 산 아래 프타나 호수가 있었는데 많은 물새들이 놀았다. 일행은 사진을 몇 장 찍고 추위 때문에 차에 올랐다. 조금 더 내려오니까 미추카 마을이 나타났다. 높은 봉우리로 빙둘러 싸여 아늑한 곳에 집들이 있는데 어도비로 지어 단장한 관광 마을 같았다. 옆에는 호수가 있고 풍부한 수량이 흐르는데 농토는 없어 목축을 생업으로 하는 마을 같았다.

기념품 가게 앞에서 한 사내가 야마 고기를 대나무 꼬쟁이에 꿰어 불에 구어 팔고 있었다. 관광객들은 구수한 냄새에 끌려 너도나도 한 꼬챙이씩 들고 고기를 먹었다. 우리도 먹어봤는데 맛이 그만이었다.

호수 가에는 비쿠냐, 야마, 알파카가 어울려 한가로이 풀을 뜯고 있었다. 몇 집 안 되는 마을인데 호수가 오염된 것 같아서 보기 흉했다.

안내인은 볼리비아 출신이라는데 우리에게 고산 식물에 대해서 설명해주었고 코카잎에 대해서도 이야기해주었다. 코카잎에 대한 이야기는 다음과 같다.

> 티티카카호 주변에 잉카인들이 살았는데 스페인인들의 침략으로 다 죽고 한 사람만 남아서 태양의 신에게 기도를 드렸더니, 코카잎을 가르쳐주어서 그것을 먹고 살았다는 것이었

다. 그래서 코카잎을 먹으며 일하면 어려운 일도 견딜 수 있다는 것이었다.

그는 또 비쿠냐가 먹는 풀도 가르쳐주었다. 주변에 많은 풀인데 이름이 파하브라바Paja Brava(짚) 이란다. 파하브라바가 많은 곳에는 비쿠냐, 야마, 알파카 무리가 서식한다.

2010. 4. 28 수 구름 〈아타카마 염호와 플라밍고〉

일 년 중 320일이 맑다는 산페드로도 구름이 끼었다. 오늘은 아타카마 염호, 플라밍고 서식지에 가기로 했다. 물론 투어 여행이다. 어제 카메라 때문에 속상해서 오늘은 단단히 준비했다. 소라의 코닥 사진기도 충전해서 가지고 갔다. 플라밍고는 가까이 가면 날아가기 때문에 망원렌즈가 달린 카메라가 무겁지만 좋을 것 같았다.

아타카마 염호는 넓이가 3,000km² 이고 길이는 100km, 폭은 80km로 세계에서 2번째로 큰 염호이다. 제일 큰 염호는 볼리비아의 우유니 염호인데 넓이가 무려 10,582km² 이다. 아타카마 염호는 세계 최고의 리튬Lithium 광산이다. 매장량은 볼리비아의 우유니가 세계 반을 가지고 있지만 아타카마 염호는 순도나 질, 생산비가 적게 든다.

약속한 8시에 밖에 나갔더니 큰 차가 왔다. 투어인원이 몇 명이냐니까 15명이란다. 안내인은 18세 정도의 처녀이었다. 몇 여관을 들려 사람을 태우고 남쪽으로 달렸다. 안내인은 키는 작지만 소리가 크고 영어를 잘했다. 도시를 벗어나자 숲이 나타났고 민가가 있었다. 왼쪽은 거대한 안데스의 고봉들이 장벽을 이루고 있고 오른쪽으로는 광활한 아타카마 염호가 누워있었다. 플라밍고가 서식하는 곳은 자연보호지구로 지정된 착사 호Laguna Chaxa이다. 해설사의 설명을 듣고 서식지로 향했다.

〈착사호의 홍학떼〉

〈사막을 걸어가는 관광객들〉

〈미스칸티호〉

아름다운 붉은학의 무리가 많았다. 이곳에서는 3종류의 홍학이 서식한다. 호수는 물이 얕았다. 홍학이 걸어 다닐 수 있는 깊이였다. 먹이를 먹는 놈. 가까운 거리를 나는 놈. 쌍쌍이 짝을 지어 다녔다. 아름다운 모습이었다. 우리는 사진을 많이 찍었다.

다음에 간 곳은 미스칸티 호와 미니케스 호를 구경하였다. 이 두 호수는 산 이름과 같은 호수이다. 아타카마 염호와는 달리 깊이도 느껴졌고 물이 맑았다. 하늘빛과 같이 물빛이 파랗다. 호수주변은 소금결정체(?)인지 눈이 내린 것처럼 하얗다. 호수에는 물새,초원에는 비쿠냐 무리가 눈에 띄었다.

〈양떼를 몰고가는 원주민〉

〈토코나오 마을 교회〉

〈토코나오 마을의 수로〉

돌아오는 길에 소카이레 마을에서 점심을 먹고 휴식을 취한 후 토코나오 마을에 들려 오래된 교회를 보고 케브라다데헤레스 계곡도 보았다. 오아시스 숲이 공원처럼 우거졌다. 700명이 산다는 마을은 안데스 고봉에서 흘러온 물을 공급하는 수로가 거미줄처럼 연결되어 있었다. 이 마을은 사과 등 과일 산지로 유명하며 석류가 열린 것도 보았다.

2010. 4. 29 목 맑음 〈푸카라 유적〉

오전에 소라가 인디오 노래를 녹음하고 싶어 했는데 그러지 못하고 오후에 녹음하러 가기로 해서 투어는 포기했는데 11시 경에 소라가 갑자기 푸카라 유적을 보러가자고 했다. 소라는 여관집 주인인 노베르또에게 푸카라 투어를 부탁했다. 그는 망서림 없이 응해주었다.

푸카라 유적은 잉카제국이 멸망할 때 스페인과 싸운 요새지이다. 사면이 깎아지른 절벽이라 적이 침입하기에 아주 불리한 조건이고 앞에는 비옥한 농경지가 펼쳐지며 산페드로 강이 바로 아래로 흐르고 있다. 마추픽추의 축소판이라고 말했다. 많은 방문객이 있었다.

꼭대기까지 오르는 데는 힘이 들었다. 조그마한 박물관도 있었다. 정상에 올라가니 뒤에 산이 또 있었다. 그쪽으로 우리나라 성처럼 방어진지가 잘 구축되어 있었다. 적을 관찰하기에 좋은 장소이었다. 이 요새는 20년간이나 스페인에 저항했다고 한다.

〈푸카라 유적〉

〈푸카라 유적〉

〈유적박물관의 직원과 라〉

〈밭〉

소라는 그곳에서 원주민들의 축제 노래와 아주 오래된 음악을 듣고 가사까지 적고 노베르또가 내용을 영어로 설명까지 해주어 무척 기뻐했다. 그녀의 기쁨이 나의 기쁨임으로 사례금을 조금 주고 여관으로 돌아왔다. 물론 노베르또에게도 차비와 수고비를 주었다.

벌써 2시가 넘어서 점심을 지어먹고 쉬었다. 이곳에서 투어를 무사히 마친 것을 자축하기 위해서 맥주를 사고 싶었으나 수퍼가 없어서 포기했다. 살타에 가서 포도주를 살 수 밖에 없다. 사진정리를 했는데 플래밍고 사진이 잘 나와서 기뻤다. 밤에 별을 보러 나갔으나 구름이 끼어 볼 수 없었다.

2010. 4. 30 금 구름 〈다시 아르헨티나로〉

칠레에 이별을 고하고 아르헨티나 살타로 떠났다. 10시 25분 버스인데, 로베르또가 은행에 가서 우리가 준 미화 50불짜리 2장을 조회하고 싶다고 해서 9시 40분에 집을 떠났다.

양손이 없는 로베르또의 아버지가 무거운 짐을 들어주어 고마웠다. 소라와 로베르또가 은행에 다녀왔고 나는 차 앞에 앉아있었다. 소라는 아르헨티나 돈을 조금 바꾸어왔다.

버스를 타려고 하는데 소라가 입국시 받아둔 스탬프를 찍어준 쪽지를 찾지 못해 로베르또와 같이 경찰서에 가서 스탬프를 받아와야한다고 해서 나 혼자 짐을 짐칸에 싣고 버스에 탔다. 소라가 바로 왔으나 어디를 갔다 온다고 휭 하니 다시 나갔다. 버스가 출발하는 것 같아 조급증이 났다. 출입국 검문소에서 한참을 기다린후 소라가 나타나서 잘 해결되었다고 말했다. 안도의 한숨이 저절로 나왔다. 로베르또의 덕을 본 것 같았다. 떠나는 사람을 배웅해준 로베르또가 한없이 고마웠다.

〈방송탑〉

버스는 서서히 고개를 오르기 시작했다. 고개를 넘어서도 불모의 사막이 계속되었다. 작은 호수와 강, 건천이 나타났다 사라졌다. 라우카 국립공원에 갈 때 본 칸델라브로Candelabrofkrh 같은 선인장이 눈에 띄었다. 애리조나 주의 사구아로 같은 선인장이었다. 광활한 소금밭이 나타났다. 이런 곳은 소금 만들기가 쉬울 것 같았다.

고산지대에는 파하 브라바(풀)가 자라고 있어 비쿠냐 무리들이 가끔 보였다. 호수에는 새들이 노닐었으나 홍학은 보이지 않았다.

국경을 통과했다. 아르헨티나 지역도 별로 다를 것이 없었다. 큰 고개를 오르기 시작했다. 바위투성이의 험한 재는 아니었지만 상당히 높았다. 고개는 내려오는 곳이 더 가파르고 험했다. 살타지역은 산페드로보다 1,238m나 낮은 지역이니 상상이 될것이다.

구절양장 같은 도로를 버스는 조심스럽게 내려갔다. 산에는 나무가 없어서 사고가 났다하면 뼈도 못 추릴 것이다. 버스가 갯바닥에 내려가자 냇물이 조금씩 흐르는 곳에 인가가 있고 조금 더 살타쪽으로 가면서 안데스의 진면목이 보이기 시작했다. 바위 색깔들이 다양했고 아름다웠다. 도로변에 나무가 무성했고 작은 강에 강물이 흐르고 있었다. 후후이에 도착한 것은 저녁 8시경이었다. 버스에서 보니 도시에는 전등불들이 들어왔고 사람들로

〈소금 산지〉

붐볐다.

살타는 남쪽으로 3시간은 더 가야할 것 같다. 버스에서 주는 저녁은 없는 것 같았다. 작은 빵 하나주더니 입을 닫았다.

살타에 도착한 후 볼리비아 국경 도시 라키아카La Quiaca~비아손Vilazon에 가는 버스표를 먼저 구했다. 5월 5일 오전 7: 15분 버스표를 2장을 샀다. 여관에 도착해서 공짜 저녁을 먹고 맥주 한 병을 사서 험준한 안데스를 넘은 것을 자축했다. 소라와 나는 빨래를 하고 샤워까지 하고 푹 잤다.

2010. 5. 1 토 구름 〈살타〉

아침은 여관에서 주는 빵과 우유를 마셨다. 오늘은 은행에 가서 아르헨티나 돈으로 환전해야하고 여행사에 들려 투어도 신청하고 시장에도 가고 시내 구경도 해야 한다. 바쁜 하루가 될 것 같았다.

살타는 인구가 2010년 조사로 535,303 명이며 평균 강우량은 756mm.

4계절이 뚜렷하며 아르헨티나에서 8번 째 큰 도시이다.

9시 조금 넘어서 카운터에 갔더니 한다는 이야기가 오늘은 노동절이라 모든 곳이 문을 닫는단다. 그래서 큰일 났다싶어 여관에서 투어를 알아보았더니 2곳을 하는데 510페소로 해주겠다고 말했다. 상당히 깎아준 걸로

〈모예나무〉

알고 환전해서 예약할 생각이었다.

7월 8일 광장 옆에 가면 ATM이 있다고 해서 찾아가 어느 부인의 도움으로 500페소를 찾고 또 다른 은행에 가서 400페소를 더 찾아오다가 문을 열어놓은 여행사가 있어 들어가 알아본 결과 그 여행사가 좀더 싸게 말해서 440페소에 예약을 했다. 여관에서 거짓말을 한 것이다. 70페소를 절약했다. 기분이 좋았다.

7월 9일 프라자는 다른 도시의 광장처럼 나무가 우거지고 또 독립 영웅 동상이 있었다. 그리고 큰 나무가 명찰을 달고 있어 시민에게 확인한 결과 나무이름이 모예Molle라고 말했다. 광장 옆에 있는 대성당에도 들어가 보았다. 금으로 장식한 내부가 화려했다.

슈퍼에 들려 물과 닭고기, 과일, 파, 감자, 계란 등을 사들고 와서 점심은 닭

죽을 끓여먹었다.

밤에는 공짜로 바비큐를 주는 데가 있다고 해서 노래를 들어러 가려다가 너무 피곤해서 집에서 쉬었다. 공짜를 너무 바라는 것도 좋은 일이 아니다. 아르헨티나의 대도시에서 위조지폐를 2번이나 받은 일이 있다. 저녁도 닭죽을 먹고 포도주를 한 병 사다가 소라와 마셨다.

이제 아르헨티나에서는 포도주는 이걸로 마지막이다. 볼리비아나 페루에서는 어떨지 모르겠다.

2010. 5. 2 일 살타 구름 후 맑음
〈 '남미의 그랜드캐니언' 이라는 우마우아카 협곡〉

살타에서의 투어의 첫날이다. 우마우와카 협곡에 가기로 했다. 7시에 차가 온다고 해서 아침은 여관에서 주는 빵과 우유. 커피로 했다. 버스는 약속시간 보다 5분 늦게 왔다. 인상이 좋은 안내양이 타고 있었다. 중간에 자리를 잡았다. 우리 좌석 바로 앞에 벙어리 청년이 앉았는데 소라의 신경을 자꾸 건드리는 것이었다. 의자를 너무 젖히거나 창문을 열고 사진을 찍거나했다. 소라가 신경이 곤두서는 모양이었다. 성질이 고약할 거 같으니까 건드리지 말라고 옆구리를 툭 쳤다.

칠레에서 오던 길을 가는 것 같았다. 올 때는 밤이라 몰랐는데 경치가 참 아름다웠다. 새벽에 본 살타 주변의 산자락이 푸른색 일색이었다. 회색의 산만 보다가 이런 산을 보니 오히려 이상하게 느껴졌다. 그러나 그 생각은 곧 뒤집혔다. 역시 안데스의 산은 내륙 쪽도 똑 같았다. 그래도 후후이까지는 작은 나무는 자라고 있었다. 후후이 이북에는 산에 나무가 거의 없었다. 남미의 그랜드 캐니언 답게 양쪽이 다 여러 색의 바위산이었다. 그러나 그랜드 캐니언과는 근본적으로 달랐다.

〈우마우아카 마을의 식당〉

〈미아도르 지오로지코 관광〉

〈피라미드〉

〈독립기념비〉

처음은 후후이로부터 제일 가까운 푸르마마르카에서 내려 미라도르 지오로지코Mirador Geologico를 보았다. 회색, 진초록, 자주색, 짙은 분홍색, 흰색, 노란색, 붉은색, 옅은 분홍색 등 다양한 색깔의 바위산이었다. 일명

〈작은 피라미드〉

〈유적〉

〈유적〉

'무지개 바위' 라고 칭했다.

성당과 민예품을 보고 알파카 샤스를 구경했다. 값이 쌌지만 짐이 너무 많아 다음으로 미루었다. 일행 가운데에 편안한 얼굴의 동양인이 있어 어디서 왔느냐니까 캐나다에서 왔단다. 영어를 잘 구사해서 한국인이냐고 물었더니 중국인이란다. 의외이었다. 중국 교포를 만나다니.

우리 옆 자리에는 흑인 청년이 앉았다. 흑인 청년은 미국의 노스캐롤라이나에서 왔다고 말했다.

가던 길로 돌아와서 북쪽으로 달렸다. 신비로운 바위산이 이어졌다. 그곳이 바로 '남미의 그랜드캐니언' 이라는 우마우아카 협곡이다. 도로 옆에는 강이 흐르고 있다. 바로 티카라 마을에 들렀다. 애리조나 주의 사구아로 같은 선인장이 자라고 있었다. 마을 뒷산에 있는 잉카 이전의 유적을 구경하고 떠나려했으나 고고학박물관을 봐야한다며 소라가 혼자 내렸다. 나도 따라 내렸다. 10여분에 걸쳐 휙 둘러보았다. 사진 촬영이 금지되어 있어서 몰래 2장을 찍었다. 작은 마을치고는 잘 정돈된 박물관이었다. 우키아 마을을 지나 우마우아카에 도착했다. 인구가 만여 명 남짓한 작은 도시이었다.

오늘 투어의 마지막 코스이다. 우선 식당에 들려 점심을 먹었다. 이제 안

〈고고학 박물관의 도기류〉

〈작은 마을들〉

〈독립 영웅의 기마상〉

내는 현지인 안내인이 한다고 한다. 그런데 그는 영어를 못한다. 아마도 텃새 같았다. 스페인어를 모르는 사람은 4명뿐이라 무시당한 것이다.

칠레의 투어는 대부분이 점심이 포함되어 있다. 아르헨티나의 투어는 투어비는 비싼 편인데 점심이 포함되어 있지 않다. 식당만을 지정해 준다.

우마우아카는 1691년에 세워졌다는 성당과 오래된 골목이 유명하다. 초기에 그 교회의 신부가 살해되었다고 안내인이 설명했다. 자유 시간이라 이것저것 구경하다가 돌아오는 버스에 탑승했다. 돌아오면서 보니까 산의 색깔이 지금까지 본 안데스의 산과는 다른 바위산임을 알았다.

2010. 5. 3 월 맑음 〈카치베리 여행〉

카치베리 여행일이다. 어제처럼 7시 출발이다. 아침식사를 마치고 기다렸다. 7시 15분에 포터차가 한 대 왔다. 젊은 사람이 운전수 겸 안내인인데 영어를 잘 했다. 다른 여관에 가서 신혼여행을 온 사람이 타서 4명이다. 소그룹 여행인 셈이다.

차는 남쪽으로 달렸다. 도로 옆으로 무성한 나무들과 밭들이 보였다. 조금 더 가니까 작은 도시가 나타났다. 포도밭도 여럿 보였다. 가이드는 살타는 포도와 담배의 주산지라고 말했다. 멘도사와 어깨를 나란히 하는 와인의 산지라는 데 그리 보이지는 않았다. 조금 더 가니까 조그마한 지류가 나타났다. 작은 산들이 보였는데 그 산들은 정글을 이루고 있었다. 산에는 아열대 나무들이 무성했다. 다리가 나타나고 안내인이 내에 내려가 보라고 해서 그렇게 했다. 신혼부부는 부에노스아이래스에서 왔다는데 영어를 몰라 의사소통이 전혀 되지 않았다. 냇물이 맑았고 흰줄이 있는 단단한 오석이 있어 작은 것으로 2개 주어 배낭에 넣었다. 도로로 올라와 차를 타고 달리다가 보니 또 다리가 나타났다. 바닥이 나무로 된 다리이었다.

〈작은 철다리〉

〈구절양장 같은 산길〉

〈설산〉

양 쪽의 산들은 어제 본 바위산처럼 색을 띄고 있는 바위들이 아름다웠다. 한 가게에 도착했다. 우리는 잠시 가게에서 쉬었다. 가게 뒤로는 바위산이 병풍처럼 에워싸고 있었다. 바위벼랑 위 까마득한 곳에 콘도르 한 쌍이 날고 있었다. 안내인이 이야기해서 알았다. 소변을 보고 차를 타고 고개를 오르기 시작했다. 상당히 높은 재이었다. 중간 지점에서 아래를 내려다보니 우리가 어떻게 이런 재를 올라왔나 하는 생각이 들 정도였다. 고개를 거의 다 올라왔는데 콘도르 한 마리가 공중을 배회하며 나는 것을 보았다. 사진기를 꺼내 사진을 찍었다. 고개를 넘자 광활한 고원이 나타났다. 도로변에 Parque Nacional Los Cardones이라는 간판이 서 있었다. 스페인 말로 선인장 국립공원이라는 폿말이다.

저 멀리 설산의 능선이 나타났다. 이곳처럼 이렇게 뚜렷하게 눈을 이고 있는 높은 산맥은 처음이다. 사진을 찍었다. 황량한 들판에 작은 관목들과 선인장이 가끔 보였다. 또 국립 선인장 공원이라는 표시판이 나타났다. 무수히 많은 자이언트 선인장이 자라고 있는 국립공원을 보았다. 처음 보는 사람들에게는 신기하겠지만 애리조나에서 많이 보았기 때문에 새로운 것은 아니다. 애리조나의 사구아로 보다는 키가 작았다.

작은 도시가 나타났다. 안내인이 그곳이 우리가 목표로 한 도시 카치란다. 점심은 카치 밸리 입구에 있는 음식점에서 먹었다.

산속의 작은 도시에도 고고학 박물관이 있었다. 플라자도 있고 성당도 있었다. 잠시 구경을 하고 돌아왔다.

〈카치 벨리 입구〉

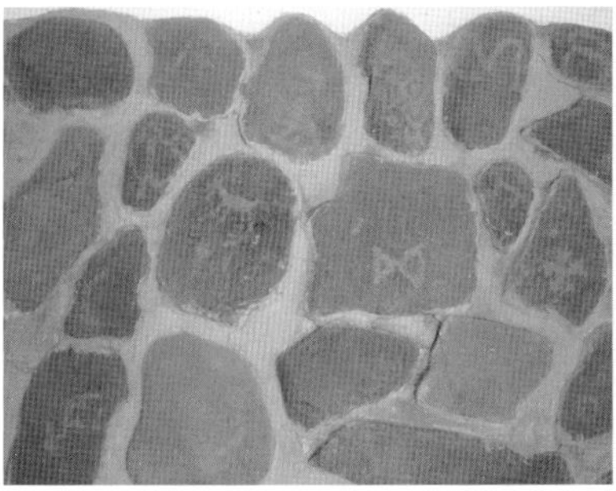

〈암각화〉

〈민속신앙〉

돌아오는 도중에 안내인에게 아르헨티나는 메시가 있어 월드컵대회에서 우승 할 거라고 이야기했더니 반응이 엉뚱했다. 메시는 최고의 선수가 아니라고 말했다. 세계 최고의 축구 선수도 고국에서 대접을 못받는 것이 이상했다. 메시는 아직 월드컵에서 펠레나 마라도나처럼 우승을 이끈 일이 없다. 축구는 혼자 하는 경기가 아니다.

여관에 돌아왔다. 노트북 전기 코드가 안 맞아 3번 요청을 했는데 이제 와서 오늘은 우리한테 사란다. 화가 머리끝까지 나서 소리를 꽥 질렀다. 이건 도저히 용서할 수 없는 것이다. 우리는 3일이나 불편을 감수했다. 주인이 와서 사과했다.

2010. 5. 4 화 맑음 〈아르헨티나와 이별〉

여관비를 지불하고 볼리비아 돈을 좀 바꾸러 갔다. 은행에서는 바꿔주지 않으니 환전소에 가보란다. 환율이 1.8: 7인가 되는데 1.7: 5로 바꾸어주고 잔돈을 달라고 했는데 200볼리비아노 고액권으로 달랑 한 장을 주었다. 어쩐지 아르헨티나에 대한 인상이 별로이다.

살타의 미술관에 가기로 했다. 이 나라의 8번 째 큰 도시라는데 미술품이 너무 빈약하였다. 슈퍼에 들려 쇠고기와 마늘, 물과 상추를 사왔다. 쇠고기 질이 좋은 아르헨티나에서 쇠고기 장조림을 할 계획이다.

점심을 지어먹고 누웠다가 그만 잠이 들었다. 소라가 깨워서 일어났다. 오후에는 장조림을 빨리 하고 고고학박물관에 가보기로 하였다. 고고학박물관은 한참을 가야했다. 낮잠을 잔 후라 체력이 다운돼서 혼이 났다. 15분이면 된다는 거리가 근 1시간이나 걸렸다. 작지만 잘 정돈된 박물관이었다. 사진을 찍어도 아무 말을 안 해서 몇 장 찍었다. 이 박물관은 록아트가 많았다.

집에 돌아와서 사진 정리를 하고 저녁을 지어먹었다. 그 동안에 밀린 회계정리를 하였다. 내일이면 이곳을 떠난다. 아르헨티나도 안녕이다. 멕시코, 브라질, 아르헨티나, 칠레의 여행을 마쳤다. 다시는 오기 어려운 곳이다. 어서 이 여관을 떠나고 싶다. 볼리비아는 더 어려운 곳일 테지만...

2010. 5. 5 수 맑음 <볼리비아 국경에서 비자 때문에 걸림>

7시 15분 버스를 탔다. 바로 전인 7시에 버스가 있어서인지 손님이 그렇게 많지는 않았다. 이틀 전에 와본 길을 달려갔다. 한 시 조금 지나서 국경도시 라키아카에 도착했다. 그리고 택시를 타고 볼리비아 출입국검문소에 도착했다. 우리는 지난해 12월에 워싱톤 D.C.의 볼리비아 영사관에 가서 비자를 얻어놓았기 때문에 잘 통과될 줄 알았다. 그러나 발행한 날짜가 지난해 12월이고 3개월이 지났기 때문에 다시 비자를 내야한단다. 참으로 암담한 일이었다.

워싱턴의 볼리비아 대사관에서 소라에게 왜 날자가 없느냐니까? 외국여행을 많이 한 소라는 대범하게도 괜찮다고 말했었다. 번번이 그녀의 부주의로 일이 터진다. 이일은 싸워서 될 일이 아니다. 가방은 작은 것 까지 8 덩이다.

소라는 비자를 내주는 사무실로 혼자 뛰어갔다. 고산병 증세는 일어나고 배는 고프고 속은 부글부글 끓어오르고 미칠 지경이었다. 국경에서 비자는 하늘의 별따기 라고 여행안내서에 나와 있다. 이제 하는 수 없이 볼리비아 여행을 포기할 수밖에 없을 거라는 서글픈 생각이 들었다. 소라는 오지 않고 가방지키기도 힘들고.

그런데, 볼리비아 직원이 내 여행수첩을 가지고 와서 사인을 하란다. 나이가 지긋한 여자 직원이었다. 희망이 생겼다. 한 시간 쯤 기다리니까 소라가 싱글벙글하면서 나타났다. 성공한 것이다. 우리는 택시를 타고 기차 정거장에 갔다. 포토시에 가는 기차가 있다고 해서 철석 같이 믿었는데 없었다. 우유니에 가는 기차만 있단다. 우유니는 너무 춥고 아타카마 염호를 보았기 때문에 가지 않기로 했다.

〈국경 근처의 목축업〉

〈볼리비아 건물의 벽화〉

〈국경도시 비아손의 버스터미널〉

결국 밤 버스를 타고 포토시로 가야했다. 버스표를 사고 점심 겸 저녁을 먹고 5시간을 기다린 후에 포토시로 떠났다. 험준한 4,000m가 넘는 고원을 달렸다. 버스는 완행이라 자주 쉬고 차창문틈으로 찬바람은 들어오고 추위는 뼈 속까지 스며들었다. 담요를 꺼내서 덮어도 소용없었다. 장거리 버스인 만큼 버스내에 화장실이 있어야하는데 화장실도 없었다.

잠시 쉬는 틈을 타서 버스에서 내려 길가에서 실례하는 수밖에 없었다.

여자들도 다 그렇게 볼일을 보았다. 캄캄한 밤이라 이 수치스런 행동이 감추어졌다.

여행 중 볼리비아에서의 버스편이 가장 어려웠던 것 같다. 포토시에 아침 6시에 내려 택시로 여관에 갔다. 너무 이른 시간이라 방이 나지 않아 의자에 앉아서 눈을 붙였다.

이 여관은 군대식이다. 부엌은 있되 오후 2시에 손님에게 개방되고 첵크아웃은 10시 반이라 12시 반이나 되어야 방에 들어갈 수 있단다. 이래저래 볼리비아는 어려운 곳이다.

그러나 여관에는 손님들이 많았고 볼리비아 사람들은 친절하고 순박했다.

포토시는 광산 도시인데 해발 4090m에 있는 세계에서 가장 높은 곳에 있는 도시란다. 그래서 그런지 무척 추웠다.

2010. 5. 6 목 맑음 〈포토시의 데모〉

1980년 7월에 일어난 볼리비아의 군부 쿠데타는 독립후 154년 동안 189번째 일어난 쿠데타 이다. 그 만큼 정치가 불안한 나라이다. 정치가 그러니 경제가 발전할 수도 없어 매우 가난한 나라이다.

어제는 소라가 활약한 날이다. 나 같으면 어림도 없다. 확실히 소라는 똑똑한 여자이다. 문제도 많이 만들고 해결도 잘 한다. 칭찬해주었더니 무척 좋아했다. 규칙이 엄해서 그렇지 싼 가격에 비하면 아침식사(빵과 커피뿐이지만) 목욕탕의 물, 온수, 방의 청결상태 등이 좋은 편이다. 아마 퇴역 군인이 여관 주인이 아닌가 싶다. 그리고 버스 터미널에서 하도 멀어서 큰일이구나 하고 걱정했는데 구시가가 바로 옆이었다.

첵크 인하는 시간을 기다리다 못해 ATM에 가서 볼리비아 돈을 찾고 시장에 가서 쌀과 물, 상치와 닭고기를 사가지고 왔다. 그리고 방을 정하고 닭고기를 삶고 밥을 해먹고 한 숨 늘어지게 잤다. 피로가 좀 풀려서 살 것 같았다.

〈포토시 전경〉

〈코카잎〉

〈은탄광〉

다시 시내에 나갔더니 노동자들이 데모를 하고 있었다. 볼리비아 같은 국가에서 무슨 데모. 광산의 도시라 광산 노동자들이 많으리라 예측은 했지만 이렇게 많으리라고는 생각지 않았다. 굉장했다. 그러나 데모는 과격하지 않고 평화적인 시위 같았다.

밤에는 군악대의 북소리, 나팔소리가 계속 들렸다. 불안했다. 볼리비아가 정치적인, 사회적인 안정을 찾았으면 좋겠다.

수필문학의 강표성 사무국장에게서 메일이 왔다. 이상한 메일인 줄 알고 지우려다가 열어보았다. 열어보길 참 잘 했다. 김영배 선생님이 돌아가셨다니 안 된 일이다. 그렇게 열심히 투병하셨는데. 원로들이 한분 두분 저세상으로 가신다. 추모의 글을 한 편 써달라는 부탁이었다. 김 선생님의 추천으로 수필문학에 참가했음으로 은인이시다. 한 편 써야겠다.

2010. 5. 7 금 맑음 〈포토시의 은광(세로리코Cerro Rico) 체험〉

포토시Potosi는 1987년에 유네스코 세계문화유산이 된 도시이다. 16~17세기경, 파리나 런던에 버금가는 도시이었으나 지금은 인구가 20만이 좀 넘는 도시이다. 한 때는 연간 100톤 이상의 은을 채굴 하였다고 한다. 부의 원인은 바로 은광이다.

포토시는 1544년에 잉카 시대에 은광이 발견되었으나 신성한 산을 파헤칠 수 없어 그냥 두었는데 스페인의 침입으로 채굴되기 시작했다.

포토시는 은 이외에 주석, 납, 구리, 아연, 안티몬, 비스무스, 텅스텐 등이 채광되고 있다.

정복자들의 원주민의 노동력 착취는 악랄했고 부는 스페인으로 전부 가져갔다.

오늘은 그런 광산체험을 해보기로 했다. 포토시에 온 이유가 바로 광산체험이다. 어제 이곳에 와서 세로리코Cerro Rico 광산 투어를 신청했었다.

아침 9시에 출발한다고 해서 준비를 하고 로비에 내려갔더니 벌써 안내원이 기다리고 있었다. 안내원이 장화와 의복을 주어서 입었다. 헬멧도 썼다. 갱은 더우니까 어지간히 입는 것이 좋다고 해서 잠바는 벗어놓았다. 소라나 나나 다 광부 같아 보였다. 젊은이들이 대부분이었다. 차를 타고 바로 뒷동산으로 갔다. 뒷동산이라고 해도 해발 4,824m의 고봉이다. 광산으로 가는 길옆에는 가게들이 늘어서 있었다.

〈광부가 된 소라와 저자〉

〈갱도 안에서〉

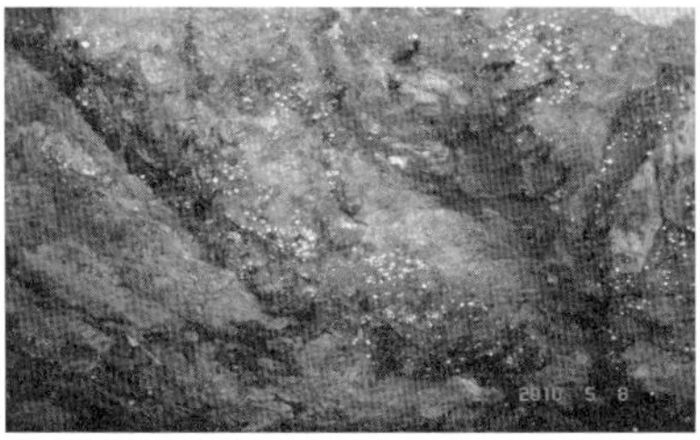

〈갱도 안의 물방울〉

〈부적 같은 것이 아닐까〉

안내인은 광부들이 코카잎과 독한 술, 다이너마이트를 좋아하니 선물을 좀 사자고 해서 10볼리비아노씩 냈다. 드디어 광산에 도착했다. 고산병 증세가 있어 준비해간 약을 한 알 먹었다. 광산은 폐광 같았다. 이렇게 오래된 광산이 이 지경이라니 믿어지지가 않았다. 칼라마의 추키카마타 광산은 한 눈에도 그 규모나 시설이 세계적이구나 하는 생각을 할 수 있었다. 볼리비아가 독립한지도 상당한 시간이 지났는데, 칠레와 볼리비아의 차이인가?안내원을 따라 갱도로 들어갔다. 갱도는 형편없이 좁고 낮았다. 헬멧이 연신 천장에 부딪혔다. 헬멧의 헤드라이터도 어두워 앞이 잘 보이지 않았다. 곳곳에 버팀목이 있었으나 TV에서 본 우리나라 광산과는 달랐다. 버팀목이 없는 곳이 훨씬 많았다. 곳곳에 물이 흥건히 고여서 질퍽거렸다. 천장이나 양쪽 벽에 은의 미립자가 육안에 보이는 듯 했다. 광석을 실은 운반차가 자주 지나갔다. 기계화된 동력이 부착된 것이 아니고 사람이 앞에서 끌고 뒤에서 미는 손 수레인 것이었다. 3시간 동안 갱도 깊숙이 있었다. 조금은 두려운 생각이 들었다. 갱도가 무너진다면 어떻게 하나? 운명에 맡길 수밖에.

중년의 한 광부가 은광에 대해서 설명을 했다. 그는 이곳에서 40년 동안 일을 했고 아들이 대학에 다닌단다. 광부 생활에 만족한단다. 40년의 광부생활이면 규폐증이 의심되었다. 그는 기침을 하지 않았다. 그 광부에게 사 가지고간 선물을 주었다.

〈광산 전경〉

〈다이너마이트를 들고 있는 저자〉

한국에 가져갈 기념품으로.은광석인 돌 한 개를 주어 들었다. 밖에 나와서 다이너마이트 실험을 했다. 위력이 작은 것이었다. 다이너마이트는 굉음을 내며 구덩이에서 폭발했다. 공중 높이 흙먼지가 올랐다.

광부들의 생활이 참으로 비참하고 어려운 것임을 새삼 느꼈다.

2010. 5. 8 토 맑음 〈볼리비아의 헌법상 수도 수끄레〉

포토시는 워낙 고도가 높은 곳이라 고산병 증세가 나타났다. 관광객이 오래 머물 곳이 못되었다. 스페인 시대에 지은 유명한 건물들이 있다지만 포기하고 우리는 오전 7시 차로 볼리비아의 헌법상의 수도 수끄레로 떠나기로 했다.

1991년 유네스코 세계문화유산이 된 흰색도시이기도 하다. 볼리비아는 볼리비아 독립영웅 볼리바르의 이름에서 이고 수끄레는 볼리바르 장군 휘하에 있던 수끄레 장군의 이름을 따서 지었다. 사실상 볼리비아의 독립영웅은 수끄레이다. 2006년 인구조사에 의하면 수끄레는 인구가 247,300명이다.

〈레꼴레타수도원 교회〉

〈수도원 박물관〉

〈교회내부〉

수끄레는 포토시에서 3시간 반 정도 걸리는 거리에 있었다. 낮에 가기 때문에 볼리비아의 자연을 자세히 볼 수 있었다. 가는 도중에 광산을 2군데나 보았다. 바위가 기묘한 산도 보았는데 충전을 안 해서 사진을 찍을 수 없었다. 거대한 산괴는 위압감을 주었다. 볼리비아는 국토의 2/3가 안데스 산맥이다. 그러니 그 거대한 산속에 무슨 광물이 숨겨져 있는지 모를 일이다. 이 나라는 지금은 비록 가난하게 살아도 언젠가는 떵떵거리며 살 때도 있을 것이다. 황량한 경치가 끝없이 나타나더니 제법 도시다운 도시가 나타났다. 도시는 산의 계곡에 자리잡고 있었다. 지역이 협소한 분지에 지나지 않았다. 바로 수끄레이었다. 수끄레는 고도가 2,790m라고 한다. 포토시에 비하면 1,300m가 낮은 셈이다. 그러나 백두산보다 높은 곳에 도시가 있다. 고로 상당히 높은 곳에 도시가 있어 역시 추웠다.

예약한 여관에 도착 짐을 풀고 조그마한 식료품 마트에 가서 쌀과 물을 사다 점심을 지어먹고 누워있는데 소라가 로비에 갔다 오더니 방을 옮기잔다. 그래서 어디냐니까? 3층인데 전망도 좋고 인터넷도 된단다. 좋다고 대답하고 여관에서 도와주어 짐을 옮기고 보니 꼭 발파라이소의 네루다의 집처럼 창문이 6개나 있는 밝은 방이었다. 베란다도 있어 나가보니 수끄레 시내가 환히 내려다보였다. 그러나 창문이 많아 추울 것 같아 전기난로를 하나 얻어다 켰다.

〈프라자〉

〈수끄레 시가〉

그리고는 중앙시장에 가서 닭다리를 사왔다. 저녁에는 닭죽을 해먹었다. 수끄레의 밤은 더욱더 추웠다. 목욕탕의 물이 너무 뜨겁다가 차갑다가 했다. 샤워는 생략했다. 옷을 두껍게 입고 잤다.

2010. 5. 9 일 구름 〈볼리비아의 재래시장 따따보쿠〉

소라가 따따보쿠 시장에 가자고 해서 두말 않고 따라나섰다. 그곳에 가는 차가 새벽 7시에 있어 아침은 5시에 지어 먹었다. 부엌에 가는 길에 전등불이 없어서 애를 먹었다. 스위치를 찾을 수 없었다. 그냥 어둠 속에서 부엌을 찾아 밥을 지었다. 5시 반 쯤 되자 주위가 조금은 밝아져서 분간이 되었다.

따따보쿠 시장은 한국의 재래시장과 비슷했다. 상인들의 옷차림이나 물건의 질 등이 전쟁이 일어났던 50년대 한국과 비슷한 수준 같았다. 볼리비아 서민 생활이 비참하였다. 소형 버스로 갔다 왔다. 숙소에 와서 점심을 해먹고 소고기 통조림을 했다. 오후에는 조금 쉬다가 소라가 고고학 박물관에 가자고 해서 가보았다. 소라만 보고 나는 시내구경을 했다. 고고학 박물관은 내가 보기엔 그게 그거다. 전문가의 눈에나 보일까 내 눈에는 다를 것이 없다.

수필문학에 보낼 원고를 소라에게 읽어보라고 말했다. 칠레의 라우카국립공원에 갔다온 체험을 쓴 글이다. 그녀가 읽어보더니 괜찮다고 말했다. 미비한 점이 있으나 다음에 보충하기로 했다. 원고에 실을 사진도 2장 첨부파일로 보냈다.

수끄레에서 코참밤바로 가기로 했다. 볼리비아의 2번 째 큰 도시인 산타크로즈에 가고 싶지만 거리가 너무 멀고 교통이 불편할 것 같아 포기했다. 산타크로즈는 피라이 강변에 위치해있으며 표고 416m의 비교적 저지이고 아열대기후로 교통의 요충지이며 농산물의 집산지이고 시의 남북에 천연가스도 대량 매장되어있다. 정유공장, 제당소, 가죽제품과 주류를 생산한다. 혼혈인이 많아 미인들이 많다고 한다.매우 매력적인 도시이나, 라파스로 해서 페루에 가야하기 때문에 포기해야했다. 아쉬움이 많았다.

2010. 5. 10 월 맑음

청명한 날이었다. 오늘 오후 7시에는 야간 장거리버스를 타야한다. 수끄레는 헌법상 수도라고 하지만 정부기관은 대법원만 있고 자유의 집이 고작이다.

수끄레는 남미의 다른 도시와 만찬가지로 교회와 수도원이 참 많았다.

오전에 시간이 좀 있어서 짐을 싸고 잠시 쉬었다. 점심을 해먹고는 레꼴레타수도원 미술관에 갔다. 택시는 자꾸만 높은 언덕으로 올라갔다. 2시반에 개관한다고 해서 기다리면서 본 수끄레 시가는 말 그대로 하얀 집들이 많았다. 미술관 요금은 10볼리비아노 씩 20볼리비아노를 지불했다. 여행 안내서와는 달리 종교화뿐이었고 금은 세공품도 없고 규모도 작았다. 소라는 어제 본 대학박물관 보다 훨씬 못하지만 파티오가 근사하고 수녀들의 생활일부를 보아서 보람 있다고 말했다.

숙소에 돌아와서 저녁을 먹고 버스정류소에 갔는데 곤혹스런 일이 생겼다. 우리에게 표를 판 버스회사가 문을 닫은 것이었다. 버스도 없었다. 예감이 이상해서 오전에 버스회사에 들렸으나 문은 열어놓았지만 사람이 없어서 확인하지 못했다. 출발 시간은 거의 됐고 탈 버스는 없어서 이리저리 알아보고 다니는데 군인복장을 한 사람이 와서 버스가 없으니까 다른 버스를 타라고 해서 사기꾼인가 의심이 갔지만 소라가 따라가 보자고 말해서 따라갔더니 완행버스로 표를 바꾸어주어서 가까스로 버스에 올라 코차밤바Cochabamba로 출발했다. 일등 차가 완행버스로 바뀐 것이다. 차비는 일등 버스 값을 내고 완행버스를 탔으니 속이 상할 수밖에. 가방은 버스에 잘 실렸는지.

차는 비포장도로를 덜컹거리며 굼벵이 같이 느린 속도로 달렸다. 밤하늘의 별은 속절없이 반짝이고. 담요를 꺼내 덮었는데도 추위는 맹위를 떨쳤다. 장거리 야간 버스가 차내에 화장실이 없어 소변을 볼 수가 없어서 고통스러웠다. 그런데 중간쯤에서 버스의 뒷바퀴가 펑크가 났는지 바퀴를

갈아 끼우느라고 1시간이나 걸렸다. 나는 밖에 나가 길가에서 실례를 하고 돌아왔다. 소라는 잠을 자고 있다. 소라는 잠을 잘 잔다. 소라는 소변도 보지 않고 11시간을 참았다. 버스는 코차밤바에 5시에 도착 예정이었는데 6시에야 도착했다.

여관을 찾아갔는데, 과대광고이었다. 인터넷도 안 되고, 부엌도 없고, 아침도 주지 않고 방도 마음에 안 들었다. 코차밤바에서 4일을 머물 예정이었으나 화가 나서 내일 떠나야겠다.

2010. 5. 11 화 맑음 〈코차밤바〉

밤새도록 버스에 시달려 와서 나는 잠을 자고 버스에서 잔 소라는 밖에 나가 고기만두와 빵을 사왔다. 이런 소라가 무척 사랑스러웠다. 소라는 무척 강하다. 여관에서 파는 커피와 빵과 만두를 아침으로 먹었다. 모처럼 먹는 만두가 기가 막히게 맛이 있었다.

코차밤바Cochabamba는 라파스 산타크루스에 이어 볼리비아에서 3번째로 큰 도시이다. 2010년 도시권 인구조사에서 백만 명이며 표고 약 2,600m이나 기후는 온난하고, 과수 재배 등에 적합한 지방이나 연간 강수량은 약 500mm으로 건조한 편이다. 코차밤바 지역은 볼리비아의 곡

〈노란꽃밭이 있는 광장〉

〈시청사〉

〈박물관 건물〉

창지대이며 커다란 정유공장이 있다.

시내투어를 갔다. 우선 고고학에 관심이 많은 소라는 고고학박물관에 가고 싶어 했다. 고고학 박물관은 9월 14일 광장 옆에 있었다. 15000년 전부터 식민지시대까지 20,000점의 유물이 있는 곳이다. 가보니까 수끄레의 고고학 박물관처럼 40볼리비아노를 내라고 해서 소라만 들여보내고 나는 9월 14일 광장에 가서 사진을 찍고 한 시간 후에 박물관에 와서 소라를 만나기로 약속을 했다. 광장 옆에는 대성당도 있고 시청사도 있고 커다란 나무들도 많고 독립영웅의 동상도 있는데 카페 겸 식당이 전무한 것이 다른 도시들과 달랐다.

시장의 식당에 가서 코차밤바의 유명한 술 치차를 마시고 싶은데 없어서 여행 안내서에 나오는 식당 사바린Savarin에 갔다. 그 근처에 대형 그리스도 상이 있었다. 그리스도 상은 리우에만 있는 줄 알았는데 이곳에도 있어 놀랬다. 식당에 가서 치차를 찾았으나 없어서 볼리비아의 맥주 타키나Taquina를 한병 시켜 내가 2잔 소라가 1잔 마셨다. 요리가 곧나와 배불리 먹고 그 앞에 있는 공원의 벤치에 앉아 쉬는데 어지러워서 소라의 무릎을

〈코차밤바 시가〉

〈과일가게〉

〈프라자〉

〈코차밤바 시외의 넓은 밭〉

베고 누워 있었다. 아마 맥주의 취기 때문인 것 같았다.

오후 5시가 되어 시내에 가서, 아사르티Asarti라는 고급 가게에서 소라와 내 알파카 샤스를 샀다. 마침 세일 중인데다 볼리비아가 물건이 싼 편이라 반값에 샀다.

은제품 파는 곳을 찾았으나 찾지 못해 라파스에 가서 알아보기로 했다. 저녁은 아사도를 사먹었다. 고백하지만 쇠고기는 미국, 브라질, 아르헨티나, 칠레, 볼리비아의 쇠고기 차이를 모르겠다. 배가 고파서 그런지 다 맛이 있었다. 그런데 코차밤바의 그 유명하다는 치차는 마시지 못했다.

소라는 나를 만나기 전에는 혼자 살았다. 가족과 같이 산 나와는 다르다. 내가 선물을 사는 것을 처음에는 싫어했다. 그러나 이제는 이해했다. 이제는 그녀도 여자라 나보다 선물을 더 산다.

2010. 5. 12 수 맑음 〈오루로〉

낮 버스를 타기로 했다. 버스는 시내를 빠져나가는데 한 시간이 걸렸다. 시내를 벗어나자 농경지가 나타났다. 네모 반듯한 농경지에 농작물이 파랬다. 그리고는 고개를 오르기 시작했다. 처음에는 몰랐는데 거대한 고개이었다. 올라가는데 한 시간 반이 걸렸다. 고개 마루에 도착했는가하면 또 고개 마루가 나오곤 했다. 안데스 산맥 지역의 도로는 터널이나 큰 다리가 없는 것이 특징이다. 그러니 대개는 산 능선으로 길이 나 있다. 비행기를 타고 다니는 기분이다.

줄잡아도 5,000m 높이의 고개인 것 같았다. 고개를 내려가는데도 한 시간 반은 걸렸다.

〈가난한 서민들의 집〉

〈고압선 철탑〉

〈풀을 뜯는 양떼〉

〈5,000m급 산정상의 밭들〉

오루로는 남미 3대 축제의 하나인 오루로 축제가 열리는 곳이다. 물론 오루로 축제는 2월 21일에 열리기 때문에 무의미하지만 볼리비아에서 중요한 도시의 하나이다.

오루로 남쪽에는 포오포 호수가 있고 칠레와의 국경지대에 볼리비아의 최고봉 사하마산Nevado Sajama(6,542m)이 있다.

2010년 조사에 의하면 오루로의 인구는 235,393명이나 되며 포토시와 함께 볼리비아의 광산지대이다. 전에는 은이 많이 생산되었지만 주석, 아연, 텅스텐, 동, 금과 산업의 비타민이라는 희소금속의 하나인 비스무트 등이 생산되고 있다.

고산지대이나 예부터 인디오들이 농사를 지어오던 곳으로 농업과 목축업도 발달되었다. 수도인 라파스와 포토시, 코참밤바와 산타크로즈를 연결할 뿐 아니라 태평양 전쟁 이전에는 칠레의 항구도시 이키케에 광물을 운반하던 교통의 요충지이다.

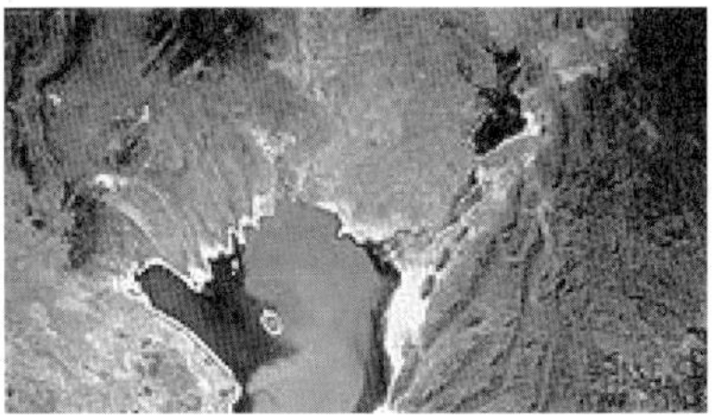

〈포포 호수〉

〈오루로 축제〉

오루로는 축제이외에는 볼 것이 별로 없어서 온천욕을 하기로 했다. 여자들이 온천욕을 좋아하듯이 소라도 온천욕을 좋아한다. 오브라헤스 온천에 가기로 작정하고 합승택시를 잡았다.

연일 여행에 지친 육신을 뜨거운 온천수에 담갔더니 피로가 확 풀렸다. 저녁은 아사도를 먹었다. 나른한 하루이었다.

2010. 5. 13 목 맑음
〈알티플라노 고원Altiplano Highland과 라파스〉

볼리비아의 내륙, 안데스산맥의 심부를 보기위해서 낮 버스로 라파스La Paz에 가기로 했다. 이층의 앞쪽에 자리를 잡았다. 5,000m는 될 거 같은 고개를 넘었다. 고개를 넘자 고원이 끝이 없었다. 고원은 주위에 높은 봉우리가 없어 지평선이 보였다.

이곳이 그 유명한 알티플라노 고원Altiplano Highland이다. 해발고도 3,600~4,200m이며 면적은 109만 8,581km² 이다. 참고삼아 다른 고원과 비교해보면, 파미르 고원Pamir Mountains의 고도는 6,100m이고 티베트 고원Tibetan Plateau은 고도가 4,500m 이상이며 넓이는 250만 km² 이다. 이란 고원Iranian Plateau는 고도 500~1,500m이고 넓이는

〈소규모 광산〉

〈버스〉

〈알티플라노 고원의 저수지〉

〈거대한 설산〉

350만 km² 이다.

알티플라노 고원에도 사람들이 산다. 사실 포토시, 수꾸레, 오루로, 코차밤바, 라파스 등이 이 알티플라노 고원에 있다.

높은 고개를 고압선의 철탑이 넘었다. 고압선의 철탑은 미국의 그것과 똑 같았다. 분명히 미국의 기업이 만든 것 같았다. 가끔 마을이 나타나기도 했는데 빈집들이 많았고 양과 소, 야마의 무리들도 눈에 띄었는데 목동은 주로 여자들이었다. 밭에서 일하는 사람들도 있었는데 전부 손으로 하고 있었다. 물론 이곳에서도 이농 현상이 일어나고 있었다. 젊은 사람들이 눈에 띄지 않았다. 청년들과 처녀들은 대도시로 갔을 것이다. 마을에는 수도관인 호스 hosepipe가 이리저리 얽혀있었다. 겨울에는 호스가 얼텐데 눈을 녹여사용하겠지, 바보가 아닌이상. 산꼭대기에 밭들이 나타나기도 했다. 웅덩이에는 빗물이 고여 있었다. 오른 쪽으로 흰 눈을 잔뜩 이고 있는 설산이 나타났다. 설산은 산맥을 이루고 있었다. 이리마니Illimani6,462m 설산이 있는 산맥 같았다. 3시간 쯤 달렸을 때 큰 도시가 나타났다. 도시는 협곡 속에 있어서 버스가 곤두박질치듯 내려갔다. 바로 볼리비아의 수도 라파스이었다.

라파스는 초케야프 강이 만든 깊은 협곡에 있다. 고원에서 420m 아래에 있다. 이러한 지형은 고원의 매서운 바람을 막아주는 역할을 할것이다. 해발 3,250~4,100m 사이에 있는 이 도시는 세계에서 가장 공기가 희박한 도시이

〈위에서 본 라파스 시내〉

〈시내로 내려가며〉

다. 도시 주변으로는 칼날 같은 영봉들이 에워싸고 있다. 멀리 눈 덮인 설산의 영봉이 보인다. 2008년 인구조사로는 대도시권으로 2,364,235명이다.

라파스에 도착해서 점심을 먹으려고 버스터미널 부근을 살펴보았으나 음식점이 마땅찮아 여관에 들려 여장을 풀고 점심을 먹으러 나갔다.

참으로 오랜만에 중국음식점을 만났다. 그곳에서 닭고기를 시켜먹었는데 볼리비아 돈으로 32볼리비아노로 양이 너무 많아 반은 집에 가져왔다.

라파스의 여관은 1904년에 대통령에 당선된 사람이 살던 집이라 여관의 이름도 리퍼블릭republic이었다. 종업원들이 친절했고 여관도 깨끗했는데 문제는 인터넷도 안 되고 부엌도 없었다. 아침 식사도 제공되지 않았다. 아침 식사는 코차밤바와 같이 카페테리아에서 파는데 16볼리비아노이었다. 소라는 인터넷을 하기 위해서 카페를 서너 군데 다녀왔는데 할 수 없었단다. 페루 여행사에 급히 전할 일이 있는데 큰일이다.

아마존 투어는 라파스에서 먼 트리니다드보다는 가까운 루레나바께에 가서 하기로 했다. 소라는 투어 신청도 라파스에서 하는 것이 더 유리하다고 생각했다. 내 생각은 루레나바께에 가서 신청하는 것이 유리할 것 같았다.

날이 밝으면 무리요 광장 근처의 투어회사에 가서 알아보자고 했다. 이곳저곳 알아보는 것이 유리한데 소라는 어떨 때는 고집을 피운다. 소라와 다투기가 싫어 그녀의 의견에 동의했다. 밤에 빨래를 하고 잤다.

〈대성당〉

〈정부청사〉

〈시 주변 거대한 산〉

〈시내를 흐르는 강〉

〈시가〉

〈달의 계곡〉

2010. 5. 14 금 맑음 〈라파스의 아리랑 식당〉

오늘은 시내투어와 달의 계곡에 가기로 했다. 사실 어제 하기로 했는데 내 컨디션이 좋지 않아 오늘로 연기했다. 시티투어는 우리가 이사벨라까똘리까 광장에 가서 투어버스를 타는 것이었다. 10시 20분까지 가야해서 서둘러 무리요 광장에 가서 사진을 찍고 여행사에 들렸다. 소라가 가지고 있는 아마존 투어와 회사의 것을 읽어보니까 라파스의 여행사가 차로 루레나바께에 싣고 가는 것이 아니고 루레의 회사에 소개만 해주고 상당한 커미션을 먹는 것을 알았다. 좀 더 알아보기로 하고 이자벨라까똘리까 광장까지 걷기로 했다. 걷는 것 보다 더 좋은 관광은 없다. 꽤 먼 거리이었다. 시간 내에 도착했으나 버스도 회사의 사람도 보이지 않았다. 사람들이 그곳에서 기다리라고 해서 기다릴 수밖에 없었다.

〈달의 계곡의 산〉

〈한국식당〉

10시 40분이 가까워지자 붉은 색 관광버스가 나타났고 버스기사가 우리를 안내했고 우리는 안내인에게 이어폰을 받아들고 버스 이층으로 올라갔다.

시내 투어가 시작되었다. 이어폰에서 영어로 설명하는 소리가 들렸다. 관광버스를 타고 바라보는 라파스의 시내는 아름다웠다. 골짜기마다 집들이 들어앉았고 정상부근까지 게딱지같은 집들이 있었다. 오륙십 년대 서울의 달동네 같았다. 분명히 대도시로 흘러든 영세민들의 집이었다. 라파스 주위의 봉우리들은 험준했고 상당히 높았다. 서울의 북한산처럼 비범해보였다. 시내 투어를 한참 한 후에 달의 계곡으로 갔다. 시내에서 가까운 곳이었다. 교외라고하면 맞는 곳이었다. 칠레의 아타까마 사막에 있는 달의 계곡과 달랐다. 이곳은 바위가 더 뾰쪽했다. 관광객들은 사진을 찍느라고 정신이 없었다. 일본인도 한 사람 있었는데, 바로 친해져서 서로 사진을 찍어주었다.

구경을 마치고 버스를 탄 곳에 데려다 주어서 그곳에서 식당을 찾았다. 마침 아리랑 이라는 한국식당이 나타났다. 한국식당은 대개는 비싼 편이다. 그러나 이 빈한한 나라에 와서 사는 교포가 보고 싶어 문을 열고 들어섰다. 설렁탕과 만두국을 시켜 먹었다. 김치와 먹는 한국음식은 맛이 그만이었다. 조금 있으니까 식당 여주인의 친구가 와서 여러 가지 이야기를 나누었다. 주인이 커피를 타주었다. 커피를 마시며 이야기를 계속했다.

〈여러 탈〉

〈국립민족박물관〉

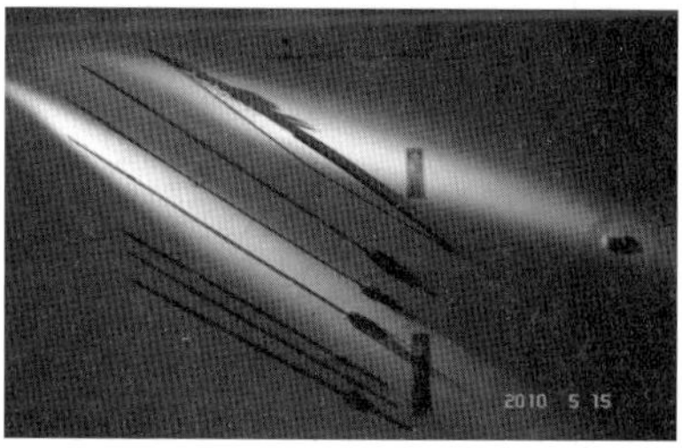

〈화살〉

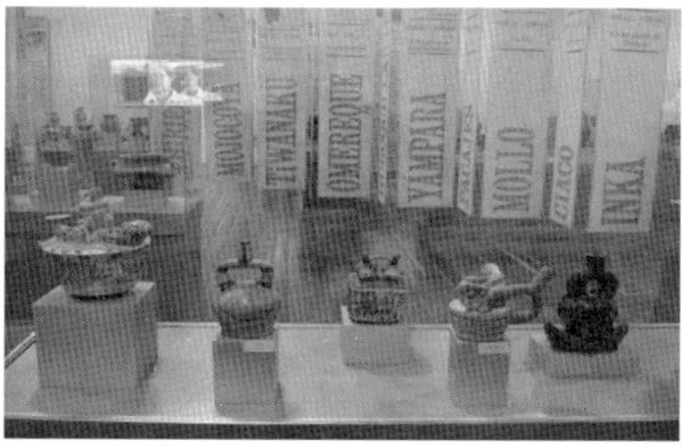

〈시대별 유물 전시〉

우리의 장기간 여행 이야기를 듣고 퍽 부러워했다.

이 도시에는 대사관 직원 15명 포함 교포가 75명이 살며 대부분 장사를 한다고 했다. 그 교포는 광물관계 일을 하는데, 볼리비아는 광물이 풍부한 나라이며 그 많은 광물이 포토시 주변에서 나며 세계 어느 나라에도 없는 희소금속이 많단다. 볼리비아는 코카잎을 재배해서 팔았는데 전 대통령 때까지는 미국과 잘 지냈지만 돈이 대통령 주머니로만 들어가서 원주민 대통령이 당선된 후 가장 먼저 한 일이 미국대사관 철폐이었다. 미국은 볼리비아의 코카잎을 마약으로 규정하고 그 재배를 못하게 했다. 이렇게 해서 두 나라 사이가 틀어졌다.

그리고 일전에 한국여자 2명이 강도를 당한 일이 있다면서 조심하라는 말도 잊지 않았다. 미대에 다니는 학생들인데 다 털려서 알거지가 됐다는 것이었다. 택시를 잘 못 타서 일어난 일이란다. 이 식당에 점심을 먹으러 왔는데 한국여자 두 명이 도와 달라고 말했고 마침 고려아연 사장이 볼리비아에 와서 그 분에게 말해서 항공권까지 구입해서 한국에 보낸 일이 있단다. 한국 사람들은 정이 참 많다. 그 교포와 아쉬운 작별을 했다.

식당에서 라면과 된장을 조금 사들고 숙소에 돌아왔다. 숙소에 와서 한숨 자고 국립민족박물관에 갔다. 많은 전시물이 있었는데도 무료라 의외이었다. 특히 자기류와 탈이 많았다. 안동하회탈과 비슷했다. 반가웠다. 소라는 비디오 전원이 꺼져 내일 다시 오기로 했다.

2010. 5. 15 토 맑은 후 비 〈국립민속박물관〉

소라는 어제 비디오로 못 찍은 국립민족박물관에 가기로 하고 나는 미술관에 그림을 보러갔다. 토요일이라 10시에 문을 열었다. 기다리다가 들어갈 수밖에 없었다. 미술관은 종교화가 대부분이고 볼리비아 작가의 그림과 조각이 조금 있었다. 브라질과 아르헨티나, 칠레의 미술관만도 못한 거 같았다. 사진 촬영이 금지되어 대충 보고 소라에게 갔다.

〈종교화〉

〈종교화〉

〈종교화〉

〈종교화〉

〈종교화〉

〈종교화〉

〈라가 열심히 보고있음〉

〈라마의 무리〉

〈우유니의 홍학〉

〈록아트〉

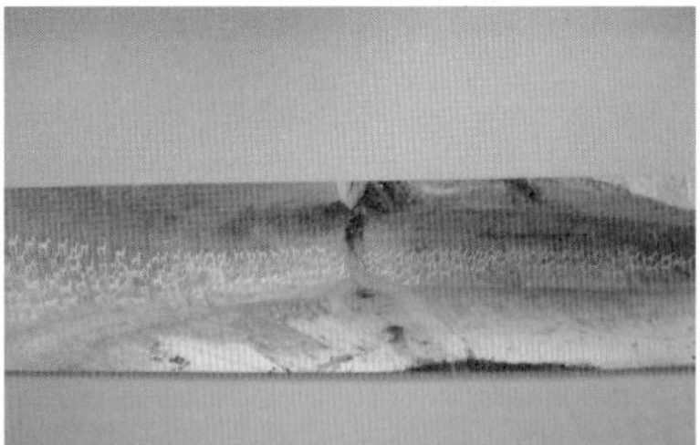
〈라마 무리 암각화〉

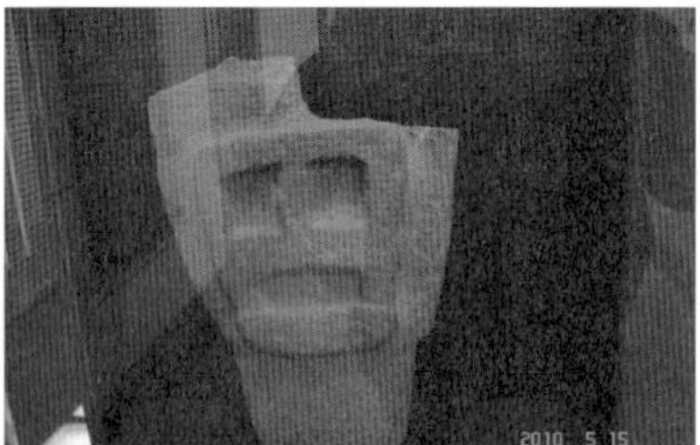
〈사람의 머리 조각〉

악기 박물관, 황금 박물관, 무리요 장군 박물관을 차례로 구경했다. 구경을 하고 숙소에 돌아오다가 한 선물가게에 들렸는데 귀걸이, 목걸이, 지갑 등을 만들어서 파는 가게이었다. 주인이 직접 만들었다는데 솜씨가 있었다. 소라가 하나 갖고 싶어 해서 사 주었고 딸과 며느리에게 줄 것도 골랐다. 지갑이 마음에 들어 손자들과 손녀에게 줄 것을 골랐다. 값은 미화 100불 정도이다.

〈기타류〉

〈북〉

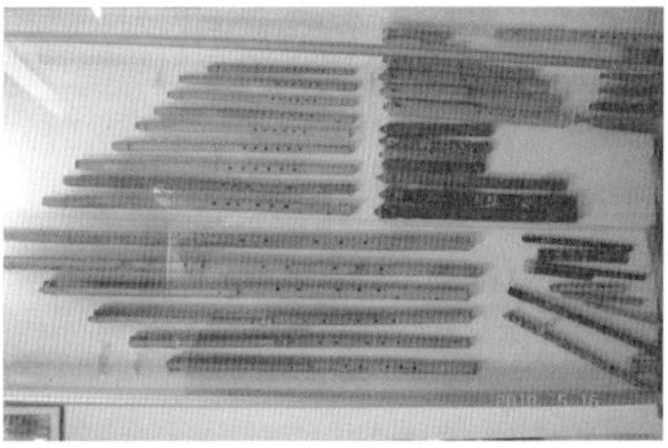

〈피리〉

〈가야금〉

〈악기박물관〉

〈악기박물관 건물〉

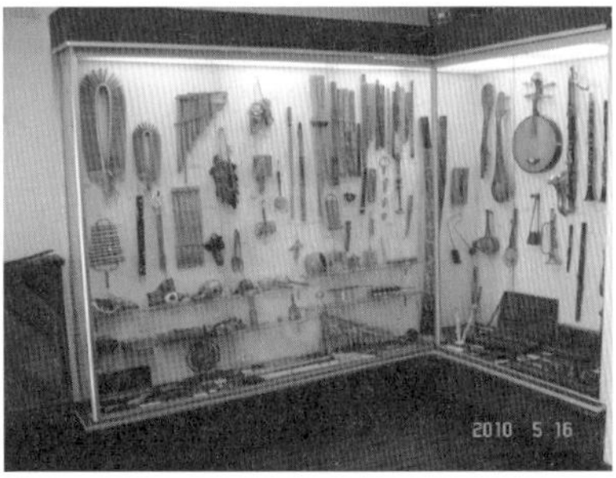
〈각종 악기〉

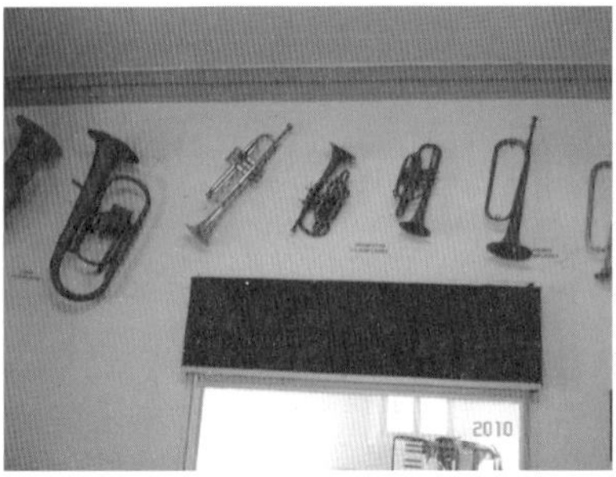
〈나팔〉

〈뮤리요의 흉상〉

〈박물관 표시〉

〈상패〉

〈광장에 있는 뮤리요 동상〉

ATM에 가서 돈을 찾아다 주고 물건을 받아왔다. 배가 고파 점심을 사먹고 오려는데 비가 내리기 시작했다. 바로 옆에 있는 국립민속박물관에 들어가서 비를 피한다는 것이 비가 계속 내려 갇히고 말았다. 마침 박물관에서는 볼리비아의 폴끄로레를 연습하고 있어 그것을 듣고 보다가 안 되겠다 싶어 우산을 빌려가지고 나왔다. 외국인에게 우산을 빌려주어 고마웠다. 소라는 카운터에 계산을 하러갔다.

내일 우리는 이곳을 떠날 것이다.

2010. 5. 16 일 라 파스 맑음 코로이코 구름. 비 〈융가스 길Yungas Road 혹은 데드 로드Death Road〉

루레나바께의 아마존 투어에 가기로 했다. 중간 지점인 코로이코에 가서 하루 쉬고 떠난다. 라파스에서 코로이코에 가는 길은 융가스 길Yungas Road 혹은 데드 로드Death Road로 세계에서 가장 험한 길로 소문이 나 있다. 거리가 61~69km의 길이 좁은 노폭과 깎아지른 절벽 급경사와 커브로 교통사고가 자주 난다.

1983. 7. 24일의 교통사고로 100명 이상의 승객이 죽었다. 소문만 들어도 겁이 나는 길이다. 얼마나 위험해서 그런가? 호기심이 발동했다. 짐은 라파스에 있는 여관에 맡겨놓고 작은 배낭과 노트북만 가져가기로 했다.

터미널에 도착해보니 의외로 코로이코에 가는 소형 차가 많았다. 융가스 길은 대형버스보다 소형차가 안전하다고 한다. 소형차는 210볼리비아노만 주면 코로이코까지 데려다 준다고 말했다. 버스요금은 한 사람당 15볼리비아노인데, 기다리고 있다가 합승을 하겠다고 해서 30볼리비아노를 주고 티켓을 끊었다. 우리 둘은 운전석 옆에 앉았다.

시간이 되자 차는 떠났다. 시내를 벗어나자 아름다운 경치가 전개되었다. 도로 옆에는 라파스로 흐르는 작은 강이 있었고 고개를 오르기 시작했다. 조금 더 가니까 댐이 나타났다. 차는 계속 고개를 올랐다. 드디어 융가스 고개 정상, 해발 4,600m에 이르렀다. 그곳부터는 내려가는 길이었는데 1,200m 높이까지 내려간단다. 양옆에는 공포의 절벽이 끊임없이 이어졌고 급커브와 급경사, 시야를 가리는 안개와 비포장도로에서 일어나는 먼지 등이 과연 세계에서 가장 위험한 길이라는 실감이 났다. 이런 도로에 무지하게 많은 짐을 싣고 아슬아슬하게 지나가는 짐차가 가장 큰 위험 요소이었다. 차는 곡예를 하듯 능숙하게 빠져나갔다. 도로 곳곳에 죽은 자를 위한 십자가가 소름끼치게 했다. 중남미 도로는 다리와 터널이 없는 것이 특징인데 이 도로에는 수없이 많은 다리와 짧은 터널도 몇 개 있었다.

〈목장〉

〈험하기로 이름난 융가이 도로〉

〈글을 쓰는 저자〉

〈자스민 여관의 나무〉

2006년에 일부분이나마 새 길이 계통돼서 위험이 감소되었다지만 아직도 죽음의 도로라는 불명예스런 명칭을 벗을 수가 없었다.

공포를 잊기 위해서 바라본 산과 구름에 가렸다 나타나는 계곡은 참 아름다웠다. 위험하지만 않다면 내가 미국과 중남미 여러 나라에서 본 도로 중에서 가장 아름다운 도로이었다. 산에는 무슨 나무인지는 알 수 없었지만 나무들이 무성했다.1,200m 지점까지 내려갔을 때 우리는 수량이 풍부한 강을 만났다. 다리를 건너자 조그마한 마을이 있었다. 그 마을 이름이 요로시타이다. 오늘 루레나바께에 갈 사람이 내리자 우리만 남았다.

코로이코는 다시 산을 올라야 한단다. 비탈을 오르던 차는 코로이코 입구에 있는 호텔 앞에서 정차했다. 호텔은 자스민 호텔이었다. 주위의 분위기가 참 좋았다. 나무들이 무성하고 꽃이 아름다웠다. 새들이 참 많았다. 이과수 폭포의 새공원의 새 못지않은 곳이었다. 이곳은 갇혀있는 새가 아니고 자유로운 새들이다. 귤나무에 노란 귤이 주렁주렁 매달려있었다. 풀장도 있는 오래된 호텔이었으나 시내와 떨어져있어서인지 투숙객은 우리이외에는 없었다.

조금 있다가 대여섯 명이 여관에 도착했는데 라파스 대학에서 영문학을 가르치는 교수 가족이었다. 그들과 좀 이야기를 하고 헤어졌다.

〈재스민 여관앞의 운해〉

〈재스민 여관에서 라와〉

〈요로시타〉

여관방에서 바라보는 앞산은 구름에 덮여 있었는데 산꼭대기로 길이 나 있었다. 신비스러운 산이었다. 사실 이 여관에 푹 쉬기 위해서 방문했다. 저녁을 먹고 잠을 잤다. 이곳은 따뜻했다.

밤에는 줄기차게 비가 내렸다.

2010. 5. 17 월 맑음 〈죽음의 도로-요로시타에서 루레〉

코로이코는 금광으로 발달된 도시이다. 황량한 라파스에 비한다면 천국과 같은 도시, 휴양의 도시이다.

새벽에 새소리 때문에 깨었다. 새들이 참 많았다. 아열대 새들은 아열대 식물만큼이나 낯설었다. 그러나 색깔이 화려하고 활동적이었다.

여관 뒤에 있는 언덕에 올라가 땅에 떨어진 노란 귤을 주어왔다. 어제밤 비바람에 많이 떨어져서 다 주어올 수 없었다.

아침은 호텔에 부탁해서 사 먹었다. 겨우 두 사람의 요리를 정성스레 해주었다.

오늘 루레(루레나바께)로 간다. 루레로 가기위해서는 코로이코에는 버스가 없고 택시를 타고 요로시타로 가거나 코로이코에 가서 표를 사가지고 요로시타로 가서 버스를 타는 방법이 있다고 여관에서 말했다.

11시에 첵크아웃하고 여관집 처녀가 우리와 동행해서 버스표를 사주고 어느 버스인지를 알려주기로 했다.

택시를 불러 타고 코로이코로 갔다. 루레로 가는 버스는 3시에나 있다는 것이었다. 버스표를 구입해서 요로시타로 향했다. 그곳에서 자스민 여관의 처녀는 팁을 주어 돌려보내고 파리가 날리는 음식점에서 점심을 먹고 근 3시간을 기다렸다.

시간이 가까워 오자 사람들이 모이기 시작했다. 영국에서 왔다는 젊은이는 혼자 걸어서 여행한다고 말했다. 그도 우리와 같이 루레에 간다고 말해 위험하지 않았느냐니까 위험한 일을 한두 번 만난 것이 아니란다. 참 대단하다. 서양인들의 모험심은 알아주어야한다.

그는 독수리에게 공격당한 이야기를 남 일처럼 이야기했다.

버스는 소형 버스라더니 대형 버스였다. 요로시타에서 루레로 가는 길도 융가스의 도로에 못지않게 위험한 길이었다. 도로는 비포장이고 그 높은 산허리를 감아 도는데 아래를 내려다보니 현기증이 날 정도이었다. 까마득한 절벽 아래로 강이 흐르고 있었다. 도로 폭이 어찌나 좁던지, 좀 넓은 곳에서만 차 2대가 간신히 비낄 수 있었다. 앞에 화물차가 오면 우리 버스가 뒤로 엉금엉금 물러나고 화물차가 버스의 오른 쪽으로, 우리는 오른쪽으로 가다가 왼쪽 차선으로 가는 것이었다. 이 희한한 차 비낌은 세상에서 이곳이 유일하지 않나 싶었다. 이에 대한 위키백과의 설명을 보면 운전수가 도로의 가장자리를 식별할 수 있는 곳이 왼쪽이기 때문이란다. 이러한 진행이 번번이 일어난단다.

> One of the local road rules specifies that the downhill driver never has the right of way and must move to the outer edge of the road. This forces the faster downhill vehicle to stop so that passing can be negotiated safely. Unlike the rest of Bolivia, vehicles are required to drive on the left side of the road, to give the driver a better view of the vehicle's outside wheel and making passing safer.

> 이 지방도로에 적용되는 규칙중 하나는 내리막길을 내려가는 운전자는 도로의 우선권을 가질 수 없으며, 반드시 도로의 바깥 가장자리로 운전해야 한다는 것이다. 이것은 내리막길을 빠르게 내려가는 차량을 멈추게 하여 차량의 소통이 원할하게 이루어 지도록 하는 것이다. 볼리비아의 나머지 지역과 달리 차량들은 도로의 왼쪽으로 운전해야 하는데, 이것은 차량운전자가 도로바깥 바퀴에 대한 시야를 확보하게 하여 조금 더 안전하게 운전할 수 있도록 하는데 그 목적이 있다.

루레로 가는 백인 청년들과 원주민들로 차는 만원이었으나 태연히 잠자는 사람들이 많았다. 운전수의 운전 능력에, 운명에 기댈 수밖에 없는 노릇이었다. 소라와 나는 돌아올 때는 비행기로 오기로 마음을 굳혔다.

여행 안내서의 허실이 바로 이런데 있었다. 여행안내서에는 어제 온 융가스 길이 죽음의 길로 표시되어 있었다. 오늘 경험해보니 이 길이 오히려 더 위험한 것 같았다.

해가 지고 어둠을 달리면서부터는 공포는 사라졌다. 길도 넓어졌는지 차도 조금 전의 방식으로 비끼지는 않았다.

루레까지의 15시간이 왜 그렇게 먼지 참 지루했다. 그러나 안데스 사람들은 별 동요없이 잠을 쿨쿨 잤다.

2010. 5. 18 화 구름 〈루레나바께에서 인터넷〉

새벽에 루레나바께에 무사히 도착했다. 소라와 나는 하느님께 감사드렸다. 관광객들을 따라 시내로 들어갔다. 작은 도시이지만 여관들이 많았다. 깔끔해 보이는 여관에 들렀다. 그곳에서 머물기로 했다. 어디 간들 별 수 없을 것 같아서이었다. 아침 6시인데도 방을 내주어 잠시 누워 쉬었다. 곧 날이 밝았고 아침식사를 준다고 해서 식당에 갔다. 꽤 큰 여관이었다. 젊은이들이 대부분이었다. 우리 같은 늙은이들은 한 사람도 없었다. 모험은 역시 젊은이들의 몫이다. 스페인에서 왔다는 젊은이들을 만났다. 무슨 이유에서인지 스페인 사람들은 남미에 잘 오지 않는다. 또 베트남 사람들도 몇 사람 만났다.

빵과 우유를 마시고 방을 배정 받아 짐을 옮겼다. 큰 가방은 라파스에 두고 와서 노트북과 작은 배낭뿐이었다.

방을 옮기고 샤워를 했다. 비포장도로를 달리면서 창문을 열어놓아 먼지를 원 없이 뒤집어썼다.

컴퓨터를 조금 치고는 인터넷을 하러 밖으로 나갔다. 루레는 조용한 거리이었다. 차도 별로 없고 대신에 오토바이가 많았다. 여행사에 가서 아마존 리버 투어를 신청했다.

라파스에 가는 비행기표를 먼저 예약 했다. 비행기표는 150불이었다. 가지고 있던 달러를 다 쓰고 소라가 가지고 있던 60불마저 비행기 값으로 냈다. 아마존투어는 한 사람당 450볼리비아노인데 800볼리비아노(약 $100)에 해주었다. 투어와 비행기표를 구입해서 마음이 놓였다.

점심을 먹으러 나가 음식점을 찾았다. 생선요리를 잘하는 곳을 찾아갔다. 대나무로 칸막이를 하고 이엉을 갈대로 한 고풍스러운 식당이었다. 손님이 없어서 허술해보였는데 38볼리비아노 짜리 생선 요리를 시켜 요리가 곧 나왔다. 식사후 나는 커피를 마시고 소라는 과일 쥬스를 마셨다.

인터넷 가게를 몇 군데 들렀으나 인터넷을 못한다고 해서 포기하고 여관에 돌아오다가 작은 가게에 들렸는데 기적처럼 인터넷이 되었다.

맨 먼저 페루에 있는 Sassi로부터 메일이 왔는가 보았더니 여러 통이 왔다. 6장의 티켓이 왔고 프로그램도 와서 프린트를 해두고 답장도 썼다. 희정이 수진이에게서도 메일이 왔고 증권회사에서 온 메일의 대부분은 지워버렸다. 집에도 간단한 안부 메일을 보냈다. 소라는 피닉스의 체이스 은행의 제임스와 도미니코에게 메일을 보내고 제부에게도 메일을 보냈다.

시간이 5시가 넘어서 인터넷 가게에 30볼리비아노를 지불하고 강변에 가서 저녁을 먹고 마트에 가서 사과와 물 과자를 조금 사가지고 숙소로 돌아왔다. 내일 투어를 위하여 잠을 자두기로 했다. 그리고 밤에 두어 번 일어나서 컴퓨터를 쳤다.

수중에 1,200볼리비아노 정도 남았다. 아마 여기서는 최소 600볼리비아노 정도 쓸 것 같았다. 쓰는 대로 쓰자.

2010. 5. 19 수 구름〈마디디Madidi국립공원〉

볼리비아의 아마존 투어의 거점 도시 루레나바께는 라파스에서 코로이코를 지나 사선을 넘어온 여행객들로 붐비었다. 오늘 잉카 랜드 라는 회사의 아마존 팜파스투어에 참가하기로 했다. 아침은 여관에서 주는 음식을 먹었다. 아침을 빵으로만 해결했더니 허기진 생각이 든다.

9시 20분까지 온다는 투어차가 오지 않는다. 소라는 회사에 가보겠다고 나갔다. 그녀가 돌아와서 한다는 이야기가. 오늘 투어에 참가하는 인원이 6사람이 아니고 8사람인데, 한 사람이 비행기를 타고 오는데, 비행기가 늦어서 좀 늦겠단다. 비행기가 늦어서 그러니 어떻게 하느냐고 말했다. 짐을 들고 잉카 랜드로 갔다. 영국에서 왔다는 젊은 여자 2명도 있었다.

투숙하고 있는 여관에서 가장 가까운 투어회사인 잉카 랜드에 어제 예약을 했다. 가깝기도 하고 한 사람당 볼리비아 돈 400볼리비아노 라면 2박 3일의 투어 값으로는 싸다고 생각했다. 또한 '잉카 랜드' 라는 상호에 마음이 끌렸고 또 상담한 여자의 성격이 선선하고 시원시원했다.

드디어 홍콩에서 온다는 여행객이 도착했다. 중년의 백인 사내이었다. 그런데도 투어는 출발하지 않는다. 투어에 가는 차를 보니 이건 고물 중에서도 상고물이다. 앞 유리창이 형편없이 금이 갔고 시트는 낡을 대로 낡았고 세차는 일 년은 안했는지 볼 수가 없었다. 그래도 그 차를 타야했다. 앞쪽에 자리를 잡았다.

가이드와 요리사, 운전수가 앉았고 뒤쪽 짐 위에 요리사의 아들이 앉았다. 아직 10살도 안되어 보이는 아이는 퍽 순해보였다. 고물차는 산타로사로 향했다. 비포장 도로는 오래 동안 비가 안와 먼지투성이 이었다. 이 먼지를 뒤집어쓰니 차가 깨끗할 수가 없었다. 3시간이 걸려 도착한 곳은 마디디Madidi국립공원이었다. 넓이가 18,958km² 로 세계에서 가장 큰 생물 보호지역 중 하나이다. 조류 1,000종, 포유류 100종, 식물 5,000종이 살고 있다. 미국에서 가장 큰 애버글레이즈와 비교해보면 마디디 국립공원이 얼마나 큰가를 알 것이다. 그곳에서 점심식사를 했다. 소고기와 닭고기가 나오는 식사이었는데 배가 고프던 차라 맛있게 먹었다.

마디디국립공원과 같은 생태보호지역인 애버글레이즈 국립공원은 미국의 5대 국립공원이다. 크기는 6,110km² 이며 1979년에 유네스코 문화유산지역으로 1987년에 람사중요습지로 등재되었다. 350종 이상의 새, 300여종의 물고기, 40여종의 포유류, 50종의 파충류가 살고 있는 미국에서 가장 큰 야생지역wilderness area이다.

점심을 먹고 카누를 타러 갔다. 10여 대의 카누가 강에 있었는데 엔진을 장착한 카누는 서너 척 뿐이었다. 강은 폭이 좁은 수로 같았다. 아마존의 큰 강을 연상했는데 겨우 수로만 하다니 실망스러웠다. 카누를 타고 강을 내려갔다. 강물은 흙탕물이었다. 카누에는 짊어지고 간 배낭과 2박 3일 동안 먹을 음식 재료를 실었다. 카누는 안내원이라는 사람이 운전을 했다. 무뚝뚝하게 보이는 중년의 사내이었다. 카이만(악어)들이 강가에서 쉬고 있었다. 그리고 카피바라가 나타났다. 순해 보이기만 한 카피바라가 카이만이 득실거리는 물가에 버젓이 있는 것이 수상했다. 두루미도 가끔 나타났다. 나뭇가지 위에서 쉬고 있는 거북이도 수없이 많았다. 돌핀도 보았다.

플로리다 주의 에버글레이즈 국립공원에 가서도 이와 비슷한 투어를 했는데 그때는 앨리게이터 서너 마리를 봤을 뿐이었다. 이곳은 카이만이 참 많고 많았다. 정말로 실망한 것은 로지Lodge에 도착해서였다. 판자와 철망으로 지은 건물은 낭만과는 아주 먼 것이었고 화장실도 공동화장실 하나뿐이었다. 여관처럼 방에 화장실이 딸린 방을 원했는데, 그런 방은 아예 없었다. 그래도 우리 둘만이 쓰는 방을 배정해 주었다. 다른 사람들은 여럿이 한 방을 썼다. 두명의 영국여자들은 따로 배정했다.

프로그램에는 밤에도 무언가를 하는 것으로 되어있는데 아무 것도 하지 않는단다. 저녁식사는 7: 30에 한다고 해서 방에서 쉬고 있는데 강쪽에서 무슨 소리가 나서 나가보았더니 맥주 마시러 가자고 한국말로 해서 깜작 놀랬다. 홍콩에서 온 백인이었다. 그는 한국에서도 근무한 경험이 있단다. 카누를 타고 맥주를 마시러 간 곳은 선셋을 구경하는 간이건물이었다. 그곳에는 많은 아마존 투어 객들이 몰려있었다. 맥주를 주려나하고 기다렸으나 아무리 기다려도 줄 생각을 않는 것이었다. 마시고 싶으면 사서 마시라는 것임을 한참 후에야 눈치 챘다. 기타를 치며 노래하는 사람도 있고 해서 자기들 나름대로 즐기고 있었다. 우리와 같이 간 스페인 청년들도 맥주를 사서 마셨다. 스페인 청년은 3명인데 참 인상적이었다. 키가 2m가 넘는 청년이 둘인데 하나는 수염이 엄청났고 꼭 해적 두목 같았다. 그보다 몸집이 작은 청년은 순해보였다. 다른 한 청년은 키가 작았는데 항상 책을 들고 있었다. 수염이 많은 청년이 캡틴 같았다.

〈잉카 랜드〉

〈실내〉

〈실외〉

〈카피바라가〉

카누를 타고 내려오다가 다른 곳에 들렀더니 청년들이 웃통을 벗어재끼고 볼을 차고 있었다. 그곳에서도 맥주를 팔았다. 맥주를 한 병 사서 소라와 마셨다. 바로 숙소에 와서 저녁식사를 했다. 요리사 아줌마가 요리를 했는데 솜씨가 보통이 아니었다. 스페인 청년들은 가이드에게 이것저것 주문하는 것 같았다.

소라가 그들에게 스페인이 남미를 300년 동안 정복한 것에 대하여 어떻게 생각하느냐고 좀 난처한 질문을 했다. 키 작은 청년의 대답이 그것은 역사라고 간단하게 대답했다. 그래 그것은 스페인 쪽과 남미 원주민의 입장이 다를 것이다.

맛있게 저녁식사를 마치고 자러 각자의 방으로 갔다. 어두워지자 부엉이 소리, 밤새들의 지저귀는 소리, 큰 짐승들의 으르렁거림은 밤이 깊을수록 더해 갔다.

2010. 5. 20 목 맑음 〈아나콘다를 찾아서〉

아침에 일어나니 왼쪽 눈이 잘 안 떠졌다. 눈꼽도 많이 끼었다. 무엇에 물렸는지 눈병이 났는지 모르겠다. 세수를 하고나니 눈이 제대로 떠졌다. 아침 식사는 빵과 커피를 삐쭉 내놓을 줄 알았는데 그게 아니었다. 여러 접시의 과일, 닭고기, 기름에 튀긴 감자떡, 커피, 밀가루 빵, 쿠키까지 맛있게 먹었다. 요리사의 요리솜씨로 어제 저녁의 불만이 소리없이 사라졌다.

아침을 먹고 아나콘다를 찾아 나섰다. 팜파스로 가서 팜파스에 있는 늪지를 뒤지었다. 무릎까지 올라오는 장화를 신어서 안전에는 별 문제가 없었다. 다만 얽힌 풀과 넝쿨들, 나무 가지들이 진로를 방해했다. 그래도 호기심 많기로는 둘째가라면 서운한 소라와 내가 아닌가. 소라는 오른쪽 다리에 핸디캡이 있는데도 열심이었다. 우리 팀 말고도 많은 팀들이 안내인을 중심으로 아나콘다를 열심히 찾고 있었다. 늪 특유의 퀴퀴한 냄새를 원없이 맡으면서 몇 곳의 늪지를 한나절이나 헤맸지만 아나콘다는 어디에서도 나타나지 않았다. 관광객의 수는 점점 더 불어났다. 그러나 아나콘다를 찾았다는 탄성은 들리지 않았다. 안내인은 큰 나무의 밑동을 가리키며 장마 때는 여기까지 물이 차고 그 때 아나콘다가 많다고 말했다.

스페인 젊은 친구들이 소라를 여러 번 부축해주었다. 고마운 일이었다. 아나콘다를 보지는 못 했지만 오전의 투어에 대하여 불평하는 사람은 별

〈카페〉

〈아나콘다를 찾아〉

로 없었다. 안내인이 열심히 찾는 것을 보고 점수를 준 것 같았다.

내 생각으론 아나콘다가 바보가 아닌 바에야 매일 같이 수백 명의 관광객이 뒤지는 이 위험스러운 늪지에 엎드려 있을 리가 만무하다.

점심은 푸짐했다. 소고기와 닭고기 요리, 쌀밥, 야채, 스프와 커피, 쥬스

등이었다. 볼리비아가 인심은 좋은 나라이다. 못사는 집이 손님대접에 정성이 담겨있는 법이다.

오후에는 낚시를 갔다. 낚시하면 자신이 있는 나는 신이 났다. 미끼는 소고기를 끊어서 했는데 낚싯대도 나쁘지, 미끼도 지렁이가 아닌 소고기지 잘 잡힐 리가 없었다. 건드리기는 수없이 건드리지만 잡히지는 안했다. 딸려오다가 떨어지는 놈도 더러있었다. 다른 팀들도 낚시를 하는지 유독 강에 카누가 많았다. 모두 어린애처럼 즐거운 표정이었다. 세 군데나 자리를 옮겨가면서 낚시를 했지만 소득은 없었다. 빈손으로 돌아오다가 맥주를 파는 상점에 들려 맥주를 한 병씩 사서 마셨다. 두 병 사서 가이드에게 한 병 주고 한 병은 소라와 마셨다. 가이드의 입이 함박만하게 벌어졌다. 가슴이 뻥 뚫리는 것 같았다. 시원하고 시원했다. 그곳 공터에서 많은 청년들이 축구를 하고 있었다. 저녁에는 다른 팀이 로지에 도착했다. 초저녁부터 자기 시작해서 잠을 푹 잤다. 짐승과 새는 어제 밤과 똑 같았다.

2010. 5. 21 금 맑음 〈팜파스의 Sun Rise〉

오늘 새벽에 팜파스의 일출을 보러간다기에 5시부터 일어나서 부산을 떨었다. 다른 사람들은 다 자는데 말이다.

소라가 화장실에 간다기에 손전등을 가지고 두 번이나 따라 나갔다. 물론 나도 소변이 급했다. 6시가 되었는데도 아무도 일어나지 않았다. 밖에 나가 고함을 질렀다. 그러자 가이드가 일어나고 우리 팀들이 하나씩 둘씩 밖으로 나왔다. 카누를 타고 가까운 언덕에 올랐다. 다리가 불편한 소라가 언덕을 오르는 것을 힘들어했다. 앞에서 스페인 청년들이 끌어주고 내가 뒤에서 밀어주었다.

동쪽 하늘이 붉게 물들더니 곧 붉은 태양이 불끈 솟아올랐다. 대자연의 장관이었다. 사진을 찍고 운동을 조금하고 돌아왔다.

〈일행과 즐거운 식사〉

〈일출을 보러 가서〉

아침식사를 하고는 심심해서 돌을 몇 개 줍고 로지 주변을 둘러보았다. 커다란 나무아래 풀밭에 아나콘다의 허물이 있었다. 3m는 족히 되는 허물이었다. 소라에게 이야기했더니 그녀는 뱀허물을 보고 사진을 찍었다. 조금 후에 간편한 옷으로 가라 입고 수영을 하러 갔다. 물은 흙탕물인데 백인들은 수영을 참 잘한다. 우리 둘과 스페인 청년 한 사람만 빼놓고 전부 수영을 했다. 소라는 물이 흙탕물이라고 수영을 하지 않았다. 영국에서 온 처녀들도 수영을 잘 했다. 우리 팀 말고도 여러 팀이 와서 함께 수영을 했다. 어린 아이들처럼 좋아했다.

11시에 로지로 돌아왔다. 집에 와서 샤워를 하고 짐을 싸고 점심을 먹으러 나갔다. 자료가 없어서인지 어제와는 많이 달랐다. 커피도 없고 과일 주스도 없었다. 그래도 출출하던 차라 맛있게 먹었다. 점심을 먹고 요리사에게 고마워서 20볼리비아노의 팁을 주었다. 소라가 너무 많다고 했으나 아깝지 않았다. 카누를 타고 강을 올라갔다. 강변에 악어들이 많이 나와 작별인사를 했다. 선착장에 내려서 잉카 랜드 차를 찾았다. 기사는 나이가 지긋해보였는데 우리차가 맨 앞에서 달리고 많은 차들이 먼지를 뒤집어쓰면서 따라왔다.

〈흙탕물에서 수영〉

〈거대한 카이만〉

〈물 밖 으로 나온 거북〉

〈잉카랜드 안녕〉

국제적인 관광지를 포장하지 못하는 볼리비아는 참 가난한 나라이다. 아마존 투어는 그런대로 재미있었다. 여관에 와서 샤워를 했다. 시내에 가서 저녁을 먹고 돌아왔다. 뒤따라오던 소라가 넘어져서 나를 불렀다는데 듣지 못했다. 소라는 퍽 서운했는지 울었다. 나는 듣지 못해서 미안하다고 사과했다. 정말로 듣지 못했고 미안했다.

2010. 5. 22 토 구름 다수 〈20시간을 40분에〉

오늘 루레 공항에서 10시 반 비행기를 타기로 되어있었다. 4일 전 아마존 팜파스 투어를 예약하면서 비행기표 예약도 했다. 물론 잉카 랜드에서 했다. 그날 여행사 직원이 전화를 하고 비행기표를 사주었는데 여관으로 데리러 온다는 차가 안 와서 우리가 투숙한 호텔에 전화를 해달라고 부탁했더니 비행기표를 취급하는 회사는 아마존아회사이니까 그리 가보란다. 서둘러 그곳에 갔더니 탑승자명단에 우리가 들어있지 않다면서 내일 7시 비행기로 라파스로 가란다.

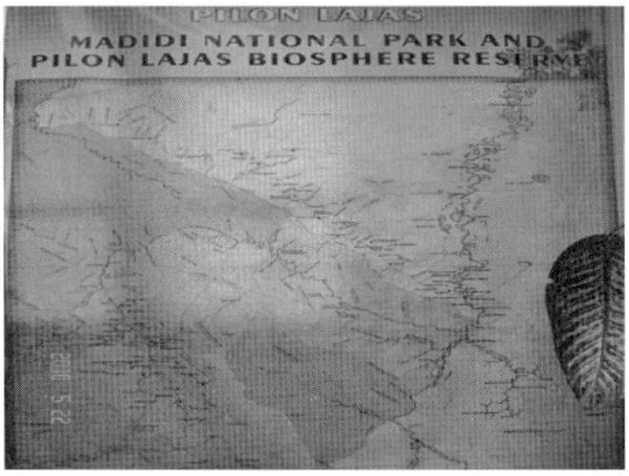

〈마디디국립공원 지도〉

〈루레나바케로 비행장〉

〈비행기 조종실〉

이럴 수가 있단 말인가 우리는 4일 전에 예약을 했다니까 어쨌든 명단에 없으니까 잉카 랜드에 가서 따지란다. 그래서 다시 잉카 랜드에 가서 항의하니까 그곳에서는 아마존아에서 잘못되었지 자기들은 잘못이 없다는 것이었다. 서로가 책임 회피를 하는 것이었다.

잉카 랜드에서 다시 전화를 해보더니 한 자리가 비어 있고 결원이 생기면 가게 해준다고 했으니 그리로 가보랬다.

여행을 많이 한 소라는 이런 일이 가끔 일어난다면서 느긋해 했다. 소라는 다시 아마존아로 갔다. 잉카 랜드에 앉아 있다가 갑갑해서 나도 소라에게 갔다. 시간은 이미 12시가 지났다.

비행기를 탑승할 사람들이 하나 둘 모이기 시작했다. 그리고 시간이 되자 버스를 타라고 했다. 공항에 가보라고 해서 소라와 나도 버스를 탔다. 다른 사람들 수속을 다한 후에야 우리의 수속도 해주었다. 드디어 비행기를 탈 수 있었다. 공항세 25볼리비아노 물건 사용비 16볼리비아노를 받았다. 비행기 좌석은 19좌석인 소형 비행기이었다. 활주로가 하나밖에 없는 공항도 2000년 초에야 생겼다는 것이었다.

작은 비행기지만 공중 높이 날랐고 버스로 20시간의 거리를 40분에 해결하는 비행기의 위력에 숙연해졌다.

아름다운 볼리비아의 지형이 눈 아래 펼쳐졌다. 눈 덮인 산맥과 강과 호수가 보였다. 공항에서 점심을 먹고 여관에 돌아왔다.

저지대에서 3,650m의 고지대로 오니 고산병의 증세인지 잠이 오지 않았다.

〈비행기에서본 거대한 설산〉

〈라파스황야의 설산맥〉

2010. 5. 23 일 구름 다소

오늘은 자연사 박물관과 띠아우아나쿠 유적을 보러갈 예정이다. 먼저 ATM에 가서 미화 200불과 볼리비아 돈 1,600볼리비아노를 찾았다. 더 이상 돈이 나오지 않는다. 내일 좀 더 찾기로 했다.

집에 와서 돈은 가방에 챙겨 넣어놓고 박물관에 갔다. 시간이 없어서 택시를 탔다. 택시 탈 때는 늘 조심스럽다. 고고학박물관은 일요일이라 그런지 열어놓지 않았다. 한국에서는 월요일이 휴관인데.

바로 우리는 자연사 박물관으로 갔다. 택시가 너무 많이 요구해서 미니버스를 탔다. 처음에 내린 곳은 차장이 잘못 알려주었다. 다시 버스를 탔다. 승객들에게 물어서 내린 곳은 정확했지만 주먹만한 자물통으로 출입문을 잠가놓았다. 일요일이라 그런가 하는 생각이 들었다. 정보의 부재이다.

〈라파스 대성당〉

〈교회 내부〉

두 곳을 허탕 치고 시내로 돌아왔다. 산프란시스꼬 광장에서 내려서, 소라는 잠시 성당에 가고 나는 음식점을 찾았으나 마땅한 곳을 못 찾아 숙소에 오다가 저번에 간 적이 있는 음식점에 가서 점심을 먹었다.

투어회사에 들려 티아우아나쿠 유적 투어와 코파카바나 여관을 예약했다. 마녀시장에 구경을 갔다. 은제품이 있나 알아볼 예정이었다. 은수저가 선물용으로 좋을 것 같아서였다. 몇 군데 은제품이 있었지만 그냥 돌아왔다. 그 금속이 진짜인지도 잘 모르겠고 마땅하지 않았다. 선물을 고른다는 것은 쉬운 일이 아니다. 오늘은 허탕 치는 날이다. 소라의 몸 상태가 안 좋아 보인다. 어제 빨래하느라고 그 고생을 해서 그런 것 같다. 숙소에 돌아와서 소라의 다리를 주물러주고 잠을 좀 잤다.

저녁은 점심에 먹고 남은 밥과 쇠고기와 감자, 양파를 넣고 푹푹 끓였더니 먹을 만하였다. 피곤해서 일찍 자리에 누웠다. 좀 추워서 히터를 가져다 달랬더니 먼저와 마찬가지로 가스등을 가져왔다. 조금 따뜻했다. 화재염려와 중독의 위험 때문에 바로 사무실에 가져다주었다. 저녁을 먹은 젊은이들이 우리방 앞에 있는 공터에서 기타를 치며 노래를 부르고 이야기를 나누었다. 그 이야기는 1시에야 자자들었다. 그러나 몇몇은 2시가 넘도록 도란도란 이야기를 나누었다. 내일 투어를 하고 모래 아침에는 라파스를 떠날 것이다.

2010. 5. 24 월 바람 다소 쌀쌀함
〈티아우아나쿠Tiahuanacu 유적〉

소라도 잠이 안 오는지 4시부터 부산하다. 아침은 자기가 하겠다고 말했다. 서로 번갈아가면서 식사준비를 했다. 쌀을 씻어 안치고 감자와 양파를 까서 냄비에 넣고 소고기 장조림을 넣고 멸치가루도 넣고 된장을 풀었다. 새벽에 불만 붙이면 된다. 그리고는 소라는 책을 보더니 기다리는 시간에 내 작은 배낭을 깁고 있다. 소라가 바느질을 하는 것을 보니 그녀도 역시 여자라는 생각이 들었다. 내 작은 배낭은 너무 낡아서 한국에서 같으면 몇 달 전에 이미 쓰레기통에 버려졌을 것이다.

정작 8시 45분에 밖에 나가 투어차를 기다렸으나 오지 않았다. 9시가 되어도 오지 않자 투어회사에 전화를 걸어 항의했더니 월요일이라 교통체증으로 10분 정도 늦는단다.

비로소 가이드가 와서 버스가 저쪽에 있으니 걸어가잔다. 지금 몇 시인데 이제 와서 또 걸어 가자냐? 고 화를 버럭 냈더니 미안하다고 말했다. 그 쪽으로 걸어갔다. 차에 올라가 보니 자리가 없었다. 그래서 우물쭈물했더니 기사가 옆자리를 치워주었다.

마음이 좀 풀렸다. 우리 일행은 14명이었다. 동양인의 얼굴이 4명이나 있었다. 반가워서 물어봤더니, 그들은 전부 일본 사람들이었다. 동양에서는 역시 일본 사람들이 제일 많이 여행을 한다.

라파스 시내를 벗어나자 황량한 황무지가 나타났고 멀리 뾰쪽한 봉우리의 설산이 보였다. 저러한 산들이 있기에 많은 등산가들이 라파스를 찾는다고 한다. 눈 덮인 산들은 멀리보기에도 신비스럽다.

티아우아나쿠 유적은 그리 멀지 않았다. 한 시간 반 쯤 달리자 평원에 있는 유적이 나타났다. 80볼리비아노를 내고 먼저 박물관에 들어갔다.

〈폰세의 석상〉

〈유적 배치〉

티아우아나쿠 유적은 티티카카호 남쪽 호반에 있는 유적인데 기록에 의하면 BC 200~AD 200년으로 측정한다. BC 2000대의 유물에서 티아우

〈넓은 유적〉

〈태양의 문〉

〈석벽〉

〈달의 문〉

아나코 유물의 흔적을 발견한다고 주장하는 일부 학자도 있단다. 최근 새로운 정보의 발견으로 이곳은 한 나라의 수도이었으며 지금의 볼리비아 아르헨티나 페루 칠레 등을 지배했을 거라고 한다. 바라코차 신을 비롯한 많은 신들을 숭배했고 농업이 발달되었다고한다.

박물관에는 석조물과 토기들도 많았는데 적색 바탕에 퓨마나 콘도르를 그렸다. 사진을 못 찍게 하여 담아올 수 없었다. 박물관 밖을 나오니 추워서 버스에 가서 잠바를 입었다.

티아우아나쿠 유적은 거석문화 유적이었다. 멕시코의 유적에서 본 후 브라질이나 아르헨티나 칠레에서 보지 못한 거석문화이었다. 어느 면에서는 멕시코의 돌보다 훨씬 크고 잘 다듬어져있었다. 이 유적은 2000년에 세계 문화유산으로 지정되었다.

대표적인 유적으론 아카파나Akapana 피라미드이다. 밑면은 257m(wide) 197m(broad) 높이가 16.5m의 거대한 피라미드이다.

> The Akapana is an approximately cross-shaped puramidal stracfure that is 257m wide, 197m broad at its maximum, and 16.5m tall
> 아카파나는 흡사 십자가 모양의 피라미드 구조물인데 최대 폭이 257m, 다른 폭은 197m, 높이가 16.5m, 이다

참고로 멕시코에서 가장 크고 세계에서 3번째로 큰 떼오띠우아칸의 태양의 피라미드는 가로 225m 세로 222m, 높이 65m이다. 높이가 태양의 피라미드보다 좀 낮을 뿐 비슷한 규모이다.

돌은 40km이상 되는 곳에서 운반되었을 것으로 추측되며 잉카의 석조기술에 버금가는 고도로 발달된 솜씨를 읽을 수 있다는 것이었다. 거대한 피라미드와 담장구조물과 태양의 문이 위압적이었다. 신과 부수적인 조각을 멋진 부조(돌을새김)로 장식한 태양의 문은 한 덩어리의 돌을 가공하여 만들었는데 높이가 3m이며 폭은 3.75m이다. 무게는 5톤이란다.

〈유적의 내부〉

〈큰 돌〉

〈큰 돌〉

〈넓게 흩어진 유적〉

〈큰 돌〉

〈유적지에 와서 무얼생각하나〉

여행객들은 대부분이 좋은 카메라를 가지고 왔으나 삼발이를 가져온 사람은 나 이외는 아무도 없었다. 사실 삼각대는 여행의 불편을 초래한다.

점심 전에 대부분의 유적은 다 보고 점심 후에 푸마푼쿠 유적을 보았다. 이 유적은 궁전 유적이며 돌의 크기가 엄청났다. 가로 4.2m 세로 8m 두께 2m이다.

관광을 끝내고 3시 쯤 되어 돌아왔다. 오다가 라파스 시내 사진 찍기 좋은 곳 두어 군데서 쉬며 사진을 찍고 헤어졌다. 산프란시스코 사원 앞에서 내렸다. 선물가게를 기웃거리다가 성당에 들린후 ATM에 가서 볼리비아 돈 2,400볼리비아노를 찾았다. 코파카바나 여관과 버스표를 예매하고 리퍼블릭 여관에 와서 여관비를 지불했다. 오늘 쓴 돈이 2,000볼리비아노 정도이다. 저녁을 일찍 해서 먹고 잤다. 소라가 말하기를 내 돈이 200불 남았단다. 수진이가 붙인 돈 2,000불 합치면 2,200불이다. 페루의 여행은 이미 여행비를 지불했고 귀국 비행기도 다 예매해 놓았으니 모자라지는 않을 것 같다.

2010. 5. 25 화 구름 〈코파카바나〉

오늘 라파스를 떠나 코파카바나에 간다. 라파스에 온 것이 5월 13일이니 꽤 오래 머물렀다. 인상에 남을 도시이다. 그래서 그런지 볼리비아 라는 나라가 정겹다. 비록 가난한 나라이지만 사람들은 순박하다. 위조지폐도 없었고 여관에서도 친절했다.

7: 45에 온다는 버스는 오지 않았다. 오늘도 8: 30에 조수인 듯한 녀석이 와서 버스가 저쪽에 있으니 짐을 가져가잔다. 버스가 커서 여기에는 못 들어온단다. 이 짐들을 어떻게 할 거냐니까 자기가 가지고 가겠단다. 그래서 그렇게 하기로 했다.

가서보니까 자리가 없는 것이었다. 티켓에는 3, 4번이 뚜렷한데 서양 여자애들이 앉아있었다. 우리 좌석이라면서 자리를 양보해달라니까 좌석제가 아니란다. 티켓을 보여주었는데도 조수 녀석도 좌석권 버스가 아니란다. 그래도 티켓을 보이면서 이러니 젊은 사람들이 양보하라니까 위압적인 나의 태도에 화가 났는지 노우를 연발했다. 하는 수 없이 소라가 뒷좌석으로 가고 나는 그 계집애 옆에 앉았다. 속이 부글부글 끓는다. 좌석제도 아닌 버스를 좌석권 이라고 판 여행사 여직원이 얄밉다. 그래도 소라는 화도 안냈다.

버스는 시내를 돌며 몇 사람을 더 태우고 9시 반이나 돼서 시내를 벗어났다. 3시간 반이면 코파카바나에 도착한다고 했는데 지금 추이로는 어림도 없을 것 같았다.

버스가 황량한 들판과 작은 산들을 끼고 달린 후에 호수가 나타났다. 아마 우이냐이마르카 호 Lagnna de Huinimarca 인 것 같았다. 호안을 따라 차는 달렸고 조그마한 마을들이 연달아 나타났다 사라졌다. 티키나호협에서 버스가 멈추었다. 호협을 건너야하는데 사람은 내려서 작은 배로 건너고 버스는 또 다른 배로 건넌단다. 사람이 건너는 데 또 돈을 받았다. 강을 건널 때 사람이 버스에 타고 통째로 강을 건너는 것은 보았지만 이런 경우는 처음이다.

호협을 건넜더니 군인들이 패스포트를 검사했다. 한 서양청년의 패스포트가 여행 가방에 있는 모양이다. 통과가 안 되었다. 결국 버스에 가서 가방을 열고 패스포트를 가져오고야 버스가 출발했다. 청년은 불평을 터트렸다. 국경을 넘는 것도 아닌데 너무 심한 것 같았다.

1시가 훨씬 넘어서야 버스는 한 작은 도시에 도착했다. 바로 코파카바나이다.

인구가 겨우 6,000명 정도이고 버스 터미널도 없는 작은 도시이지만 관광객들이 많았다. 코파카바나의 특징은 호반의 도시이며 두 개의 산봉우리가 특이하게 생겼다. 그 두산 때문인지 이 도시는 예부터 종교도시로 발전했으며 토속 종교행사도 열린다.

버스 정류장에 예약한 여관에서 차가 나왔다. 차를 타고 도착한 여관은 호숫가에 있지 않고 언덕을 좀 올라간 곳에 있었다. 호수가 보이긴 해도 좋은 호텔이라고 할 수가 없었다. 온수도 나오지 않았다. 지대가 높아서 그런지 추웠다. 이곳에서 6일을 보낼 것을 생각하니 앞이 캄캄했다. 방을 정하고 여행가방을 드려놓은 후 점심을 먹으러 시내에 나갔다. 가장 궁금한 것이 호수다. 그 유명한 티티카카 호가 거기 있었다. 망망대해와 같았다. 호수의 항구에는 수백 척의 보트들이 유유히 떠있었다.

점심으로 트루차(송어요리)를 먹었다. 그리고는 돌아오는 길에 슈퍼를 찾았으나 점심시간이라 문을 닫았다. 여관에 돌아와서 히터를 달래서 켜놓았다. 인터넷도 안 된다.

호텔에 대한 불평을 늘어놓았더니 소라가 듣기 싫었든지 앞으로 여관 예약은 나더러 하란다. 나는 입을 다물었다. 미안한 생각에 할 말을 잃었다.

2010. 5. 26 수 구름 저녁부터 밤에 비 〈티티카카 호〉

코파카파나에 온 가장 큰 이유는 신비스러운 볼리비아의 티티카카 호를 보고 싶었고 또한 태양의 섬에 가고 싶었기 때문이었다. 물론 페루의 푸노에 가서도 티티카카 호를 볼 것이다. 그러나 두 나라의 호수가 다르다. 서로 다른 것을 보는 것 그것이 여행이다.

태양의 섬에 갈 바에야 그곳에서 하루 밤 자고 오자고 했더니 소라는 페루에 가면 원주민 집에서 민박할 거 같으니까 중복을 피하자고 했지만 나는 그곳에서 하루 머물고 싶었다. 태양의 섬은 티티카카 호에 있는 여러 섬 중에서 가장크고 중요한 섬이다.

페루의 푸노에 가는 날자는 5월 31일 9시로 정했고 버스표를 구입했다.

이제 얼마 안 있으면 페루에 가는데, 페루여행은 여행사에 일임해 놓았다. 그래서 사시에게 연락을 해야 해서 영어를 아는 여관직원을 동반해서 우체국에 갔다. 팩스를 시도했는데 받지를 않아 전화를 했다. 국제전화라 그런지 41볼리비아노를 내란다. 여관직원에게 9볼리비아노를 팁으로 주었다. 그는 퍽 고마워했다. 어째든 연락을 해서 다행이었다. 우리는 내일 태양의 섬 투어신청을 해놓고 저녁을 먹으러 갔다.

너무 어두워서 시내에 있는 음식점에 들어갔다. 난로가 잘 피워진 음식점이었다. 코파카바나는 3,890m의 고도라 밤에는 몹시 춥다. 서양 사람들은 추위에 강하다. 그래도 그들 역시 불을 피운 음식점을 선호한다. 밤에는 고산병 증세가 나타나 잠이 오지 않았다. 새벽에 비가 그치고 달이 나오는가 했더니 또 빗소리가 들렸다.

2010. 5. 27 목 오전 비 오후 갬 〈몸 컨디션 말이 아니다〉

어제 밤에 비가 내리더니 아침을 든 후에도 비가 내렸다. 티티카카 호의 태양의 섬에 오늘 갈 예정이었으나 비가 오기 때문에 어떻게 하는 것이 좋을지 상의했다. 여관에서 내일 가란다. 소라는 호수에 나가 그 점에 대하여 상의를 해야 한단다. 비옷을 입고 우산을 쓰고 밖으로 나갔다. 바람이 몹시 불어서 출항하는 배는 없었다. 오후에는 배가 뜬단다. 부두에서 티켓을 보자더니 내일 8시까지 오라고 말했다. 호안에는 비싸 보이는 여관들이 많았다. 성수기에는 사람들이 들어찰 것 같았다.

어제 밤에 저녁을 먹고 바로 잤더니 식도에 뭐가 걸려있는 느낌이다. 설사가 나고 몸 컨디션이 말이 아니다. 빵을 먹어서 그런지 모르겠다. 침대에 드러누워 쉬었다. 병이 나면 큰일이다.

호수가로 점심을 먹으러 나갔다. 어제 점심을 먹은 10번 식당은 오늘은 휴업이라 그 옆집에 가서 식사를 했는데 더 비싸고 양도 적었다. 집에 돌아오는데 언덕을 오르기가 얼마나 어렵던지 소라가 시장에 가자는 것을 가지 않고 혼자 집에 왔다. 소라도 역시 힘이 들었는지 곧 따라왔다. 오후에는 푸른 하늘이었다. 그러나 또 구름이 끼었다. 저녁을 먹으러 나가려는데 점퍼의 자크가 고장 났다. 이거 큰일이다. 이 겨울을 어떻게 보내나?

소라가 선물 가게에서 목도리를 하나 사라고 해서 목도리와 장갑을 샀다. 물론 소라의 것도 샀다. 밤에 또 비가 내리기 시작했다. 내일 태양의 섬 투어를 못 간단 말인가 못가도 이제 하는 수 없다. 잠이나 자자.

2010. 5. 28 금 비온 후 갬 〈태양의 섬Isla del Sol〉

코파카바나에 오는 관광객은 거의 전부 태양의 섬에 가보고 싶어 할 것이다. 그것은 남미하면 잉카제국을 생각할 것이고 태양의 섬에 잉카제국의 건국에 대한 신화가 있고 180개 이상의 유적이 있다.

어제 밤에 또 비가 내려서 걱정을 했는데 여관에서는 지금은 우기가 아니라 그칠 거라고 말을 해주었다. 가방을 다 싸놓고 태양의 섬에 가면 자고 올 거라고 말을 했다. 가방을 어떻게 할까 물었더니 방에 그냥 두란다. 여관방은 비수기라 텅텅 비었다. 아침식사 후 간단한 차림을 하고 부두에 나가보았다. 부두에는 태양의 섬에 가는 사람들이 많았다.

태양의 섬으로 가는 배는 2척이었는데 표를 보더니 이상하게 작은 배를 타라고 해서 탔다. 한 시간 반 쯤 달린 후에 태양의 섬에 도착했다. 그 유명한 계단식 밭이 많았다. 우리를 부두에 내려주고 배는 돌아갔다. 다른 배는 태양의 섬 북쪽에 간다고 떠나버렸다. 정보의 부재로 북쪽에 못 가게 되었다. 선착장에는 잉카제국의 초대 황제 망코 카파크와 그의 여동생 마마 오쿠료의 거대한 유색 조각상이 있고 입장료를 받았다. 조각상은 좀 촌스러워보였다. 역사적인 인물에 대한 해석은 예술가의 상상으로 재현되기 때문이다. 섬 남쪽에는 젊음을 되돌리는 샘Fuente del Inca과 필코카이나 유적The ruims of pillkukayna이 유명하다.

선착장에서 좀 쉬다가 여관을 정하기 위해서 마을로 올라갔다. 길옆으로 냇물이 흘렀는데 그것이 잉카의 샘에서 내려오는 물이란다. 잉카의 샘은 작은 두 개의 물줄기가 폭포처럼 쏟아졌다. 물론 낙차는 1m도 안되었다. 200m쯤 되는 산을 오르는데 힘이 들어서 발이 잘 떨어지지 않았다. 4,000m (바다 수면3,800m~+200m) 가 넘는 고지를 올라가니 고산병의 증세인 것같았다. 한 부인이 우리를 보더니 친절하게 가방을 들어다 주어서 도움이 되었다. 찾는 여관은 산의 정상에서 북쪽으로 조금 가서 있었다.

여관은 섬의 반대쪽을 내려다 볼 수 있었다. 저녁무렵이라 거울같은 호면이 끝이 없었다. 참 아름다운 호수이었다. 여관비는 180볼리비아노를 이야기 했다. 같이 온 여자가 160페소라고 해서 왔다고 말 했더니 두말 않고 깎아주었다. 점심을 40볼리비아노를 주고 사먹고 방에 들어갔는데 너무 추워서 아래 층 방으로 옮겼다. 좀 쉬었다가 산책을 나갔다. 많은 관광객이 섬의 북촌으로 걸어가고 있었다. 그곳까지 가려면 4시간은 잡아야한다기에 소라를 생각해서 오늘밤은 이곳에서 자기로 했다. 이 섬에는 약초냄새가 강하게 났다.

〈태양의 섬 농가〉

〈추수한 퀴노아〉

〈여관 식당〉

태양의 섬Isla del Sol은 크기가 14.3km^2 이며 800가족이 농사, 어업에 종사한다. 섬에는 180곳의 유적이 있다. 그 중에 섬 북쪽에는 박물관Museo de Oro, 태양의 발자취Pisadas de Sol, 신성한 바위Roca Sagrada, 치카나의 미궁Laberinto Chincana등이 있다. 그것을 봐야겠다.

배를 전세내기로 했다. 여관주인에게 이야기했더니 200볼리비아노면 될 거 같단다. 밀고 당기고 해서 남쪽 선착장 옆에 있는 사원을 보고 북쪽 선착장까지 데려다 주는데 150볼리비아노에 합의를 보았다. 달의 섬은 모든 관광객이 가지 않았다.

이곳 여관에도 더운 물이 안 나와 샤워를 할 수가 없었다. 밤에 한 시간만 더운 물을 달라고 했으나 새벽 6시에 주겠다고 말했다. 전기 히터를 달래서 밤에 켜놓고 잤다. 티티카카 호 5월의 낮은 평균기온이 -3.8도, 6월이 -7도이니 밤에는 추울 수밖에 없다. 1시 경에 깨어서 잠이 안와 일어나서 일기를 썼다.

2010. 5. 29 토 맑음 〈태양의 섬 북촌〉

아침에 일어나니 날씨가 참 좋았다. 호수의 수면은 거울 같았다. 바람 한 점 없었다. 7시 30분에 아침식사를 주었다. 식사를 나르는 소녀가 너무 가여워 5볼리비아노를 팁으로 주었다. 식사를 마치고 주인과 작별을 하고 배를 타러 내려갔다. 선주가 내려가는 뒤를 밟았다. 내려가는 길이라 그렇게 숨이 차지는 안했지만 길이 너무 가파르고 험해서 소라는 자꾸 처졌다. 근 1시간이나 걸려 선착장에 도착했다. 선착장 주위에 어부의 집이 있고 작은 밭도 있었다. 배는 그만그만한 배이었다. 선주가 배를 타라고 해서 배에 올랐다. 배는 호면을 서서히 미끄러져 갔다. 어제의 배와 마찬가지로 발동선이었다. 다만 손님이 우리 두 사람뿐이었다. 배는 오른쪽으로 호안을 돌아 신전 쪽으로 향했다. 작은 물결이 일어났다.

〈유적지로 가는 선착장 과 필코카이나 유적〉

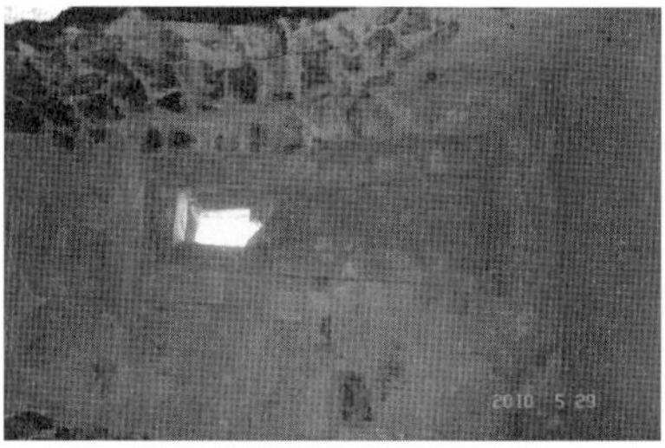

〈유적내부〉

〈티티카카호〉

신전으로 오르도록 배를 능숙한 솜씨로 대었다. 필코카이나 유적은 돌집 같은 집이 한 채 있을 뿐 아무 설명도 유적의 이름도 적어놓지 않았다. 이것이 볼리비아의 관광사업인 것이다.

출입구에 앉아있던 여자가 입장료를 5볼리비아노 씩 달라고 해서 10볼리비아노를 지불했다. 사진을 몇 장 찍고 배에 올랐다. 그곳에 머무는 데도 배가 2척이나 와서 구경을 했다. 어제 내렸던 남쪽 선착장 앞을 지나 배는 북쪽 선착장을 향해 호심을 달렸다. 간판 위에 올라가서 사진을 찍는데 바람이 차가웠다. 태양의 섬의 계단식 밭이 인상적이었고 멀리 호수의 북동부에는 레알산맥이 백설을 이고 띠처럼 둘러싸고 있었다. 티티카카 호의 물은 맑디맑았다. 이 호수는 27개의 강이 물을 공급한다. 흘러나가는 강은 작은 데사과데로Desaguadero 강 하나이며 햇빛과 바람에 의한 증발로 수위가 조절된다. 티티카카 호에는 많은 물새들이 살고 물고기도 풍부했다.

북쪽 선착장은 아름다운 산 아래 있는 전형적인 어촌마을이었다. 넓은 백사장과 좁은 평지, 양 옆의 낮은 산들에는 계단식 밭이 많아 이 마을의 풍요를 짐작할 수 있었다. 어쩌면 배산임수에다 좌청룡 우백호가 잘 발달된 길지에 어촌은 있었다.

배 값을 지불하고 선주를 돌려보냈다. 선착장에서 내려 제일 먼저 한 일은 돌아오는 배표를 사는 것이었다.

선착장에는 상점과 간이음식점이 두어군데 있고 박물관은 가까운 거리에 있었는데 초라했다. 유물들이 태양의 섬에서 발굴된 것인데 토기와 활, 화살, 어망, 농기구들 이었다. 관광객들은 박물관을 구경하고 신성한 바위 The Sacred Rock를 보러 가고 있었다. 그들의 뒤를 따랐다. 너무나 아름다운 얕은 바다와 은모래의 백사장을 걸어 산길로 접어들었다. 강렬한 햇빛이 현기증을 유발했다.

〈유명한 계단식 밭〉

〈태양의 섬 북쪽 선착장 마을〉

〈태양의 섬 박물관 유물〉

〈퓨마의 바위 찾아가는 길〉

가는 길이 4km는 된다고 해서 소라와 같이 갔다 오다가는 배를 탈 수 없을 것 같아 나만 가서 사진을 찍어오기로 했다. 가방을 소라에게 맡겨놓고 카메라만 들고 빨리 걸었다. 꼬불꼬불한 산길은 멀고멀었다. 어제는 산을 오르는데 무척 힘이 들었는데 오늘은 전혀 힘들지 않았다. 희한한 일이다.

산 정상에 퓨마의 바위 혹은 납 성분이 함유된 울퉁불퉁한 바위가 있었다. 많은 사람들이 사진을 찍었다. 아무리 봐도 퓨마의 형상은 보이지 않았다. 그러면 정복자들이 혹시 파괴하지 않았을까? 하는 생각이 들었다. 바위의 중심부가 보기에 좀 수상쩍었다.

후에 티티카카 호의 위키백과의 설명과 지도를 보니까 '호수의 모양이

〈환상적인 호안의 마을〉

〈돌담 유적〉

〈퓨마의 바위〉

〈해설을 듣는 관광객들〉

〈유적 근처에서〉

〈잉카 황제 망코 카파크와 황후 마마 오쿠료 동상〉

퓨마가 토끼를 사냥하는 모습the shape of the lake to be that of a puma hunting a rabbit' 이라고 설명해 놓았다.

그 바위에서 얼마 떨어지지 않은 곳에 사람들이 마을을 이루고 산 돌집들이 있었다. 아마 치카나의 미궁이 아닌가 하는 생각을 했다.그곳에서 남쪽 선착장으로 가는 산길이 능선을 따라 나있었다. 나는 급히 사진을 찍고 소라가 기다리고 있는 곳으로 돌아왔다. 소라의 눈이 촉촉이 젖어있었다.

"많이 기다렸어"

"응"

아직도 선착장은 멀었다. 우리는 손을 잡고 열심히 걸었다. 선착장에 와서 시간이 좀 남아 햄버거를 사서 먹었는데 맛이 너무 없었다.

3시에 코파카바나로 돌아오는 배를 탔다. 너무 피곤해 배의 의자에 누워 잠깐 잠을 잤다. 소라가 깨워 일어났더니 배가 남촌 선착장에 정박했다. 이곳에서 한 시간 머문다니까 모두들 내렸다. 잉카 초대 황제와 누이 동생 입상을 사진에 담고 작은 돌을 주었다.

〈유람선 토토라 배〉

〈호상 요정〉

배는 다시 출발했다. 오는 도중 원주민들 5명이 탔는데 여자 3명 남자 2명 이었다. 여자들이 노래를 부르는데 참 잘 불렀다. 좋은 기회를 만났다면 가수가 될 사람들 같았다. 소라도 한 곡조 뽑아서 분위기가 어울렸다.

음악의 힘이다. 토토라 갈대로 만든 배와 투루차를 키워 음식과 술을 파는 곳에 들렀다. 기암괴석이 아름다운 곳이었다. 그곳에 내리는데 1.5볼리비아노를 내라고 해서 3볼리비아노를 지불했다.

태양의 섬 관광은 이렇게 무사히 마쳤다.

2010. 5. 30 일 맑음 〈뒷동산의 예수의 수난 12처〉

어제 밤에 한 숨도 못 잤다. 낮에 무리를 하며 퓨마 바위에 갔다 와서 고산병이 도진 것 같았다. 그런데 소라는 뒷동산에 올라가고 싶은 것 같았다. 10시 반에 올라가기로 하고 컴퓨터에 글을 썼다. 제목은 신화의 힘이었다. 6일 동안의 코파카바나의 경험을 살려 쓴 수필이다.

산이 가팔라서 열 번도 더 쉬면서 올라갔다. 예수의 수난 12처를 조형해 놓은 종교 시설이었다. 가난한 사람들이 손바닥만 한 좌판에 초와 과자를 팔고 있었다. 정상에 오르자 호수가 한 눈에 들어왔다. 푸른 수면과 멀리 보이는 호수를 둘러싼 산들이 너무나 아름다웠다. 태양의 섬 쪽으로 관광객을 실은 배가 두어 척 물살을 가르며 가고 있었다. 이런 곳에 살면 신화를 믿을 수밖에 없겠구나 하고 생각했다.

〈호수 저쪽의 설산〉

〈코파카바나 부두〉

〈뒷동산의 십자가〉

〈많은 십자가〉

햇볕이 따가워서 기온은 따뜻했다. 꼭 봄날 같았다. 산을 내려와 부두가로 투루차 요리를 먹으러 갔다. 주변의 음식점에는 결혼식을 올린 하객들이 꽉 찼다. 모처럼 부두가 흥청거렸다. 가장 한적한 음식점에 들려 점심식사를 했다. 내일 페루로 가면 페루 돈이 필요할 거 같아서 환전하려했으나 잘 되지 않았다. 결국 볼리비아 돈을 달러로 바꾸었다. 볼리비아 돈 1,100볼리비아노인데 155달러를 받았다.

코파카바나의 한 광장에 잉카 제 1대 황제의 동상이 있다고 해서 그것을 보러갔다. 망코 카파크의 입상과 좌상이 있는데 번화가를 빗겨있었다. 해가 저물어서 사진을 찍으려면 라이트가 터져야하는데 라이트가 터지지 않아 내일 새벽에 다시 오기로 했다. 소라는 선물용 장갑을 몇 개 더 샀다.

〈코파카바나 시가〉

〈시내에 있는 망코 카파크 동상〉

내일은 볼리비아를 떠난다. 떠나면서 생각하니 우유니 염호와 산타크루스에 가보지 못한 것이 미련에 남는다. 언제 그곳에 가볼 수 있을까.

2010. 5. 31 월 맑음 〈페루의 푸노로〉

새벽에 망코 카파크의 동상을 사진에 담아오기 위해서 혼자 길을 나섰다. 소라는 걱정이 많아 따라가겠다고 했지만 시간을 절약하기 위해서 혼자 갔다. 7시인데 거리에 사람들은 없었다. 그래도 밝은 아침이라 어느 정도 안심은 됐다. 잉카 제 1대 황제의 동상은 구리로 된 것 같았는데 도끼를 들고 있었다. 그리고 몸에 흰천과 푸른천 마대를 두루고 있어서 지나가는 사람에게 황제의 동상이 맞는가 물어보았으나 말이 통하지 않아 엉뚱하게 망코 카파크의 다른 동상을 가르쳐주었다. 내가 처음 본 동상은 입상이었고 주민이 가르쳐준 동상은 좌상이었다. 두상만 돌에 새긴 오브제도 있었다. 그런데 그 두상은 가정집의 벽돌담에 박혀있었다. 그것을 보자 볼리비아의 무식을 보는 것 같았다. 그런 것은 있을 수 없는 일이 아닌가?

입상은 어쩐지 조잡하다는 인상을 받았다. 동상들이 관광을 위해서 근래에 만들어진 것 같았다. 동상의 얼굴표정은 장군답지 않게 인자해보였다.

사진을 찍고 숙소에 와서 아침식사를 하고 팁을 주고, 소라는 CD를 구입하고 여관에서 올 때와 마찬가지로 버스정류장까지 차로 태워다주었다. 혼자 여행을 하는 20대의 한국여자를 만났다. 그녀는 라파스로 간다고 말했다.

〈푸노 시 입구〉

〈광장의 동상〉

볼리비아에 아듀를 고했다. 이제 페루인 것이다. 우리는 페루의 푸노에 간다. 가이드북에는 배를 타고 가다가 국경에 도착해서 출입국 심사를 받고 페루에 간다고 되어있는데 그렇지 않았다. 배를 타지 않고 코파카바나 남쪽으로 얼마 달리지 않아 국경이 있었다. 국경을 통과하는 것도 간단했다.

〈대성당 앞의 데모〉

〈교회건물〉

페루 쪽으로 넘어가자 분위기가 완전히 달랐다. 차는 호안을 달리고 있었고 평지라 농지가 많아 주민들의 삶이 풍요로워 보였다. 추수가 끝난 밭에는 퀴노아 대가 많았다. 작은 도시들을 지나 4시간 후에 푸노에 도착했다. 푸노는 코파카바나에 비해 커서 인구가 100,000명의 도시이며 오래된 도시임을 금방 알 수 있었다. 버스터미널에 예약한 도스 만호스 여행사 직원이 나와 우리를 여관에 안내했다. 그는 일본 사람이냐고 물었다. 호텔은 시내의 중심지에 있었는데 조용하고 깨끗했다. 아르마르 광장 주변에 데모가 일어나고 있었다. 데모는 우리나라처럼 격렬하지 않았다. 집에 오다 이발을 하고 여관에 와서 따뜻한 물에 샤워를 하고 빨래를 했다. 소라는 몸이 안 좋다고 자리에 누워서 죽을 끓여주었다. 소라는 쌀죽 덕택인지 바로 원기를 회복했다.

인터넷을 열어보았더니 50통이나 와서 쓸데없는 것은 열어보지도 않고 지워버렸고 딸과 외손자에게 내 생일 축하메일이 와서 답장을 했다. 사시에게도 여러 통의 메일을 받았다. 밤 9시에 잠을 잤고 12시에 깨어 일기를 썼다.

〈시 청사〉

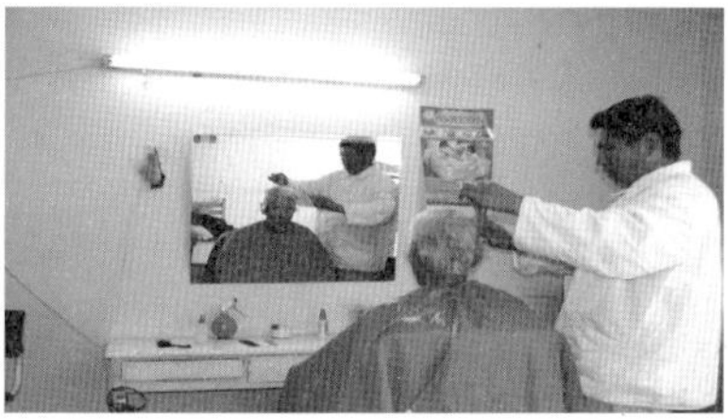
〈푸노에서 이발을〉

2010. 6. 1 화 맑음 〈시유스타니 유적〉

이제 한 달간 페루를 관광하고 에콰도르에 가서 1주를 보내면 그리운 고국으로 간다. 오랜 여행으로 심신이 지쳤다.

페루의 여행은 쉬울 것 같다. 여행사에 의뢰했기 때문이었다.

안내인이 10시경에 온다고 해서 기다렸다. 10시에 밖에 나갔더니 그가 왔다. 우리는 여행용가방을 사러 시장에 갔다. 가방이 낡아서 바꾸어야했다. 중국제 빨간 가방을 75솔을 주고 샀다. 그리고 소라가 박물관에 가자고 해서 인류학 박물관에 갔다. 소라만 들어가서 보고 나는 밖에서 사진을 찍었다. 푸노는 페루 민요의 수도이다."Capital folklórica del Perú" (folkloric capital of Peru) 소라는 비싼 돈을 지불해가며 페루민요의 CD를 많이 구입했다. 훗날 연구의 자료로 삼기위해서일 것이다.

〈암각화〉

〈유적〉

〈유적 내부〉

〈해설을 열심히 듣다〉

12시에 집에 와서 점심을 해먹었는데, 가지고 있던 쇠고기 장조림을 전부 넣고 국을 끓이고 상추도 전부 씻어 배불리 먹었다. 여관주인이 냄새가 난다면서 못해 먹게 했다. 미안하고 창피했다. 그래도 기분이 좀 상했다. 여관에서 이렇게 노골적으로 말한 일은 그 동안 한 번도 없었다. 미국에서도 깐꾼에 있는 최고급 호텔에서도 그런 말은 들은 일이 없었다. 여관에서는 장기 여행객을 위해서 편의를 봐주는 입장이다. 저녁은 사먹기로 하였다. 오후 2시에 시유스타니 유적에 갔다.

시유스타니 유적은 푸노에서 한 시간 거리에 있었다. 이 유적은 지금까지 보지 못한 독특한 것이었다. 고고학자들은 시유스타니 유적은 묘지라고 했다. 거대한 돌로 지은 둥근탑이 위압적이었다. 가장 큰 것은 높이가 12m, 원주는 7.2m나 된다. 사진을 많이 찍었다.

이 유적은 추라혼문화에서 잉카시대에 걸쳐 만들어졌다고 하며 석탑이 100

〈우마요 호수〉

〈가옥〉

여개 되었는데 지금은 많이 없어지고 얼마 안 남았다.

참 오기를 잘했다싶었다. 유적 건너 쪽에는 우마요 호가 있었고 호수 가운데에는 둥근 섬이 있는데 요새 같았다. 호수는 자연스런 해자이다. 호수가 깊지도 않아 고기가 많을 것 같았다. 낚시가 잘 될 것 같았다.

2010. 6. 2 수 맑음 〈우로스 섬과 아만타니 섬〉

〈아르마스 광장의 대성당〉

〈등대〉

티티카카 호 투어를 예약한 날이다. 날씨가 청명해서 좋았다. 페루의 티티카카 호에서 3개의 섬을 구경할 예정이다. 우로스Uros, 아만타니Amantani, 타킬레Taquile섬이다. 아마타니와 타킬레 섬에서는 일박 씩 하기로 했다. 우로스 섬은 가면서 보면 된다.

노트북을 가지고 가느냐 놓고 가느냐로 의견을 나누고 결국 두고 가기로 했다. 전기도 없는 그곳에 노트북을 가지고 간다는 것은 넌센스다. 7시 40분에 로비에 나갔더니 어느새 여행사에서 안내인이 왔다. 소형 버스에 올랐고 곧 선착장으로 갔다. 선물을 사라고 해서 귤과 연필을 샀다. 마실 물도 몇 병 샀다. 배는 갈대의 일종인 토토라를 헤집고 나갔다. 호수에서 바라보는 푸노는 산기슭까지 많은 집들이 들어차있었다. 라파스 같지는 않았지만 가난한 사람들이 땅값이 싼 곳에 집을 장만한 것이리라. 한 30분쯤 달려 토토라로 만든 인공섬 우로스에 도착했다.

우로스는 한 700명이 산다는데 인공섬에서 농사도 짓고 고기도 잡고 민예품을 만들어서 팔기도하며 살아간다. 땅위에서가 아니고 갈대위에서 사람이 산다니! 도저히 상상할 수가 없었다. 그런데 그렇게 살고 있었다.

우로스 섬의 역사는 정확하지 않지만, 잉카시대에 천민으로 쫓기던 사람이거나 코파카바나에 살다가 스페인 군에게 쫓겨난 사람들의 후예라고 한다. 노인들이 호수에서 잡은 잔챙이 물고기를 햇빛에 말리는 것도 보았다. 장례는 어떻게 지낼까? 수장을 할까? 물어보지 못한 것이 아쉽다. 추측컨대 처음에는 수장을 하지 않았을까. 사람이 사는 방법이 다 다르지만 이 섬에서 사는 사람은 무슨 운명을 타고난 것일까? 어린애들이 불쌍했다.

〈토토라〉

〈우로스 섬의 노점상〉

〈우로스 섬에서 소라와〉

〈크고 작은 섬들〉

〈우로스 섬을 뒤로하고〉

〈마을에 들어가는 문〉

다시 배를 타고 3시간이나 달렸다. 푸노의 시가지가 점점 멀어졌다. 1시가 넘어서야 아만타니 섬에 도착했다.

아만타니 섬은 타킬레 섬 북쪽에 있는 15km² 의 섬으로 기원전부터 사람이 살았다고 하며 섬주민은 원주민이 약 4,000명이라고 한다.

선착장에서 마을에 가기까지 짐이 무거워 어려웠다. 이곳도 4,000m가 넘는 곳이다. 맨 꼴찌로 올라갔다. 관광객들 중에 나보다 나이 많은 사람은 없었다. 섬에서는 수녀들처럼 수건을 쓴 여자들이 환영해주었다. 소라와 나는 우리오 라고 하는 원주민 집에 배당되었다. 점심은 스프, 메인 요리, 차의 순서로 나왔는데 먹을 만 했다. 섬이라 생선 요리가 나올 줄 알았는데 나오지 않았다. 4시에 플라자에 모여 산정상에 있는 사원에 간다고 해서 3시 40분에 우리오의 안내를 받아 플라자에 갔다. 그곳에는 어느새 일행이 다 모였다. 안내인이 우리는 가지 말고 마을에서 선셋을 보라고 말했다.

어찌된 영문인지 다리 힘이 풀리고 못 갈 거 같았다. 목이 말라 가게에서 콜라와 티밥을 사서 콜라를 한 모금 마셨더니 이상하게 다리에 힘이 생겼다. 소라는 마을에 남고 나는 가겠다고 말했다. 일행은 이미 멀리 갔다. 며칠 전에 오른 태양의 섬의 길이나 코파카바나의 골고타의 언덕에 비한다면 아무 것도 아니었다. 결국 목적지에 도착했다. 일행이 나를 보더니 놀랬다. 아만타니 섬의 사원은 템플이라기보다 성 같았다. 돌로 쌓은 성이 산의 정상에 있었다. 아니 성과 사원으로 사용했는지도 모른다.

사원을 구경하고 황홀한 선셋 사진을 몇 장 찍고 하산하려고 몇 발작 내려오는데 소라가 올라오는 것이 아닌가! 놀라운 일이었다. 다시 템플로 같이 올라가서 낙조를 구경하고 사진을 찍고 내려왔다. 마을 근처에 오니까 안내인이 기다리고 있었다. 손전등을 준비하지 않아 불편했다. 손전등을

〈잉카 이전의 유적〉

〈유적입구의 문〉

〈소라와 유적 앞에서〉

지참한 안내인의 도움으로 무사히 숙소에 올 수 있었다.

저녁식사 후에 원주민의 복장을 하고 주민들과 어울려 춤을 추는 곳에 갔다. 가로등이 없어 칠흑 같은 어둠이 두려웠다. 어린 악사들이 전통 악기를 불며 음악을 연주했고 모두들 원주민의 복장을 한 관광객들과 어울려 춤을 추었다. 이런 곳이라면 빠지지 않는 소라는 신명이 났다.

밤이 꽤 깊어 숙소로 돌아왔다. 추워서 옷을 입은 채로 잤다. 뒷간이 밖에 있어 불편했다. 두 번이나 깨어 밖의 화장실에 갔다 왔다. 소라도 한 번

〈원주민 복장의 라와 저자〉 〈원주민 아이들〉

〈원주민 복장의 관광객들〉 〈우리가 잔 집〉

깨어 무서워해서 화장실에 같이 갔다왔다. 오육십년대 우리나라 시골 변소와 똑 같았다. 고생스럽지만 좋은 체험이었고 좋은 추억이 될 것이다.

2010. 6. 3 목 맑음 〈타킬레 섬〉

구름 한 점 없이 청명한 날이었다. 아침에 일어나 7시에 식사를 하고 8시에 배를 타러 나가야했다. 아침식사를 하라고 해서 가봤더니 빵 1개 하고 손바닥 보다 더 작은 부침과 차 한 잔이다. 먹기는 먹었지만 너무 심한 것 같았다. 섬 인심이 이렇게 각박한가 싶었다. 팁을 주지말까 하다가 5솔을 내놓았다.

소라는 여주인이 계란을 닭장에서 내오는 것을 본 모양이었다. 계란이라도 프라이를 해 줄 것이지, 퍽이나 아쉬워했다.

마을 사람들은 선착장까지 나와서 배웅했다. 배는 타킬레 섬을 향했다. 아침 호면에 잔 파도가 일었다. 타킬레 섬은 아만타니 섬에서 약 1시간 거리에 있었다. 배가 선착장에 도착했다. 짐을 가지고 내렸는데 짐을 두고 내리는 사람들이 대부분이었다. 아마 오늘 이 배편으로 푸노로 돌아갈 사람들인 것 같았다. 800년 전에 만들었다는 잉카 길을 걸었다. 그리 가파르지는 안했지만 멀고 먼 길이었다. 4,000m의 고갯길을 걷는다는 것은 쉽지 않았다. 그 섬에 사는 주민이 코카를 꺾어주면서 냄새를 맡고 먹으라고 말했다. 고산병에 좋다는 것이었다.

배에서부터 가이드가 소라의 배낭을 짊어지어주었다. 고마웠다. 젊은 백인 아빠가 어린애를 목마를 태워 걸어갔다. 혼자 걷기도 힘든 그 길을 이렇게 걷는 것을 보고 진한 부성애를 느꼈다.

고개 마루에 있는 식당에서 타킬레 섬의 특산품. 모자와 옷감에 대한 설명을 듣고 키오아와 감자, 콘과 빔에 대한 설명을 들었다.

Taquile is especially known for its handicraft tradition which is regarded as among the highest quality handicrafts not only in Peru but in the world. "Taquile and Its Textile Art" were honored by being proclaimed "Masterpieces of the Oral and Intangible Heritage of Humanity" by UNESCO. Knitting is exclusively performed by males, starting at age eight. The women exclusively make yarn and weave.

타킬레섬은 특히 전통 수공예로 유명한데, 페루뿐만 아니라 전 세계에서 가장 품질 좋은 수공예품으로 인정받고 있다. "타킬레섬과 그 섬유 예술품" 은 유네스코로부터 세계무형유산으로 선포되는 영예를 얻었다. 편물(編物, knitting)은 전적으로 남성들이 하게 되는데, 8세부터 이 일을 하기 시작한다. 여성들은 실을 뽑고 천을 짜는 일만 한다.

점심식사에 들어갔다. 이곳 식당에는 투루차가 있었다. 대부분의 관광객들은 투루차 요리를 들고 몇 사람은 계란 오므라이스를 먹었다.

타킬레 섬 역시 1,600명의 케추아 민족의 섬이다. 섬의 면적은

〈마을 전경〉

〈티티카카 호의 순회 관광〉

5.72km^2 로 인구와 면적이 아만타니 섬의 1/3수준이다. 섬에는 잉카시대부터의 농경시스템The island is divided into six setors or suyus for crop rotation purposes이 전승되고 있다. 그것은 섬을 6구역으로 나누어, 각 구역마다 돌아가면서 다른 농작물을 재배하는 방법이다. 바로 윤작 방법이다. 섬에는 계단식 밭이 잘 발달되어 있었다.

점심식사를 마치자마자 가이드는 우리가 묵을 숙소와 내일 배편을 이야기하고는 12명의 관광객과 푸노로 떠났다.

잘 집은 가까이에 있었다. 그 식당집에서도 10여명의 관광객이 식사를 하고 바로 떠났다.

잘 방은 방에서도 호수가 보이는 집이었다. 앞뒤로 문이 나있어 한국의 한옥과 비슷했다. 오후 시간은 타킬레 섬에 있는 유적을 보러 가기로 했다. 안내인도 없이 둘이 가는 것은 좀 위험한 일이었다. 급경사의 길은 아니지만 바위투성이의 험난한 길이다. 산의 정상부근까지 계단식 밭이 수없이 있었고 조금 큰 평지밭도 더러 있었다. 밭의 구분은 제주도처럼 돌담을 쌓았다. 이제 다 왔겠지 하면 길은 또 이어졌다. 유적으로 가는 길은 멀고멀었다. 아주 오래된 제단과 조그마한 건물이 보였다. 소라에게 그만 가자고 말했더니 온 것이 너무 아까우니 당신이라도 갔다 오라고 해서 혼자 오르기로 했다. 산 정상의 유적은 잉카이전의 유적이라고 했는데 축제를 위한 유적 같았고 그곳에 커다란 십자가가 세워져있었다. 그곳은 아만타니 섬의 유적처럼 성 같았다.

마을은 3,950m 지점에 있고 가장 높은 산의 정상은 4,050m 이라고 하는데 100m 올라가는 것이 그렇게 어려웠다. 조그마한 섬의 정상을 오르는데 2시간이나 걸렸다. 조금 쉬니까 소라가 올라오고 있었다. 기쁜나머지 산 정상에서 서로 손을 잡고 뛰었다. 올라갈 때는 아무도 만나지 못했

〈목말 태우기〉

〈돌지붕 유적〉

〈숙소〉

〈타킬레 섬의 선착장〉

는데 내려올 때는 2구릅의 관광객을 만났다. 손전등을 준비하지 않아 급히 내려왔다. 내려올 때는 한 시간 걸렸다.

숙소에 돌아오니 점심을 그렇게 많이 먹었는데 시장기가 들었다. 숙소에는 전기도 없었다. 어두워지자 촛불을 켰는데 잘 붙지 않았다. 주인이 와서 새 초로 바꾸어주었다. 그리고 식당에 가서 저녁을 먹었다. 감자 스프에 오므라이스, 코카차를 마셨다. 식당에도 촛불을 밝혔으나 어두웠다. 평소에는 느끼지 못한 전기의 고마움이 절실했다.

별이 돋아나기 시작했다. 칠레의 천문대에서 보던 별과 똑 같았다. 아직도 지구에는 별이 이렇게 빛나는 곳도 있었다.

2010. 6. 4 금 맑음 〈푸노의 폴크로레〉

아침 식사를 했다. 어제와 별반 다를 것이 없었다. 부침 비슷한 것이 나왔고 빵은 기름으로 따뜻하게 데워주었다. 그나마 성의를 보인 것이다. 심부름하는 머슴애가 착해 2솔을 주었다.

식사를 한 후 소라에게 산책을 가자고 말했다. 어제와는 반대쪽 호수가 있는 곳으로 갔다. 낮은 산등성이를 넘어가자 그곳에 어제 본 유적과는 다른 유적이 나타났다. 제사나 축제 때 쓰는 돌로 쌓은 건물이 있었다. 계단식 밭이 아닌 넓은 밭들은 전부 돌담으로 구분 해놓았다. 그곳에 타킬레

〈섬 오피스〉

〈돌길〉

섬의 어른들이 한 둘씩 모여들었다. 6월 7일에 하는 축제준비를 한다고 말했다. 이 섬에도 씨족들이 있는 것 같았다.

오후에는 푸노로 돌아가서 밤에 아레키파에 갈 예정이다. 12시 30분에 배를 타기 위해서 11시 반쯤 점심을 먹었다. 관광객이 10여명이 들어와서 같이 식사를 한 관계로 투루차를 먹을 수 있었다. 물값 포함 10솔을 주고 배낭을 챙겨 그 집을 떠났다. 선착장은 고개를 내려가 있었다. 급경사인 고개의 500개 이상의 계단을 조심스럽게 밟아 내려갔다. 어제 이길로 왔더라면 고생께나 했을 것 같았다. 내려가는 길인데도 약 40분은 걸렸다. 시간이 지나도 배가 출항하지 않아 어찌된 영문이냐고 선장에게 물었더니 배안에 실린 배낭을 가리키며 저 사람들이 와야 떠난다는 것이었다. 좀 늦어도 되는 것을 점심을 급히 먹고 시간에 대어오느라고 애쓴 것이 억울했다. 언제나 선한 사람만 손해를 본다. 20분이 지난 후에야 배는 시동을 걸었다. 푸노에 무사히 도착. 호텔에 갔다. 아레키파 행 버스는 밤 10시에나

〈한가한 타킬레 섬마을〉

〈유적〉

〈유적 가는 길의 문〉

〈폴크로레〉

〈폴크로레〉

〈폴크로레〉

있다는 것이었다. 저녁을 먹고 오겠다고 말하고 밖으로 나왔다.

폴크로레를 하는 식당에 가서 저녁을 먹으며 기다리기로 했다. 독특한 민속의상을 입은 사람들이 노래도 부르고 춤도 추웠다. 소라는 열심히 들었으나 나는 건성으로 보고 들었다. 8시 50분에 숙소에 와서 푸노의 가이드를 기다렸다. 그가 와서 버스터미널로 떠났다.

2010. 6. 5 토 맑음 〈아레키파〉

아레키파에 가는 도중에는 밤이고 해서 잠을 잤다. 너무 피곤했던지 잠에 떨어졌다. 도중에 앞 버스가 고장이 났는지 한때의 승객들이 탑승했다.

〈미스티 산과 피추피추 산〉

〈차차니 산〉

〈칠리 강〉

순식간에 버스는 만원이었고 새벽 5시에 아레키파 버스터미널에 도착했다. 그러니까 푸노에서 7시간이 걸린 셈이다.

아레키파의 안내인이 나와 있는지 찾아보았으나 아무도 눈에 띄지 않아 택시를 타고 예약한 호텔을 찾았다. 힘겹게 찾아 들어갔다. 베드가 3개나 있는 방이라 너무 크고 추워서 다른 방을 달래서 가방을 옮겼다. 그 방은 너무 작아 가방을 놓을 곳이 없어서 또 다른 방으로 옮겼다. 그런 사실을 사시에게 메일로 알렸다. 오후 2시에 여행사에서 여자 가이드가 나왔다.

걸어서 하는 시내투어를 하잔다. 우리는 그런 시티투어는 바라지 않는다고 해서 카 시티투어로 바꾸었다. 이래저래 기분이 상했다.

아레키파는 페루에서 세번째로 큰 도시이다. 인구가 836,859명이다 표고 2,335m이며 평균기온이 높은 온도가 섭씨 25도를 넘지 않고 낮은 온도가 5℃ 이하로 떨어지는 일이 없다. 년중 300일이상이 청명한 날이다. 다행히 시내에는 높은 산에서 흐르는 강이 있어 물은 해결된다. 아레키파에는 다음과 같은 기록이 있다.

The historic centre of Arequipa was named a UNESCO World Heritage Site in 2000, in recognition of its architecture and historic integrity

〈마뉴엘 데 카르바할의 저택 응접실〉

〈야외 티 테이블〉

〈저택안의 교회〉

〈카르바할 저택의 가든〉

아레키파 역사지구historic centre of Arequipa는 이곳의 역사적인 건축물로 인하여 2000년 유네스코로부터 세계문화유산으로 지정되었다.

시내보다도 시외를 주로 다녔다. 미스티 산5821m, 피추피추 산5571m, 차차니 산6075m이 눈모자를 쓰고 있는 고산과 그쪽에서 흐르는 칠리 강의 물줄기를 바라보는 것도 유쾌했다.

아레키파의 창설자인 마뉴엘 데 카르바할의 저택도 들렀다. 어마어마하게 큰 저택이었다. 저택안에 교회도 있었다. 그런 저택을 유지하려면 하인이나 농노가 몇 사람이 필요할까? 전시실에는 총기가 여러자루 있었다. 물

〈사반디아의 독〉

〈물레 방아〉

〈쟁기〉

〈수로의 물〉

〈대성당〉

레방아와 승마의 사반디아에도 들렸다.

아레키파에는 농토가 많았다. 그래서 시민들의 생활이 풍요로워 보였다.

숙소에 돌아오다가 아르마스 광장 근처의 근사한 식당에 가서 모처럼 돼지고기를 먹었다. 소라가 돼지고기를 싫어해서 가급적이면 피한 음식이었다. 소라도 몇 점 들었다.

2010. 6. 6 일 맑음 〈치바이〉

우리나라는 오늘이 현충일이다. 조기를 다는 날인데! 외국에 오니까 우리나라가 '참 좋은 나라' 라는 생각이 든다. 조국을 지키기 위해서 순국하신 영령들이 더욱더 거룩해 보인다. 외국에서나마 묵념을 올렸다.

오늘은 콜카 계곡에 간다. 그랜드캐니언 보다 깊은 계곡이란다.

7: 15에 아침식사를 하고 8시 투어버스를 기다렸다. 벌써 많은 사람들이 타고 있었다. 가이드는 나이가 지긋한 사람이었다. 우리는 출입문 쪽 앞에서 두 번째 자리를 잡을 수 있었다. 시내의 이곳저곳을 다니며 투어객을 태웠다. 차는 시내를 벗어나 북서쪽으로 황량한 고산지대를 달렸다. 가끔 눈모자를 쓴 높은 산도 나타났다. 그곳에는 유독 화산이 많았다. 한 낮이 되자 더웠다. 고원에는 비쿠냐 보호 구역이 여러 곳 있었으나 많은 수

〈양떼〉

〈치바이 마을입구〉

〈카논델콜카 투어 버스〉

〈파타팜파의 고개〉

〈콜카 인〉

〈치바이 교회〉

는 아니었다. 양떼들도 더러 보였다. 파타팜파(4,800m)의 높은 고개를 넘었다.

그 고개 이후에는 내리막길이었다. 치바이 가까이 가면서 양떼들이 더 보였고 눈이 쌓인 늪지 같은 곳도 나타났다. 골짜기에는 물줄기가 보였다. 그리고 치바이에 도착 입장료를 35솔 씩 냈다. 치바이는 3,600m의 고원에 있는 도시이며 인구는 6,500명 정도이다.

투어회사는 입장료와 식사비를 각자에게 부담시켰다.

일행은 한 여관에 머무는 것이 아니고 분산해서 투숙했다. 우리가 머물 호텔은 44솔 짜리 여관이었다. 4층 428호실이 머물 방이었다. 4개의 방을 보고 최종적으로 결정한 방이다. 충무공의 생일이 4월 28일이라 그냥 정했다. 북쪽으로 눈 덮인 산이 보였다.

오후에는 온천에 가는 것 같은데 피곤해서 그냥 호텔에서 쉬기로 하였다.

2010. 6. 7 월 맑음 〈콜카 계곡〉

7월 7일에 에콰도르에서 귀국 비행기를 탄다. 이제 꼭 한 달인가! 내 일생에 처음 해보는 길고 소중한 여행이다. 지금까지는 별 사고 없이 지냈다.

6시에 짐을 챙기고 식당으로 내려갔다. 히터 값으로 USD$5을 지불했다. 식당에는 두세 쌍이 식사를 하고 있었다. 6시 40분에 투어 차가 와서 탔다. 오른쪽 창에 자리를 잡았다. 차는 콜카 강을 따라 내려갔다. 안내인은 이 근처에 아마존 강의 버스플레이스birthplace가 있다고 말했다.

The Amazon originates from the Apacheta cliff in Arequipa at the Nevado Mismi(5,597m), marked only by a wooden cross.

〈아마존강 Birthplace〉

〈네바도미스미산〉

아마존 강의 원류는 아레키파Arequipa의 네바도미스미 산(5,597m)에 있는 아파체타 라는 절벽Apacheta cliff인데 나무 십자가로 표시를 해두었을 뿐이다.

Other attractions: the most distant source of the Amazon River is accessible from the Colca valley via Tuti, a one-day trip to a spring at 16,800 feet (5,120 m), where snowmelt from Nevado Mismi(5,597m) bursts from a rock face; the Infiernillo geyser, on the flanks of Nevado Huallca Huallca, accessible on foot, horseback, or mountain bicycle.

다른 볼거리: 아마존강의 가장 먼 원류는 투티Tuti를 지나 콜카 계곡Colca valley을 통해 갈 수 있다. 5,120m 높이에 위치한 강의 원류까지는 하루가 걸리는 여행인데, 강의 원류에서는 네마도미스미 산의 눈녹은 물이 바위 표면으로부터 분출되는 모습을 볼 수 있다. 네바도 우알카 우알카Nevado Huallca Huallca산 옆자락에 있는 인피에르닐료 간헐천Infiernillo geyser은 걷거나, 말을 타거나, 산악자전거를 이용해서 갈 수 있다.

콜카 강도 미스미 설산에서 근원하는 강인데 아마존 강의 상류가 아니고 태평양으로 흐른다. 아파치타 절벽의 간헐천은 다섯 개 정도 되는데 물이 뜨겁지는 않은 것 같았다. 동영상에 손으로 받아 마시는 장면이 포착되었다. 그리고 콜카 강 반대방향으로 흐르는 것 같았다. 아마

〈카논델콜카〉

〈공중을 나는 콘도르〉

〈미라도르〉

〈콘도르를 찍는 관광객들〉

존 원류의 발견은 1982년에 프랑스인 진 미첼 코스테아Jean-Michel Cousteau가 탐험을 시작하여 2001년 국립지리협회 탐험으로 입증되었다.

생각 같아서는 걸어서라도 아파체타 벼랑the Apacheta cliff 을 가보고 싶지만 장비도 없고 모험이 따르기 때문에 갈 수가 없었다. 이곳에 와서 아마존의 시원을 안 것만으로도 큰 수확이었다.

강 건너편이나 이쪽 산맥은 안데스답게 용이 꿈틀대는 형상이었다. 골짜기를 내려다보니까 강 양옆으로 밭이 딸려있었다. 수많은 인간을 길러낸 식량의 창고인 셈이다. 밭들은 산기슭까지 올라갔고 그런 곳에는 촌락들이 옹기종기 모여 있었다. 촌락들이 낯설지 않고 친근감이 느껴졌다.

아침 일찍 양케Yanque마을에 도착했는데 춤을 추며 물건을 팔고 있었다. 매를 가지고 나온 주민들도 있었다.

차는 비포장의 좁은 도로를 달리고 있었다. 강바닥을 보니까 수량이 좀 많아진 것 같았고 골짝이도 깊어졌다.

아코마Achoma, 마카Maca, 핀초로Pinchollo마을을 지나는 동안 차를 세우고 물건을 사게 했으나 사는 사람은 별로 없었다. 장거리 여행하는 사람에게는 물건을 산다는 것이 짐이 되므로 사지 않는다.

오른편만 보다가 왼편을 보니 우알카우알카 산Hualca Hualca의 거대한 4봉우리가 눈모자를 쓰고 있었다.

10시 경에 콘도르가 비행하는 전망대에 도착했다. 사진기를 든 많은 사람들이 운집해 있었다. 콘도르 4마리가 국군의 날 비행기처럼 곡예비행을 했다. 사람들은 콘도르가 가까이 왔을 때 카메라 셧터를 누르느라고 정신이 없었다. 소라는 비디오 카메라로 찍었고 나는 보통 카메라에 담았다. 콜카 강까지 내려갔다 올라오는데 4시간이 걸린다고 한다. 내려갈 때 1시

〈콜카 강과 계단식 밭〉

〈치바이의 식당 앞〉

〈아레키파 아르마스 광장〉

〈대성당〉

〈불 켜진 대성당〉 〈불 켜진 시청사〉

간 올라올 때 3시간. 그만큼 계곡이 깊다는 뜻이다. 그러나 콜카 계곡도 아름답기는 하나 미국의 그랜드 캐니언과는 비교가 되지 않았다. 근본적인 차이가 있었다. 사람들은 과장법을 잘 사용한다.

그럼에도 불구하고 이곳은 페루에서 세번 째로 선호하는 관광지이며 일년에 16만명이 찾는다고 한다.

전망대까지가 콜카 계곡 투어의 하이라이트이자 끝이었다. 일행은 차를 돌려 치바이로 돌아와서 점심식사를 하고 아레키파로 돌아왔다.

2010. 6. 8 화 맑음 〈나스카로〉

콜카 캐니언에 갔다온 것이 소라에게 무리인 것 같았다. 몸 상태가 좋지 않았다. 소라는 기침까지 했다. 건강이 무엇보다 중요한데 걱정이다. 낮에는 쉬고 밤 10시에 나스카에 갈 예정이다.

오전 내내 쉬다가 여행가방을 챙기고 12시에 점심을 먹으러 나갔다. 어제 저녁을 먹던 플라자에 있는 음식점이다. 닭튀김을 시켰는데 소라는 입맛이 없는지 잘 먹지 않았다. 혼자 좀 먹다가 싸가지고 음식점을 나왔다. 소라는 아이스크림이 먹고 싶은지 사달라고 말했다. 단 것은 피로회복에 좋다. 소라는 플라자에 놓여있는 땡볕의 의자에 잔다고 누워있다. 더위까지 먹으면 최악의 경우이다. 그녀를 부축하고 여관에 와서 쉬었다.

나는 긴 의자에 누워있었고 소라는 수영장에 있는 의자에 누워있었다. 닭튀김을 데워서 주었더니 입맛이 조금 돌아왔는지 먹었다. 억지라도 먹어야한다고 권했다. 닭다리 하나를 겨우 뜯어 먹었다.

6시에 저녁식사를 하러나갔다. 투루차를 시켰다. 소라는 생선을 먹더니 원기가 돌아왔다. 거리를 걸으면서 윈도우 쇼핑을 하고 집에 돌아왔다. 여관에 와서 인터넷을 조금하고 쉬었다가 9시에 가이드가 와서 택시를 타고 버스터미널에 갔다. 안내인에게 버스표를 받고 일등급 장거리 야간 버스에 올랐다. 의자가 편해서 잠을 잘 잘 수 있었다. 그러나 밤 3시에 깨어 잠이 안 왔다.

2010. 6. 9 수 맑음 〈나스카의 지상화〉

나스카 버스터미널에 도착하니 도스 만호스 여행사 직원이 마중을 나와서 반가웠다. 가이드는 좋은 차를 가지고 있었다. 그의 차를 타고 나스카

〈나스카 라인 설명도〉

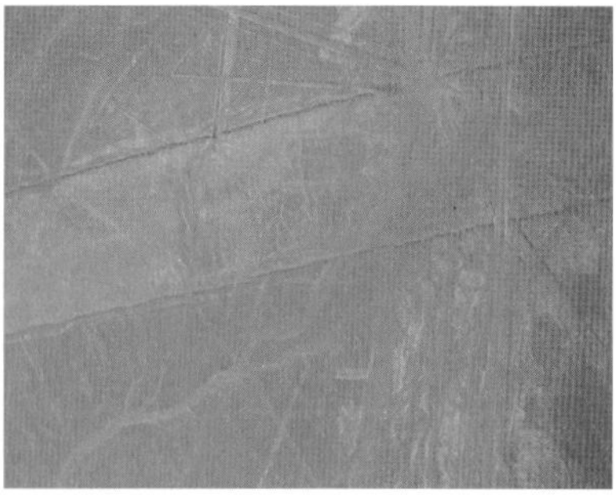

〈상단에 새 모양?〉

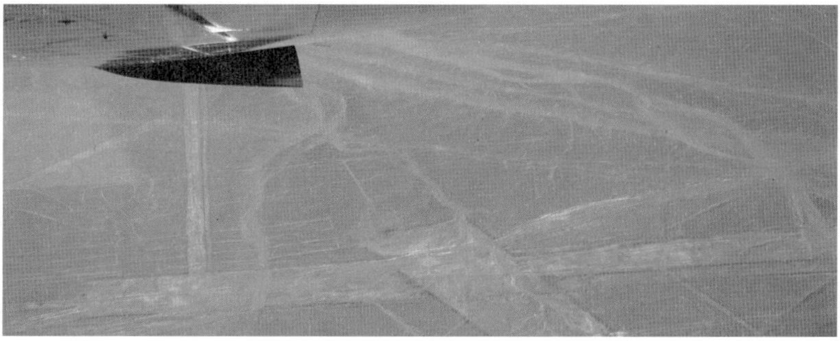

〈좌측에 그림〉

라인을 보러 갔다.

나스카 라인은 비행기를 타고 봐야하기 때문에 공항시설이 되어있었다. 소형 비행기 수십 대가 활주로에 대기하고 있었다.

표를 사는 관광객이 자꾸만 늘어갔다. 오랫 동안 중남미 도처에서 볼 수 없었던 일본 관광객이 유독 눈에 띠었다.

투어회사 유리창에는 지상화들이 소개되어 있었다.

달Sun and Moon, 나선형Spiral, 부채Fan or Seashall, 벌새Humming Bird, 꽃Flower, 군함새Frigate=열대지방산의 거대한 맹조 새Bird, 여섯 개의 발을 단 새머리Bird Head with six feet, 나무Tree, 거미Spider, 손Hands, 콘도르Condor, 원숭이Monkey, 개Dog or Fox, 우주비행사 the owl head man or astronaut, 고래Whale, 물고기Fish, 삼각주Delta, 플라밍고Flamingo, 귀신 새Frigate Bird, 도마뱀Iguana or Lizard, 앵무새Parrot 등이었다.

나스카 라인은 독일 태생의 마리아 라이헤Maria Reiche여사를 떼어놓고는 생각할 수가 없다. 그녀는 나스카 라인의 연구와 보존에 결혼도 하지 않고 평생을 받친 학자이었다.

내게 가장 감동적인 대목은 그녀가 1955년 페루 정부의 나스카 대평원 관개계획을 무산시킨 이야기였다. 당시 페루 정부는 안데스 산맥 동쪽의 아마존 강의 물을 끌어와 나스카 대평원에 관개하려는 계획을 세웠는데, 그녀가 할 수 있는 모든 수단을 동원하여 그 계획을 실행 직전에 무산시켰다. 만약, 그 당시에 페루정부 계획이 실행되었다면, 인류의 가장 소중한 문화유산 중의 하나인 나스카 대평원은 저 역사 속으로 사장되고 말았을 것이다. 한 인간의 예지와 노력, 열정이 얼마나 위대할 수 있는가를 느

〈좌측 아래〉

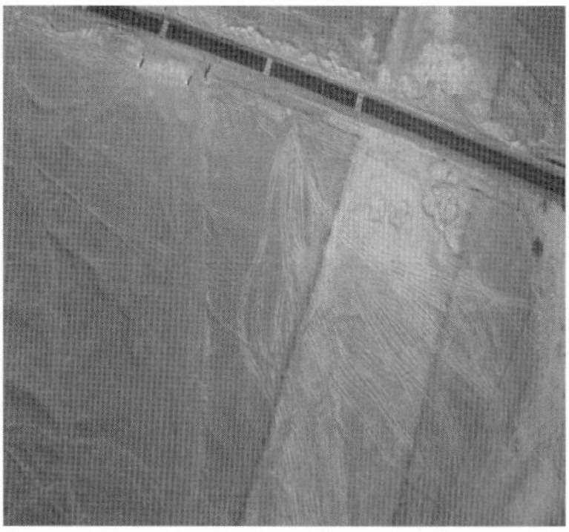

〈공작 꼬리?〉

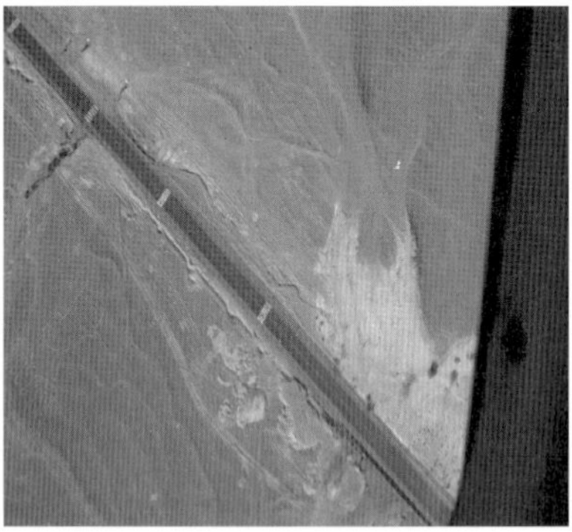

〈좌측에 그림〉

낄 수 있는 대목이었다. 페루 정부는 이 점을 늦게 깨닫고 그녀에게 훈장을 주고 많이 보답했다.

지상화는 300BC~800AD 경에 그려졌다고 추측한다. 유적ruins의 가운데로 판 아메리칸 하이웨이Pan-American Highway가 지나가고 있어, 이 역사적인 유적에 흠집을 낸 것은 가슴 아픈 일이다.

얼마를 기다린 후에 우리는 비행기를 탔다. 조종사와 안내인이 타고, 조종사 바로 뒷 좌석에 우리가 앉고 우리 뒤로 젊은 백인 연인들이 탔다. 15분간의 비행이란다. 다행히도 날씨가 아주 좋았다. 해안지대에 흔한 안개도 끼지 않았다. 비행기는 곧 이륙했고, 느리게 낮게 비행했다. 영어로 해설해주면서 잘 보도록 날개를 기울여주기도 하고 다시 반복해서 그 지역을 비행했지만

〈묘지 터〉

〈묘지〉

사진을 찍기가 바빴고 잘 보이지도 않았다. 또한 수많은 빗물자국이 거미줄처럼 얽혀서 어느 것이 지상화의 선인가 확인하기조차 어려웠다.

이렇게 짧은 시간에 그것을 다 알아본다는 것은 불가능할 것 같았다.

이렇게 유명한 나스카라인에 와본 것으로 만족했다.

다음은 가이드가 묘지와 수로에 가보자고 해서 갔다. 묘지터와 수로는 여행계획에 없음으로 요금을 지불해야한다고 해서 둘이 165솔을 지불했다. 11시 쯤 되자 사막의 기후가 나타나기 시작했다. 내리쬐는 햇빛은 강열했고 바람 한 점 없었다. 교외로 나가 비포장도로를 30분 쯤 달려간 평지에 묘지는 있었다.

요금을 받는 곳에 햇빛을 가리는 간이 막사가 있고 멀리보이는 곳에 일직선으로 나무들이 자라고 있어 조그마한 강이 흐르고 있음을 짐작할 수 있었다. 그 건너 편에 마을이 있고 이쪽이 묘지이었다. 도굴당한 묘지는 백골이 널려 있었다. 고고학적인 가치가 있는지 모르지만 관광지로는 별로인 것 같았다. 관광객을 실은 차들이 흙먼지를 일으키며 연달아 왔다.

다음은 잉카이전에 만들어진 수로를 보러갔다. 다시 시내로 돌아와서 반대방향으로 10분쯤 달리자 의외로 큰 밭이 나타났다. 밭에는 감자와 선인장을 재배해놓았다. 밭 가운데에 지하수로가 있었다. 수원이 어디인지도 확실히 모르지만 먼 설산에서 지하로 끌어온다고 한다. 아마 강한 햇볕에 증발을 막기 위한 방법인 것 같았다. 취수구는 냇가에 있는 참외만한 돌을

〈수로 앞에서 소라와〉

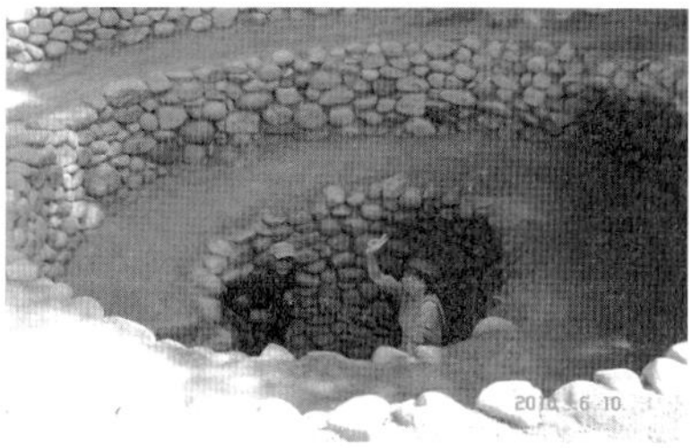

〈우물 안에서 소라와〉

〈선인장 밭〉

〈감자 밭〉

우물형태로 정교하게 쌓았다. 수도가 없던 시절 시골의 우물 벽과 꼭 같았다. 이 물은 지금도 영농에 사용된다고 한다.

다시 나스카 시로 돌아와서 몇 군데 물건을 파는곳 구경을 하고 가이드와 헤어졌다. 사실은 구경이 아니고 물건을 사도록 유도한 것이다.

점심식사를 하고 오후 8시까지 기다린 후에 쿠스코로 가는 야간 장거리 버스를 탔다. 장장14시간이 걸린단다. 연일 장거리버스에서 잤더니 몸이 뒤틀린다. 표고 620m의 나스카에서 3,400m의 쿠스코에 가기위해선 버스는 산으로만 오르고 있었다.

2010. 6. 10 목 맑음 〈쿠스코〉

쿠스코에 도착했다. 잉카의 수도였던 역사적인 도시이다. 유령의 도시

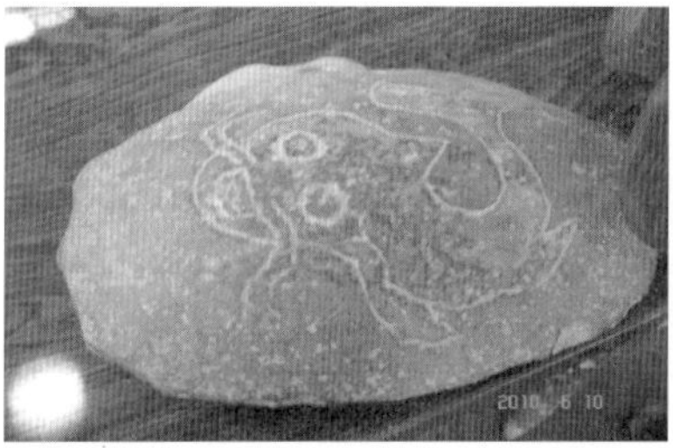

〈암각화〉

〈대나무 집(식당)〉

〈나스카 시내〉

〈나스카 광장〉

같다는 생각이 들었다. 우리나라의 경주나 일본의 경도 같다고 할까. 이곳에서 15일 간 머물 것이다.그런데 도스 마노스Manos에서는 아무도 나오지 않았다. 버스터미널에 나오기로 되어 있는데 안 나오다니? 더욱이 여행사가 쿠스코에 있는데. 이해가 되지 않았다.

쿠스코는 대략 아래와 같은 곳이다.

2009년 통계로 인구 510,000명. 해발 3,400m의 고원의 도시. 1983년 유네스코 세계문화유산으로 등재. 매년 2백만 이상의 관광객이 방문하는 관광의 도시.

구경할 유적이 많다. 마추픽추에 가는 잉카길 트레킹도 이곳에서 한다. 택시 기사가 10솔을 요구한다. 여관의 방은 이층인데, 작지만 깨끗한 편이었다. 짐을 올려놓고 점심을 먹으러 밖으로 나갔다. 어제 저녁과 아침은 버스에서 해결했다. 소라가 귀찮은지 빵을 먹자는 것을 빵으로는 안 된다고 중국집을 찾아보자고 말했다. 여관에 물어보니까, 쿠스코에 중국집이 많이 있단다. 그 중에 한 곳을 찾아갔는데 〈시판〉이라는 집이었다. 음식이 너무 짜고 맛이 없었다. 요금은 15솔인데 기분이 좋지 않아 팁도 주지 않았다.

숙소에 오다가 아르마스 광장에 가보았다. 중국음식점에서 그리 멀지 않았다. 지금까지 본 어느 광장보다 크고 훌륭했다. 광장 중심부에는 커다란 분수가 있어 시원한 물줄기를 품어 올렸다. 분수는 물꽃처럼 보인다. 나는 한 때 불꽃은 있는데 왜 물꽃은 없는가 라는 생각을 해서 시를 쓴 일이 있

〈쿠스코 축제〉

〈쿠스코 아르마스 광장의 인파〉

다. 분수 주변에는 많은 사람들이 한가롭게 쉬고 있었다. 광장 주위에는 잉카제국의 궁전을 허물고 지었다는 대성당과 라콤파니아 데 헤수스 교회가 웅자를 자랑하고 있었다. 대성당을 짓는데 100년이 걸렸단다. 대성당 안에 들어가 보았다. 너무나 화려했다. 지금까지 본 어느 성당보다 더 잘 꾸며놓았다. 서양에 비하여 미개한 잉카인들의 혼을 빼앗기 위한 수단이

아닐 까. 정복자들의 검은 배포를 보는 듯했다.

무슨 퍼레이드인지 잘 모르지만 오늘 퍼레이드가 있단다. 소라는 숙소에 갔다 다시 오잔다. 숙소까지 멀지 않았다. 다시 온다는 약속은 지키지 못했다. 저녁은 빵을 먹기로 했다. 인터넷이 되는가? 들어가 보았더니 도스 마노스의 사시로부터 메일이 왔다.

저녁을 먹고 사시에게 답장을 썼다. 푸노와 아레키파 나스카를 돌아보면서 비용을 따져보니, 가격이 너무 과다 책정되었고 회사는 돈을 받았으니 '배 째라' 하는 수작이다. 이래서는 안 된다. 이건 경우가아니다. 소라와 상의했더니 그녀도 동의했다. 회사에 찾아가서 항의하기로 했다.

2010. 6. 11 금 맑음 〈도스 마노스〉

아침 식사를 하러 식당에 내려갔다. 이른 시간인데 관광객들이 식사를 하고 있었다. 아침 식사는 비교적 잘 나왔다. 빵도 맛이 있었다. 나는 빵을 싫어하는 편이다. 그런데도 여행기간 동안 먹어야한다.

식사를 하고 이층으로 올라오면서 소라가 우리 여관이 하루에 120불이란다. 믿을 수가 없었다. 칸쿤의 별 다섯짜리 호텔도 144불이었는데. 비교가 되지 않는다. 칸쿤의 호텔은 바다가 보이고 최신식 호텔이었고, 아침 식사도 정식이었다.

확인하러 카운터에 내려갔다. 확인한 결과 맞는 말이었다. 나라가 달라도 이건 아닌 것 같았다. 아리키파의 호텔도 푸노의 호텔도 이 정도인데 가격이 40솔 정도이었다. 이 호텔은 60솔 정도면 적당하다. 미화 120불이면 384솔인 셈이다.

어젯 밤에 잘되던 인터넷도 먹통이다.

도스 만노스는 워싱턴 D.C. 페루 영사관에서 소개해준 여행사이다. 그런 여행사가 부당한 요금을 받은 것이다. 당장 그곳에 찾아가기로 했다.

도스 마노스는 아르마스 광장에 있는 대성당을 조금 지나 골목길을 한참 올라간 곳에 있었다. 그것도 2층이었다. 문을 열고 들어가니 남자 하나 여자 6명의 작은 회사이었다. 사시를 찾았으나 눈에 보이지 않았다. 왜 사시가 안 보이느냐고 물었더니 아프단다. 다시 오기로 하고 도스 마노스를 나왔다. 대성당 있는 곳까지 와서 생각해보니 이것은 사시의 문제가 아니고 도스 마노스가 책임질 일이 아닌가?

다시 도스 마노스에 가서 책임자가 누구냐고 물었더니 인상부터가 고약한 여자가 나왔다. 계약 가격이 너무 부적절하니 조정을 해달라고 말했다. 그 동안의 요금을 비교한 것을 쭉 이야기 하고 도대체 회사에서 편의를 봐준 것이 무엇인가 따졌다. 아레키파와 쿠스코의 버스터미널에 안내인이 나오지 않은 것도 추궁했다.

불리함을 깨달았는지 책임자는 그럼 해약을 하자고 말했다. 해약을 해도 좋을 것 같아서 그러자고 동의했다. 금액을 가지고 줄다리기를 해서 협상이 되었다. 지금까지 이행한 금액을 제한 금액을 받는 조건이었다. 우리가 받을 돈은 USD$1,640 쯤 되었다. 협의사항에 동의하고 돈을 달라니까 다음 달에 준단다. 기가 막혀서. 여행을 하지 말라는 이야기냐고 우리는 다음 달은 페루에 있지도 않는다고 말했더니 오후 6시에 오란다.

잘 됐다싶었다. 숙소에 돌아오면서 한 투어회사에 들려 여관과 투어를 알아보았다. 120솔 하는 호스텔을 알아두었고 인터라이미나 아마존 정글

투어도 훨씬 싼 것을 알았다. 숙소를 호스텔로 옮기고 모래 시내투어를 신청하고 5시에 아르마스광장 쪽으로 나가 인티라이미를 알아보았다. 한 회사에 들어가 알아보니 조건은 좋은데 둘이 $50이 쌌다. 잉카길 트레킹은 살려두기로 했다. 잉카길 트레킹은 적어도 4~5달 이전에 예약을 해야하기 때문이다. 내일 다시 알아보기로 하고 도스 마노스에 갔다. 계산을 하더니 $1,120을 준다는 것이다. 왜 그러냐니까 $1,640에서 이미 지불한 비행기 표(아마존 투어-뿌에르또 말도나도Puerto Maldonado 왕복)와 여관비를 제하니까 그렇단다. 비행기 표는 둘이 $320인데 $500로 책정했으니 $180을 남기겠단다. 도둑놈의 심보이다. 여행비 산정이 이랬다. 이건 완전히 사기다.

아프다던 사시가 나타났다. 20대 초반의 앳된 처녀이었다. 그녀는 영국 출신으로 페루에 온 것은 8개월 됐단다. 남자친구 나라가 페루라 이 나라에 왔단다. 사시는 임시직원이라 아무 결정권이 없고 영어번역을 했을 뿐이란다. 의문이 좀 풀렸다.

비행기 표, 잉카길 트레킹을제하고 $1,254을 받고 그 회사를 나왔다. 우리가 도스 마노스에 낼 돈이 $1,000 더 있으니, $2,254과 비행기 표, 잉카길 트레일 예약은 살려두었다. 손해는 손해대로 봤지만 마음이 좀 풀렸다.

애초에 여행 안내서를 철석같이 믿은 것이 잘못이었다. 현지에서 모든 것을 해결할 수 있었는데 미리 얼어 여행사에 부탁한 것이 잘못이었다.

2010. 6. 12 토 맑음 〈쿠스코 시티 투어〉

오늘은 바쁜 날이다. 여러 가지 문제를 해결하고 해야 할 일이 많이 있다. 어제 도스 마노스의 문제를 해결해서 기분이 좋다.

더 미루지 말고 인티라이미와 아마존 정글투어를 신청하기로 했다. 어제

들린 여행사를 찾았다. USD$250에 2사람을 해준단다. 바로 옆의 여행사에서는 $300을 내라고 했다.

다음은 여관을 옮기는 일이다. 도스 마노스가 여관비를 지불했다는 여관

〈쿠스코 만세〉

〈유네스코 문화유산〉

〈코리칸차 앞 뜰〉

에 가서 하루 자고 다시 오기로 했다.

또 6월 25일 쿠스코에서 리마에 가는 버스표를 사두기로 했다. 오전에 가는 버스도 있는데 좀 여유를 두기위해서 14시로 정했다. 저녁과 아침 식사를 제공하는 버스라 두장에 $120을 요구했다. 내일 시크리트 밸리투어를 60솔에 신청을 했다. 모든것은 해결되었다. 그리고 슈퍼에 들려 물과

과일을 좀 샀다.

점심은 간단히 먹고 시티투어에 참가했다. 우리가 맨 먼저 타서 좋은 자리를 차지할 수 있었다. 아르마스 광장에 가서는 많은 사람들이 탔다. 중형버스가 가득 찼다. 그런데 영어는 우리 둘 뿐이었다. 맨 먼저 간 곳은 성도밍고 성당이었다. 잉카제국의 신전에 신전을 반쯤 허물고 지은 성당이었는데 교회는 보지 않고 아직도 남아있는 코리칸자Qorikancha(태양의 신전)를 보았다. Qori는 '황금' kancha는 '있는 곳' 의 의미다.

다시 말하면 황금의 신전은 정복자에게 약탈당하고 그 초석위에 웅장한 성당을 지어놓았다. 하나님께서 용서해주실지 의문이다. 이 성당에는 드넓은 잔디 광장이 딸린 것이 특징적이었다. 신전으로 쓰던 곳이라 그런 것 같았다. 잉카의 석벽과 스페인의 석벽의 기술의 차이가 여실히 들어났다.

다음에 간 곳은 사크사이우아만Sacsayhuaman이다. 쿠스코 시에서 2km 떨어진 북 쪽 산에 유적은 있었다. 입구에서 한 사람당 130솔하는

〈사람에 비해 너무 큰 바위〉

〈예수 상〉

종합입장권을 샀다.

〈사크사이우아만〉

사크사이우아만은 잉카의 9대 황제인 파차쿠티 시대에 하루에 2만 혹은 3만 명이 동원되어 60년이 걸려 완성했다고 한다. 일설에 의하면 킬케문화Killke culture시대인 900-1200AD에 조성됐다고도 한다.

1983년 UNESCO 문화유산으로 등재되었다. 용도는 요새 혹은 신전이며 성벽은 3줄 360m이고 22번 지그재그로 쌓았는데, 동양의 성곽과는 아주 달랐다.

맨 앞줄의 성은 지하의 신인 뱀, 가운데 성은 땅의 신인 퓨마, 맨 위 성은 하늘의 신인 콘도르를 상징한단다. 쿠스코는 퓨마의 도시인데 사크사이우아만은 머리 부분이란다.

스페인 정복자들은 이 돌을 집이나 석축물을 만드는데 가져다 쓰고 움직이기 어려운 커다란 돌이 남아있는데 돌덩이 하나의 무게가 120-360톤이라니 굉장하지 않은가. 파괴된 잔해만 봐도 위용을 짐작할 수 있었다.

석축 아래로는 커다란 잔디밭이었다. 이곳에서 6. 24일 인터 라이미의 메인 세리머니가 열린다. 기대가 된다.

푸카푸카라PukaPukara 유적을 보러갔다. 푸카푸카라 유적은 사크사이우아만 유적에 비한다면 초라했다. 사크사이우아만 유적이 사령부라면 푸카푸카라 유적은 초소에 불가했다. 바로 이웃에 있는 어도비가 특이했다. 우리는 탐보마차이Tamao Machay라는 수원을 찾아갔다. 차에서 내려 한참을 걸어갔다. 앞에 보이는 산은 육산 같은데 바위가 있는 곳에서 물이 나오고 계곡에서는 많은 물이 흐르고 있었다. 이 샘물은 수원을 알 수가 없고 물이 차단다. 우기나 건기에도 항상 같은 양의 물이 샘솟고 있다고 한다. 건기에는 현격히 강수량이 떨어지는 쿠스코에서 이 물은 식수나 농업용수로 쓰였을 것이다. 이 수원으로 인하여 쿠스코가 잉카의 수도가 된 것이 아닌가싶다.

〈쿠스코의 광장〉

〈쿠스코 뒷골목〉

〈성모 상〉

〈쿠스코 성당〉

〈켄코 유적〉

〈탐보마차이의 물〉

시티투어의 마지막은 켄코Qenqo라는 신전이었다. 켄코는 케추아어로 미로라는 뜻이다. 사크사이우아만이 돌을 운반해서 만든 요새라면 켄코는 그 자리에 있는 엄청나게 큰 바위를 다듬어서 만든 신전인데 기기묘묘했다. 그곳에서 사람과 야마의 뼈가 많이 나온 걸로 봐서 신전임이 더 명백해졌고 인신공양이 있던 곳 같았다.

잉카는 사실 신화에서 일어나 신화에 의해서 망했다. 이러한 국력의 잉카가 피사로가 이끄는 200명도 안 되는 정복자의 군대에게 망했으니 말이다. 흰 피부의 정복자를 잉카 다음을 이끌 신화의 주인공으로 오인했다니 말이다. 역사의 아이러니를 보는 것 같았다.

잉카제국의 멸망은 1525년 무렵 우아이나 카팍이 죽은 뒤 아들의 권력다툼으로 망조가 들기 시작했다. 쿠스코에는 우아니카르가, 키토에는 아타우알파가 대두하였으며, 31~32년 내란이 일어났다. 아타우알파 군이 내란을 제압하였으나, 그 직후 F. 피사로가 이끄는 에스파냐 군이 침입하여 32년 11월 사실상 잉카제국은 무너졌다. 170명의 에스파냐 군에게 수만의 잉카 군이 힘 한번 써보지 못하고 패망한 것은 표면적으로는 아타우알파가 피사로의 함정에 빠졌기 때문이었다.

킴 매쿼리의 〈잉카 최후의 날〉에 의하면 잉카가 망한 원인은 다음과 같은 4가지란다. 곱씹어볼 역사의 교훈이다.

※ 폭정에 시달리며 조공(특히 인신공양)을 바치던 수많은 부족들이 반 잉카의 선봉에 선 점
※ 전염병(천연두)에 대한 면역력이 없던 점
※ 구석기 수준의 무기만으로는 총칼로 무장한 에스파냐 군의 화기를 막아내기는 불가능했음
※ 문자가 없어서 정보량이 부족했고 소통부재로 우물 안 개구리 신세였던 점

어쨌든 세계의 배꼽이라는 의미인 쿠스코는 역사의 유물로 가득 차있다.

2010. 6. 13 일 맑음

일요일이다. 모래 화요일은 잉카길 트레일Inca Trail to Machu Picchu을 떠난다. 마추픽추와 묶어서 하는 잉카길 트레일은 나에게는 이번 여행의 하이라이트이다. 소라에게는 인티라이미가 하이라이트이겠지만. 소라는 이미 마추픽추를 관광한 일이 있다.

걸어야할 길은 43km이다. 4일에 걷는 길이다. 평지라면 모르지만 고도가 3,500m가 넘는 산길이다. 아무래도 무리일 것 같아서 소라에게 마추픽추 마을 아구아스칼리엔테스Pueblo de Machu Picchu(Aguas Callentes)에 가서 기다리라고 했으나 같이 가기를 원했다. 소라는 도전 정신이 강하다. 그녀는 마추픽추는 이미 가보았으니까 새로울 것이 없단다.

위키가 선정한 세계 최고 트레일과 도보여행 톱 50Best Trecks/Hikes of the World top 50-Wiki explore에 의하면 잉카길 트레일은 세계에서 두 번째로 랭크되어있는 트레일 이다. 첫 번째인 토레스 델 파이네트랙, 파타고니아Torres del Paine Trek, Patagonia는 칠레의 산티아고까지 갔으면서 가보지 못해 몹시 서운했다. 그곳은 칠레의 최남단에 있어서 탐사하기에는 여러 가지 무리가 있었다. 그리고 주관적인 해석일지 모르지만 마추픽추와 연결되어 있는, 사람이 살고간 역사와 자연이 어우러진 잉카길 트레일이야 말로 세계 최고의 트레일 코스가 아닐까?

준비할 것이 한 둘이 아니다. 회사에서 말한 준비물들을 점검했다. 그리고 무엇보다 휴식이 필요했다. 표고 4,215m의 고개를 넘어야한다. 가장 걱정되는 것이 고산병과 소라의 다리이다. 소라는 다리는 괜찮단다. 고산병은 어느정도 적응을 했고 뉴욕에서 안미상씨가 준 좋은 약이 있다. 식사와 침구 텐트 등 기본적인 것은 요금에 포함되어있다. 물과 손전등, 초콜릿, 화장지와 팁용 잔돈을 준비했다. 가슴이 설렌다.

2010. 6. 14 맑음
〈성스러운 계곡Valle Sagrado de Los Incas 투어〉

성스러운 계곡Valle Sagrado de Los Incas 혹은 우루밤바 계곡Valle

〈피사크의 시장〉

〈산위의 피사크〉

〈수로〉

〈독립된 봉우리〉

〈산위의 피사크 마을의 집〉

〈정상 쪽의 유적〉

Urubamba에 간다. 쿠스코의 북서쪽 우루밤바 강 계곡이다. 쿠스코보다 600m 정도 낮은 지역이라 온난하고 물이 풍부하여 사람살기에 좋은 지역이다.

성스러운 계곡은 피사크Pisaq에서 열대우림지역인 마누 국립공원 Parque Nacional del Manu까지 이어진다. 도중에 오얀타이탐보 Ollantaytambo나 마추픽추 같은 유명한 곳도 있어 기대가 되는 곳이다.

8시 20분까지 온다는 안내인은 오지 않았다. 페루 사람들은 시간관념이 부족한 편이다. 밖에 나가 기다렸다. 30분이 지나서 한 여자가 왔다.

버스에 올랐다. 어제 시티투어를 같이 한 캐나다에서 왔다는 노부부도 버스에 타고 있었다. 반갑게 인사를 나누었다. 여러 곳을 들려 버스는 사람들로 가득 찼다. 우리 자리는 앞에서 두 번 째이었다. 좋은 자리이다. 여행 가이드는 젊은 사람이었다. 어제 시내투어에서 갔던 유적지를 차례로 지나 순식간에 큰 고개를 넘어 성스러운 계곡이 내려다보이는 지점에 차를 세우고 안내인은 설명했다. 우르밤바 강이 흐르는 양쪽 강안에 넓은 농토가 보였다. 그리고 피사크 마을이 평화스러웠다.

피사크는 성스러운 계곡에 있는 마을인데, 지체 높은 귀족들이 주로 산 쿠스코의 남쪽 관문이다. 일요일, 화요일, 목요일마다 관광객을 위한 민예품 시장이 열린다고 한다. 오늘은 수요일이라 시장을 구경할 수 없었다.

마을과 인접한 뒷산에 피사크 유적이 있었다. 마추픽추의 축소판이라는

〈우루밤바 마을〉

〈오른쪽 건물 우루밤바 식당〉

이 유적은 군사, 종교, 농업을 목적으로 건설되었다. 유적의 특징은 물이 풍부하다는 것이었다. 꽤 큰 수로에 가득찬 물이 흐르고 있었다.

피사크 유적은 태양의 신전, 제단, 샘, 의식의 광장, 태양력 시설, 뒷산의 묘지, 계단식 밭 등이 볼만했다. 묘지는 바위에 구멍을 뚫어 만들었는데 700개의 미라가 있고 권력자의 시신만이 그곳에 들어갈 수 있었단다.

〈오안타이탐보근처 우루밤바강〉

〈오안타이탐보〉

〈오안타이탐보의 거석〉

〈휴식하는관광객〉

뉴욕에서 왔다는 교포를 만났다. 아들과 아들친구를 데려왔는데 중년의 한국교포는 IT계통에서 일을 한다고 말했다. 정말 반가웠다. 자녀의 견문을 넓히기 위해서 여행을 하는 한국인과 교포들이 많았으면 좋겠다. 팀이 달라 그들과는 곧 헤어졌다. 구경을 하고 내려오면서 소라가 찐 옥수수를 사주었다. 시장하던 차라 맛있게 먹었다.

칼카Calca를 거쳐 우루밤바Urubamba에 가서 점심식사를 했다. 꽤 큰 음

〈위에서 아래로 찍은 사진〉

〈마을로 내려가는 길〉

〈계단식 밭과 농토〉

〈위에서본 마을의 유적〉

식점이었다.

점심식사를 한 후 오얀타이탐보로 향했다. 빠타깐차 강과 우루밤바 강이 합류하는 지점에 오얀타이탐보가 있어서 잘살펴보니 지형지물이 병법에 대해서 무뢰한인 내 눈에도 요새지 같았다. 마을 이름도 오얀타이탐보이고 유적지도 오얀타이탐보이다. 오얀타이탐보의 요새는 성스런 계곡의 북쪽관문이다.

피큐나나Pinkuylluna 벼랑에 있는 창조주인 비라코차Viracocha의 전령

〈건너편 산의 유적〉

〈유적 전경〉

〈마을의 유적〉

〈수돗물〉

Messenger 상이 엿보인다. 특이한 지역이다.

이곳은 스페인 정복자에게 나라를 빼앗긴 후 독립운동의 본부가 있던 곳이란다. 300개의 계단을 오르면 템플 힐Temple Hill에 거석의 신전이 있다. 이렇게 큰 거석을 산꼭대기까지 끌어올린 방법은 무엇이었을까. 신전 뒤쪽에 바닥에서 올라오는 비탈길이 있었다.

다음 유적지는 친체로Chinchero이었다. 버스는 마추픽추로 가지 않고 우루밤바로 다시 돌아와서 고갯길을 오르고 있었다. 그곳도 무척 높은 산이었다. 정

〈아래서 본 오안타이탐보〉

〈친체로의 밭〉

〈물건을 파는 친체로 여자들〉

〈유적 위에 지어진 친체로 성당〉

상 부근에도 넓은 밭들이 즐비했다. 밭이 많은 만큼 마을도 많았다. 그 중에 친체로 라는 유적이 있었다. 잉카의 중요한 신전이었는데, 쿠스코의 코리칸차와 마찬가지로 성지는 허물어졌고 그 위에 정복자는 교회를 세웠다.

관광객에게 물건을 팔고자하는 친체로 여자들의 애절함이 눈물겨웠다. 일행은 쿠스코로 돌아왔다. 이미 어둠이 깔린 쿠스코 시내에 전등이 켜지고 있었다.

2010. 6. 15 화 맑음
〈마추픽추 가는 잉카 트레일Inca Trail to Machu Picchu〉
Day 01: 쿠스코에서 우아야밤바Cusco to Wayllabamba (12km)

오전 5시 30분에 밖에 나갔더니 차가 와서 승차했다. 다른 여관도 들려 투어객을 태웠다. 스위스에서 온 백인 부부가 우리와 나이가 비슷해서 마음이 놓였다. 독일 여자와 영국인 신혼부부, 이태리 처녀 둘이 일행이었다. 오얀타이탐보 Ollantaytambo에서 아침 식사를 했다. 곧 트레일 출발 지점인 82km지점(쿠스코에서 82km 거리)에 도착했다.

Camino Inka-Inka Trail의 녹슨 표시판이 강변에 서있었다. 82km 잉카 트레일 출발 표시판이다. 표고가 2,600m 지점이다. 안내인과 포터, 요리사는 그곳에서 대기하고 있었다. 일행은 13명으로 불어났다.

안내인은 왜소한 체격의 인디오인데 근처에 사는 사람이었다.

출발하기전에 가이드가 몇가지 주의사항을 말했다.

* 개인행동을 절대 하지말고 지시에따를것
* 안전사고에 만전을 기할것.
* 몸에 이상이 있을시는 안내인에게 즉시 알릴것.

오전 9시경에 출발했다. 우루밤바 강Urubamba(Vilcanota) River 현수교를 건너 조그마한 마을을 지나고 언덕에 있는 휠카 라케이Huillca Raccay 의 보루 유적을 쿠지카카 강Rio Cusichaca 어귀에서 보았다. 눈

〈험준한 잉카트레일길〉

〈야크타파타 유적〉

〈잉카길에서 본 거대한 산맥〉

〈거대한산〉

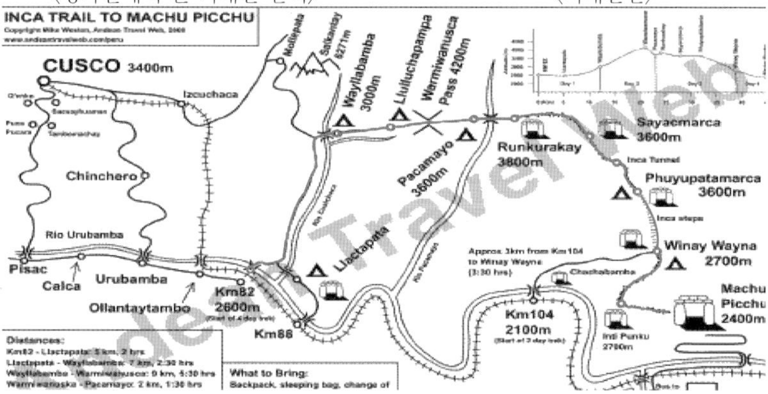

〈잉카길 지도〉

덮인 산마루를 보니 거대한 우루밤바 산맥Urubamba mountain range의 웅자가 거기 있었다. 구름은 산허리에 걸려있었다. 강변길을 가벼운 발걸음으로 걸었다. 계곡물 소리가 따라왔다.

약 5km 걸은 후에 야크타파타Llactapata 유적이 나타났다. 안내인은

이 유적은 종교와 제사의 유적이며 곡식을 생산하고 병사들의 막사로 사용됐다고 설명했다.

도시락을 나누어주어 점심 식사를 했다. 잠시 휴식을 취할 때 일단의 트렉커들과 짐을 실은 동물들이 도착했다.

이제 올라가는 길이었다. 길은 쿠지카카 강 옆에 있었다. 산림은 울창했고 숨이 턱에 닿았다. 숲에는 아름다운 열대 새들이 많았다. 7km를 올라간 후 우아야밤바Wayllabamba(3,000m) 마을에 도착했다. 퀘추어어로 '푸른 평지' 라는 의미인 이곳에는 400명의 주민이 살고 있었다. 가난한 산골마을 주민들이 민예품과 음식을 팔았다.

여기까지는 짐바리 동물과 금속제 스틱이 허용되었다. 안내인은 이곳이 간단한 음식이나 음료를 살 수 있는 마지막 기회라고 말했다. 소라와 나는 옥수수를 사서 먹었다. 소라에게 힘들지 않느냐고 물었더니 괜찮다고 말했다. 천막을 치고 야영을 했다. 그녀의 다리를 주물러 주었다.

저녁은 로모 살타도 Lomo Saltado 라는 음식을 요리사가 해주어 먹었다. 산길 12km를 걸은 후라 맛이 그만이었다.

해가 지자 기온이 뚝 떨어져서 추웠다. 슬리핑백 속에 들어가서 잠을 잤다. 슬리핑백이 불결했지만 하는수 없었다. 1시쯤 되었을까 소라가 화장실에 간다기에 같이 나갔다. 고산지대의 야영지라 무서웠다. 가끔 산짐승이 포효하는 소리가 들렸다. 하늘의 별을 바라보았다. 하늘의 별이 이보다 더 찬란할 수는 없었다. 그랜드캐니언의 수파이, 마마유카천문대 별보다 더 반짝이는 것 같았다. 두려움과 한기에 더 이상 밖에 있지 못하고 천막 안으로 들어갔다. 밤이 깊어갔다.

2010. 6. 16 수 맑음
〈마추픽추 가는 잉카 트레일Inca Trail to Macho Picchu〉

Day 02: 우아야밤바에서 파카마야Wayllabamba to Pacamayo (8.3km)

새벽에 새소리에 깼다. 맑은 날씨가 그만이었다. 오늘 걸어야할 길은 가장 난코스다. 우선 제일 높은 고개를 넘어야한다. 단단히 각오를 해야 했다. 인티 라이미 때문에 3박 4일로 정한 것이 후회되었다. 소라가 잘 견디어야 할 텐데 걱정이다. 아프지 않느냐니까 괜찮단다.

일행은 7시에 출발했다. 여기서 부터는 오른쪽으로 방향을 틀었다.

고산병 약을 먹고 출발했다. 안내인은 모두에게 코카잎을 나누어주었다. 1시간쯤 갔을 때 'Tres Piedres' (three stones)이 나타났다. 이어서 우아일로 강의 조그마한 다리를 건넜다. 작은 캠프장이 있었는데 화장실 시설이 되어 있었다. 폭포를 지나자 길은 가팔랐다.

우아일로 강을 따라 가파른 고산 산림지대를 3시간이나 걸은 후에 드디어 우아일로팜파Llulluchagampa(3,840m)에 도착했다. 잠시 쉬면서 커피를 마셨다. 길가에 음식을 파는 여자들이 쪼그리고 앉아있었다.

스위스에서 온 노인들은 프로인것 같았다. 발걸음이 가벼웠다.

다시 걷기 시작했다. 쉬면서 오르고 쉬면서 오르기를 반복했다. 폴리레피스 숲Polylepis forest*를 포함한 운무림지대를 걸었다. 포터들도 이곳에서는 숨을 헐떡였다. 이 루트에서 트렉커들은 안데스의 매운 맛을 보

〈고개를 오르는 뒤처진 소라와 저자 〉

〈와미와누수카 고개〉

〈야영지에서 내려다본 골짜기〉

게 된단다. 한발 한발 떼어놓기가 힘들었다. 소라는 강했다. 드디어 "죽은 여자 고개Dead Woman's Pass" 라고도 하는 클래식 트레일Classic Trail에서 가장 높은 와미와누스카 고개Warmiwanusca Pass(4,200m)에 올랐다. 안내인이 소라와 나를 보고 손가락으로 V자 표시를 했다.

내 생애에 4,200m를 걸어서 오르다니 꿈만 같았다. 정복했다는 쾌감이 바로 이런 것이 아닌가 하는 생각이 들었다. 때때로 눈과 비가 내린다는데 운 좋게도 청명한 날이었다.

"당신이 와서 하나님이 봐주네." 내가 말하자

"그런가봐요. 날씨가 끝내주네요." 소라가 말하면서 활짝 웃었다.

전망대에서 살칸타이 봉우리Salkantay Peak(6,271m)와 베로니카Veronica(5,750m)산을 포함한 설산의 장엄한 웅자를 조망할 수 있었다. 늦은 점심을 먹었다.

고개를 넘어서는 내려가는 길이었다. 경사가 꼭 사다리 같았다. 넓은 파카마야 야영지Pacamaya Campsite(3,600m)에 천막을 쳤다. 계곡은 열대우림의 정글이 끝이 보이지 않았다.저녁은 세비체Cebiche를 해주었다.

소라의 다리를 주물러주었다.

등산에서 가장 필요한 것이 잠이다. 초저녁부터 잠자리에 들었다.

*Polylepis forest는 안데스 산맥의 고산지대 나무숲으로 약용, 식용, 건축용재로 쓰는 잎이 작은 상록수이며 이 숲에서는 많은 새들이 살고 있다. 멸종위기의 다음과 같은 새들이 서식하고 있다(Great colored parrots and toucans live in the forests, as does the Royal Cinclodes) 이렇게 유익한 나무이지만 무슨 이유에서인지 점점 숲이 사라지고 있단다.

2010. 6. 17 목 맑음
〈마추픽추 가는 잉카 트레일Inca Trail to Machu Picchu〉
Day 03: 파카마야에서 우이나이 우아이나Pacamayo to Wiñay Wayna (7.3km)

요란한 새소리에 깨었다. 오늘이 가장 잉카 길다운 길을 걷는단다. 곳곳에 유적이 널려있다. 아침식사를 하고 7시에 출발했다. 파카마야에서 한 시간 반 정도 올라가서 잉카 탐보 룬쿠르카이Inca Tambo of Runkuraqay(Pile of Ruins3,800m))에 도착했다. 이 거대한 유적은 협곡의 정상부분에 있었는데 1990년대에 대대적인 보수를 했다고한다. 사슴 자생지로 알려진 지역에 코차파타 라는 조그마한 호수가 있었다. 이곳도 한때 야영지로 사용되었지만 과도 사용으로 인한 피폐로 더 이상 허용되지 않는단다. 다시 한 시간 더 올라가서 4,000m나 되는 두 번째 고개

〈탐보룬쿠르카이 유적〉

〈산허리에 걸려있는 잉카길〉

룬쿠르카이 Runkuracay Pass에 올랐다. 협곡에 아나코차 강이 흐르는데 강 유역 역시 빽빽한 수해의 바다이었다. 물소리가 우렁찼다. 고개 마루부

터 대부분이 돌로 포장된 오리지널 잉카 길이었다.

내려갔다 올라오는 길, 올라갔다 내려가는 길이 되풀이 되었다. 세 번째 고개까지 가는 이 길이 특별히 아름다웠다. 길은 운무림 속을 물결치듯 통과하고 때때로 산과 깎아지른 아슬아슬한 절벽이 극적인 경치를 연출했다. 벼랑 아래는 바닥이 보이지 않을 정도로 까마득했다. '접근하기 어려운 도시Inaccessible Town'의 뜻인 사이크마르카Sayacmarca(Steep-place Town3,600m) 유적에 도착했다. 3면이 깎아지른 벼랑의 유적이었다. 꼭 요새지 같은데 아무도 이 유적의 정확한 목적은 모른단다.

사이크마르카를 지키는 초소인 조그마한 잉카의 거주지 탐보 콘차마르카Tambo Conchamarca에 도착했다. 조그마한 유적지는 마추픽추에 가는 지친 나그네를 쉬게 하던 주막이었으리라. 난꽃이 지천으로 핀 초원 지대를 통과했다. 잉카 터널과 두 골짜기 우루밤바와 아오밤바를 내려다 보는

〈푸유파타마르카 유적〉

〈돌로포장된 잉카길〉

〈바위벼랑의 잉카길〉

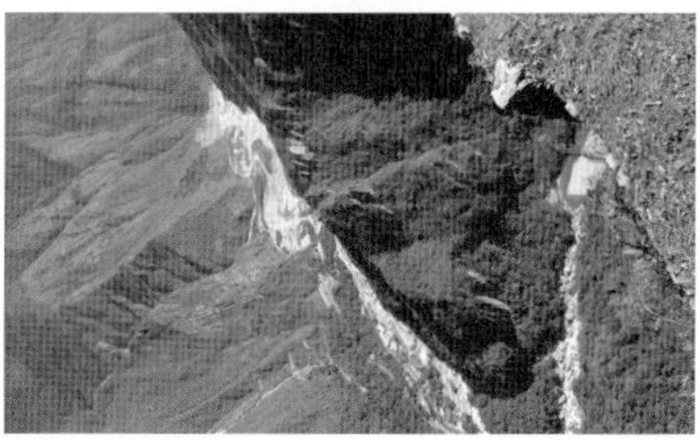

〈우루밤바강〉

전망대를 지났다. 장비도 없이 어떻게 이 터널을 만들었을까?

3번째 고개를 올랐다. 이곳에서 만년설이 덮힌 살칸타이와 베로니카의 웅자를 다시 보았다. 안내인이 가까이 와서 괜찮은가 물었다.

지금까지 본 유적 중 가장 인상적인 '구름의 도시Town in the Clouds'인 푸유파타마르카Phuyupatamarka(Cloud-level Town3,600m)에 도착했다. 이 유적에는 라마를 공양하는 제단이 있었다.전에는 인신공양을 했을것이다. 우이냐이우아이나Winay Wayna(forever young2,700m) 유적에 가기위해서는 1,000m는 내려가야 하는데 그 유명한 잉카 계단Inca Steps이다. 계단이 불규칙했다. 더러는 단단한 화강암을 다듬은 층계도 있었다. 숲은 더 짙어지고 나비와 새들이 많았다. 정글을 뚫고 지나가는 재미에 도취 되었다.

소라에게 괜찮은가 물었다. 지친 기색이 역력했으나 재미있단다. 나 역시 그랬다.

아래를 내려다보니 마추픽추 마을인 아구아스칼리엔테스Aguas Calientes)를 볼 수 있고 강을 따라 달리는 기차소리를 들을 수도 있었다. 인티파타에 가까이 갔을 때 '투 대이 잉카 트래일Tow Day's Inca Trail'을 택한 트렉커들과 만났다. 서로들 반갑게 인사했다.

우이냐이우아이나가 마지막 야영지이다. 그곳에서 3일째 밤을 보냈다. 우이냐이우아이나는 케추어어로 '영원히 젊다'는 뜻이란다. 이곳에서 자생하는 핑크빛 난초꽃의 이름을 따서 지었다고 한다.

유적은 장대한 계단식 밭이다. 10개의 목욕탕이 있다. 물을 숭배하는 것과 연관되는 종교적인 중심지로 예측되었다. 순례자들이 이곳에서 지친 다리를 풀었을 것이다.

인티파타와 우이냐이우아이나는 둘다 종합 농업 계단식 밭이다. 마추픽추의 지배계급에 농사를 지어 바친 곳이 아닐까. 여관, 식당, 야영장이 있다. 재미있는 것은 농장이라 햇빛을 잘 받아야하는데 인티파타는 볼록렌즈 형이고 우이냐이우아이나는 오목렌즈 형이다(The terraces of Intipata have a convex shape whereas those of Wiñawayna are concave.)

일행은 식당에서 저녁식사를했다.

2010. 6. 18 금 맑음
〈마추픽추 가는 잉카 트레일Inca Trail to Machu Picchu〉
Day 04:우이냐이우아이나에서 마추픽추 Wiay Wayna to Machu Picchu (5km), Return to Cusco

동트는 무렵이다. 해돋이 전에 마추픽추에 가려고 서둘렀다. 각자 헤드라이트를 켰다. 가파른 벼랑이라 한시도 눈을 뗄 수 없었다.

7시경에 인티푼쿠(태양의 문)에 있는 마지막 고개로 가는 50개의 수직계단을 올라가니 갑자기 마추픽추 전체가 눈에 들어왔다. 환상적인 광경이었다. 황홀했다. 고색창연한 마추픽추다. 한 폭의 수채화다. 돌의 미학, 돌의 수수께끼, 어둠에 묻혀있던 역사가 여명의 찬란한 빛으로 인하여 눈뜨고 있었다. 눈앞에 펼쳐진 이 장엄한 광경을 위하여 3박 4일을 투자한 것이리라. 투자할 가치가 있었다. 가슴이 쿵쿵 뛰었다. 과연 세계적인 트레일이었다. 역사와 자연과 건축미를 아우르는 트레일은 최고로 느껴졌다. 천천히 계단을 내려갔다.

마추픽추: 쿠스코 북서쪽 80km 떨어진 지점, 우루밤바 강 계곡에 있다. 그곳은 잉카의 성스러운 계곡의 일부이다. 광대한 산림지인 몬타냐 지방에 속한다. 표고는 2,430m이며 넓이는 13km² 이니 여의도(8.4km²)의 1.5배이다. 한편 천지의 넓이와 비슷하다고 한다. 약 200동의 석조건물이 있는데 그 중 가장 중요한 유적은 태양시계the Intihuatana (Hitching post of the Sun), 태양의 신전the Temple of the

Sun, 세 개의 창문이 있는 방and the Room of the Three Windows 등이다.

마추픽추Machu Picchu는 AD 1400년경 잉카제국 때 만들어진 유적이며 신전, 도시국가, 군대의 성(요새지)으로 추정되나 기록이 없기 때문에 확인할 수는 없다. 다행히도 스페인 정복자에게 발견되지 않고 있다가, 1911년 예일대학의 젊은 교수 하이램 빙엄 Hiram Bingham은 원주민 소년의 인도로 잃어버린 도시 마추픽추를 발견했다. 그 유적은 발견될 때까지 정글 속에 숨겨져 있어서 온전하게 남아있게 되었다. 잉카의 다른 석축물은 정복자에 의해 전부가 파괴되거나 해체되었다. 마추픽추는 잉카를 연구하는데 많은 도움을 주며, 1983년 UNESCO Heritage Site가 됐다.

유적은 도시부분과 농경부분으로 크게 나누는데, 도시부분은 동 서로, 농업부분은 위아래부분으로 세분된다.

일행은 마추피추 입구에서 자유 시간을 가졌다. 각자 커피를 사 마셨다. 포터와 요리사와는 이별했다. 소라와 나는 큰일을 무사히 마친 것에 감사했다. 안미상씨가 준 고산병 약이 없었드라면 험난한 잉카 트레일은 불가

〈마추픽추 입구〉

〈태양의 사원〉

〈마추픽추〉

〈꼭대기는 천체관측소〉

〈천문 관측소〉

〈수많은 관광객들〉

〈세 개의 창문의 사원〉

〈마추픽추를 배경으로〉

능했을것이다. 9시 무렵 안내인은 마추픽추 해설사에게 일행을 인계했다

어느 책에는 와나이픽추는 퓨마의 형상이고 왼쪽의 봉우리는 작은 새의 형상이며 마추픽추 도시는 각도에 따라서 퓨마 혹은 콘도르, 리자드(도마뱀)의 형상이라고 설명하고 있다. 칼날 같은 바위산이 에워싸고 있는 오지에 요새가 있다. 석조건축물은 정교했다. 자연석을 이용한 석벽도 있었다. 파괴된 것들도 눈에 띄었다. 관광객들은 참 많았다. 2시간 반 정도의 안내를 받고 자유시간이 되었다.

마추픽추 마을에 가서 점심을 먹고 온천욕을 했다. 시장에 가서 작은 은수저를 몇 개 샀다. 이제 선물을 살 곳도 없을 것 같았다. 관광지라는 곳이 믿을 수 없는 곳이지만 어쩔 수 없다.

오후 4시에 기차를 타고 오안타이탐보 까지, 소형버스로 쿠스코로 돌아왔다. 칠레의 시인 네루다는 마추픽추에 갔다와서 10편의 긴 연작시를 썼다. 그의 시는 찬란한 유적을 상찬하는 것이 아니고 학정과 민중의 고통을 읊고 있다.

그의 시 한편을 소개한다.

Canto II from The Heights of Macchu Picchu

파플로 네루다

Arise to birth with me, my brother.
Give me your hand out of the depths
sown by your sorrows.
You will not return from these stone fastnesses.
You will not emerge from subterranean time.
Your rasping voice will not come back,
nor your pierced eyes rise from their sockets.

Look at me from the depths of the earth,
tiller of fields, weaver, reticent shepherd,
groom of totemic guanacos,
mason high on your treacherous scaffolding,
iceman of Andean tears,
jeweler with crushed fingers,
farmer anxious among his seedlings,
potter wasted among his clays--
bring to the cup of this new life
your ancient buried sorrows.
Show me your blood and your furrow;
say to me: here I was scourged
because a gem was dull or because the earth
failed to give up in time its tithe of corn or stone.
Point out to me the rock on which you stumbled,
the wood they used to crucify your body.

Strike the old flints
to kindle ancient lamps, light up the whips
glued to your wounds throughout the centuries
and light the axes gleaming with your blood.

I come to speak for your dead mouths.
Throughout the earth
let dead lips congregate,
out of the depths spin this long night to me
as if I rode at anchor here with you.

And tell me everything, tell chain by chain,
and link by link, and step by step;
sharpen the knives you kept hidden away,
thrust them into my breast, into my hands,
like a torrent of sunbursts,
an Amazon of buried jaguars,
and leave me cry: hours, days and years,
blind ages, stellar centuries.

And give me silence, give me water, hope.

Give me the struggle, the iron, the volcanoes.

Let bodies cling like magnets to my body.

Come quickly to my veins and to my mouth.

Speak through my speech, and through my blood.

나와 함께 기원을 위해 올라가라
네 슬픔으로 흩뿌려진 심연에서 내게 손을 다오.
너는 돌 쌓는 일로부터 돌아오지 못하리.
지하의 시간으로부터 벗어나지 못하리.

너의 초조한 목소리는 돌아오지 못하리
구멍 뚫린 네 눈은 소생하지 못하리.

대지의 심연에서 나를 봐라,
농부, 직공, 말없는 목동.
토템의 구아나코를 손질하는 이
위태로운 발판위에 높이 있는 석공.
추위에 언 안데스 사람의 눈물
손가락이 불구가 된 보석공.
씨앗 때문에 걱정하는 농부.
점토에 쇠약해진 도공.
이 새 생명의 잔에
땅에 묻힌 너의 옛 슬픔을 가져오라.
그대들의 피와 주름살을 내게 보여라.
내게 말해라, 여기서 처형되었음을.
보석이 휘황찬란함을 감추고 또한
땅이 제때에 곡식과 돌을 10대1로 주지 않아서
너희들이 비틀거린 바위와
너희들을 십자가에 못 박은 기둥을 내게 가리켜라
옛날 등불을 밝히기 위해서 해묵은 부싯돌을 쳐라
수 세기에 걸쳐 너희들의 상처에 고착된 채찍을 비추어라
그리고 핏빛으로 번뜩이는 도끼를 비추어라
나는 그대들의 죽은 입을 대신하여 말하러 왔다

대지를 통해 흩뿌려진 말없는 입술들을 모두 모아라

대지의 구석구석까지 죽은 입들이 모이게 하자
심연으로부터 긴 밤에 내게 이야기하게
마치 내가 너와 함께 여기 닻을 타고 있듯이
그리고 나에게 전부 말해라, 이어서
연계해서, 한걸음 한걸음
몸에 지닌 칼을 갈며.
내 가슴에, 내 손에 던져라
강열한 햇빛의 쏟아짐 같이

땅에 묻힌 제규어의 여전사 처럼
그리고 수 시간, 수 일, 수 해를, 울게 해라,
눈먼 시대에, 별이 쏟아지는 세기에,

내게 침묵을, 물을, 희망을 줘라.

내게 투쟁을, 강철을, 화산을 줘라.

몸을 내 몸에 자석처럼 붙여라.
나의 핏줄과 나의 입으로 와라.

나의 말로 말하라 나의 피로.

다음은 내가 쓴 시이다.

마추픽추에서

마추픽추에 별빛이 쏟아진다
마추픽추에 세계의 시선이 쏟아진다
스페인은 잠이 쏟아지고
십자가에 못 박힌 잉카는 스페인이 세운 프라자의 대성당에서 부활한다.
안데스 산정기여
지구의 기운이여
우주의 섭리여
그대는 누구의 편도 아닌 선의 편에 서있다
도시의 이곳저곳에 세워진 전신주처럼
신전을 허물고 그 기초 위에 성당은 세워졌다
우리는 돌의 세계로 침잠하고
미로와 같은 잉카의 어두운 길
잎맥의 수로가 사막을 경작하고
마추픽추는 다시 일어선다.
머리위에 강한 태양빛이 쏟아진다
영원은 소리를 낳는다
소리

소리
소리

2010. 6. 19 토 맑음
〈아마존 로지Amazon Lodge의 에코 어드벤처 eco-adventure〉

오늘 3박 4일 에코어드벤처eco-adventure를 떠난다. 우선 비행기를 타고 뿌에르또 말도나도Puerto Maldonado에 가야한다. 쿠스코에서 가까운 아마존 투어를 하는 거점 도시이다. 7시 40분 비행기라 5시 10~20분에 집에서 나갔다.

어제 밤에 해둔 밥을 조금씩 먹었다. 몸살기가 있다. 우유에 커피를 타서 마시니 기운이 좀 난다.

새벽 공기를 가르며 공항에 도착했다. 쿠스코의 날씨는 몹시 춥다. 고도가 3,399m이니 춥지 않으면 이상하지 않을까. 동지가 바로이니.

수속을 마치고 7: 40분에 비행기가 떴다. 비행기는 제법 커서 자리가 남아돌았다. 소라는 창가의 자리에 가서 앉았다. 내 자리도 창가의 자리이다. 비행기가 높이 뜨자 수없이 많은 산과 강이 보였다. 마을과 계단식 농토가 보였다. 그리고 안데스의 높은 설산이 나타났다 사라졌다. 20분 쯤 날자 아마존의 정글지대가 나타나기 시작했다. 끝없는 수해의 바다. 그렇다. 이것을 보러온 것이다.

뿌에르또말도나도 공항에 무사히 도착했다. 밖에 나가니 기온이 무더웠다. 3,399m에서 183m까지 내려왔으니 몸이 적응할지 걱정이다. 여행사 직원이 나와 있었다. 그의 인도로 차를 타고 강가로 갔다.

이번 아마존투어의 비용은 3박 4일 일정에 둘이 미화 $560이다. 볼리비아의 아마존투어는 2박 3일에 둘이 약 115불이니까 페루가 훨씬 비싼 편이다. 두 나라 사이에 이런 현격한 차이가 났다. 기분이 어쩐지 좋지 않았다. 그러나 소라는 기분이 좋은 것 같았다.

오전 11시에 배를 탔다. 안내인 말로는 뿌에르또 말도나도는 두 강이 만나는 지점에 있으며 하나는 푸노에서 흐르는 탐보파타Tambopata강이고 다른 강은 쿠스코에서 흐르는 우루밤바 강이란다. 강 건너는 브라질 땅이며 강폭은 대략 600m이다. 넓은 강폭에 황토물이 꽉 차서 흐르고 있었다. 우기에는 수면이 이보다 훨씬 높을 것이다. 모터를 장착한 카누가 강을 미끄러져 내려갔다. 강 양안은 끝없는 정글이 이어졌다.

한 시간 이상 달려가서야 우리가 머물 아마존 로지Amazon Lodge가 나타났다. 한 눈에 보기에도 볼리비아의 루레나바께의 로지와는 비교가 되지 않았다. 우선 마음이 놓였다. 우리는 도라도라Doradora 라는 방갈로를 배정 받았다. 방갈로 Bungalow는 독립되어있었는데 공간도 넓고 가운데 화장실이 있고 침대가 3개 있었다. 가족용 방이다.

식당으로 인도되어 점심을 먹었는데 뷔페였다. 식사도 괜찮은 편이었다. 점심식사 후 피곤해서 잠에 떨어졌다. 아마 쿠스코에서 고산병에 시달렸던 모양이다. 그리고 3시 반에 우리는 몽키 섬에 갔다. 안내인은 원숭이에게 줄 바나나와 톱 같이 생긴 물건을 챙겼다.

배를 타고 강 건너로 갔다. 과연 원숭이 섬답게 많은 원숭이들이 있었다. 호주에서 왔다는 노인과 젊은 여자도 동행했다. 노인은 70세라고 했다. 딸과 아버지 사이는 아닌 것 같았다. 그 섬에서 원숭이들의 재롱과 활동을 보면서 사진도 찍고 거닐면서 두어 시간 보낸 후 숙소로 돌아왔다.

저녁은 점심에 비해서 음식이 초라했다.

가만히 생각해보니까 560불이면 한율을 1000: 1로 해도 56만원이다. 그러니 70만원이 넘는 셈이다. 항공료를 합치면 1060불. 이웃에 있는 마누국립공원 Biosfera ole Manu은 둘이 2,800불이라니 얼마나 좋은 곳인가! 마누는 너무 비싸서 포기했다.

여행 안내서에 의하면 마누국립공원은 크기가 18,811km² 이며 고저가

4,200m~150m의 열대우림지역이라 동식물의 보고이다. 식물이 15,000종. 포유류 222종. 파충류 99종. 양서류 140종. 새 1,000종. 물고기 210종. 나비 1,307종. 개미 300종. 잠자리 136종. 딱정벌레 650종의 보고이다. 볼리비아의 마디디 Madidi국립공원(p248 크기비교)과 쌍벽을 이루는

〈롯지〉

〈원숭이 섬〉

〈바나나를 먹는 원숭이〉

〈큰 나무앞에서〉

국립공원이다. 여유가 있는 관광객에게 이곳 방문할 것을 권하고 싶다.

2010. 6. 20 일 맑음 〈정글 투어〉

1시에 깨어서 잠이 오지 않았다. 소라는 샤워를 했는데 나는 샤워도 하지 않고 잤다. 밤새도록 벌레울음 소리가 들렸다. 부엉이 소리도 들렸다.

짐승들의 포효하는 소름끼치는 소리도 들었다. 소라의 침대에서는 방에서 창밖의 별들을 볼 수 있었다. 공기가 맑아 별들이 깨끗하게 보였다.

새벽 5시쯤 되니까 새들이 지저귀기 시작했다. 새소리가 너무 좋아 소라에게 녹음을 해두자고 권했다.

“수통골 우리가 살 아파트가 들어서는 곳도 새들이 많을 거에요. 국립공원 계룡산 기슭이니까.” 그녀가 말했다. 이럴 때 소라는 소녀 같아 보였다. 새들이 푸드득거리며 날기도 했다. 시끄러울 정도의 새소리가 들렸다. 먹을 것이 풍부하니 새들이 참 많은 곳이었다.

7시 반에 아침식사라고 해서 7시 쯤 나가 경내를 한 바퀴 돌았다. 규모가 대단히 컸다. 아마존 로지는 100채는 될 성싶었다. 그러나 오늘은 로지에 6명밖에 남지 않았다.

7시 25분에 식당에 갔더니, 뷔페인데 찌꺼기만 남은 것 같았다. 비행기를 탈 사람들이 먼저 먹고 떠났기 때문이란다. 러시아 처녀 2명, 독일에서 온 중년부부와 우리 둘이 식사를 했다. 모텔의 아침식사만도 못했다. 계란을 후라이 해 달래서 먹었다.

아침을 먹고는 내일할 투어를 오늘 하러갔다. 오늘 투어는 빅토르 라는 가이드가 인도했다. 알렉스는 배를 운전하면서 따라갔다. 오늘은 정글 투어이다. 빅토르는 이곳에서 16년간 근무하는 가이드란다. 아마존 롯지가 생긴 이래 근무하는 베테랑 가이드인 셈이다.

정글에 들어가자 그는 나무에 대해서 이야기 해주었다. 핑크빛 꽃이 만개한, 느티나무 만큼 큰 나무는 윈바Winba이고 오일이 나오는 나무, 고무나무, 물나오는 나무, 타잔나무인 레코나 트리 등을 이야기해주었다. 한국에서 본 고무나무는 화분에서만 보았는데 정글의 고무나무는 교목이었다.

이어서 Gamitara Briolo and River에서 낚시를 했는데 8명 중에 고기를 낚은 사람은 한 사람도 없었다. 고기가 없어서 안 잡히는지 모를 일이었다. 조그마한 강가에는 동물도 새들도 없었다. 아름다운 작은 섬에 나비들이 날고 있었다. 정글은 이곳 아마존 유역이 볼리비아보다 훨씬 짙었다. 볼리비아는 정글이 아니라 팜파스Pampa이었다. 그러나 볼리비아의 강보다 물고기도 악어도 짐승도 어림도 없이 적었다.

점심식사 후에는 작은 호수에 간다고 했다. 무더운 날씨인데 전기를 안 넣어주어 펜이 돌아가지 않았다. 투어 객이 작다고 무시하는 것 같았다.

지배인에게 전기가 없어 무척 더우니 펜이 돌아가게 해달라고 말하고 아침은 너무 poor했노라고 점심은 뷔페인가 물었더니 투어 객이 너무 적을 때는 뷔페는 하지 않는다고 이해해 달라고 말했다.

그래도 내가 한 말이 효과가 있었다. 점심에 우리에게만 특식을 주는 것이었다.

오후에는 작은 호수에 새를 보러 갔다. 가이드는 아침에 같이 간 빅토르이었다. 한 2km 갔을까 작은 연못이 나타났다. 연못 주위로는 수해의 바다이었다. 물가의 나무에 새들이 있었으나 보이지 않았다. 푸드덕 거리는 소리와 새 지저귀는 소리만 요란했다. 숲이 눈에 익자 몇 마리 새가 보였다.

빅토르는 가지고 간 생선을 칼로 잘라 연못가에 놓았다. 카이만이 생선 냄새를 맡고 기어나왔다. 시커멓게 큰 놈도 한 마리 나타났는데 아주 신중했다. 그 연못은 악어 연못인 셈이었다. 굉장히 많았다. 다시 숲길을 돌아 롯지에 왔다. 오후행사가 끝났다.

저녁을 먹고는 카이만을 보러 강에 간단다. 탐조등을 가지고 갔으나 카이만은 몇 마리밖에 보지 못했다.

강심에 엔진을 끄고 한 참이나 조용히 앉아 있었다. 악어에 대해서 한 가이드가 설명을 했다.

아프리카 악어는 크로코다일crocodile, 중남미 악어는 앨리게이터alligator, 남미악어는 카이만caiman, 인도 악어는 가비알gavial이란다.

나는 악어 이야기는 듣지 않고 시 한수를 썼다.

카이만을 보러 강에 나갔다가
엔진을 끄고 강심에 앉았네
호수의 수면은 이런 밤이면 잠자는 줄 알았지만
강도 잠을 자는 것을 알았네
바다도 밤이면 코골며 자는데
어찌 강이 잠을 자지 않겠는가
달을 휘영청 밝고
별은 쏟아지고 있네

제목을 정하지 않았다. 후에 붙이기로했다.

2010. 6. 21 월 맑음 〈lost lake 탐방〉

아마존 투어 3박 4일에 가장 핵심이 되는 잃어버린 호수 lost lake에 가는 날이다. 새벽 5시에 아침식사를 했다. 그리고 6시에 잃어버린 호수를 찾아 출발을 했다. 가이드는 훼릭스Felix라는 젊은 청년이었다. 카누를 타고 강을 좀 내려가다가 왼편 언덕에 올라갔다. 그곳에는 소로가 닦여 있었다. 군대군대 송판으로 만든 탐방로가 있었다. 정글은 끝없이 이어졌다. 아름드리 나무가 숲을 이루어 햇빛이 가려 어두워서 선글라스를 보통안경으로 바꾸었다.

나무판자에 경고문이 스페인어와 영어로 써져있었다.

Recommendations

Be careful, the floor might be wet and slippery.

Walk with care.

Hold the rope or the railing

Follow the advise of your guide

경고

바닥이 젖었거나 미끄러울지도 모르니 조심하시오.

주의해서 걸으시오. 로프나 난간을 잡으시오. 안내인의 충고를 따르시오.

〈수로를 보트로〉

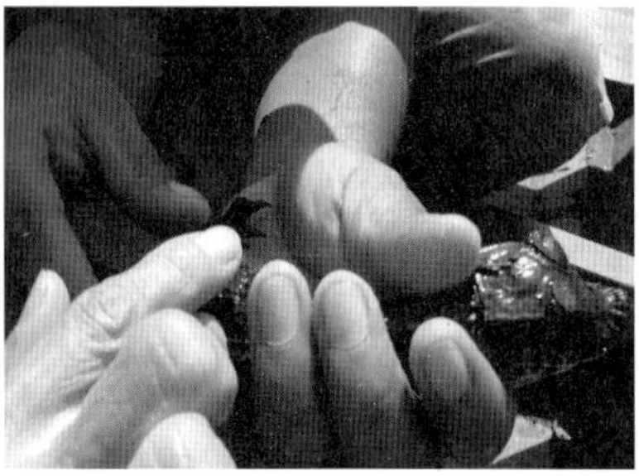
〈새끼 카이만〉

〈물위로 나온 거북이들〉

〈야자수 숲〉

안내인은 가끔 우리를 멈추게 하고는 정글의 나무에 대해서, 독거미와 뱀 집에 대해서 특수한 지식을 가르쳐주었다.

몬타냐 지역의 나무인 야생고무, 마호가니, 기나수, 코코아, 바닐라, 쿠라레나무 등을 설명해주었다. 코끼리나무, 불개미나무, 넝쿨에 의하여 고사한 나무, 거목, 약초나무, 암을 고치는 나무 등도 이야기 했다. 열대 정글은 인류의 무한한 보고라는 말도 잊지 않았다.

들어보지도 못한 기나수는 페루의 국기에 있는 나무로 키니네의 원료이다. 그이외도 여러 가지 약으로 쓰이는 나무란다.

뱀 집은 땅속에만 있는 줄 알았는데 까치집처럼 나무로 지은 뱀 집도 있었다. 물론 뱀은 나무위가 아니라 땅위에 집을 지었다.

일행은 수로 같은 곳에 도착 카누를 타고 노을 저어 나아갔다. 수로변에는 수변식물들이 많았고 쭉 쭉 뻗은 팜트리 군락들이 나타났다 멀어졌다. 나무 위에는 열대 새들이 시끄럽게 지저귀고 물에서는 물고기들이 풍덩거렸다. 2km쯤 앞으로 나아가 카누에서 내리고 다시 걷기 시작했다. 10시경에 높은 전망대와 작은 로지가 있는 곳에 도착했다. 그곳에는 화장실도 있었다. 잃어버린 호수는 바로 옆이었다.

정글 속이니만큼 이 호수를 찾지 못했는데 몇 년 전 비가 많이 내려서 물이 고여 있는 것을 발견하고 찾은 호수라 이런 이름이 지어졌단다. 가지고 간 배낭은 작은 로지에 놓아두고 카메라만 들고 안내인의 뒤를 따랐다. 아이언 트리의 송판으로 만든 탐방로가 호수까지 이어졌다. 아마 악어나 뱀으로부터 관광객을 보호하기위한 배려 같았다. 남미에는 이런 길들이 많다.

한 20분 쯤 걸었을 때 작은 호수가 나타났다. 나무배가 서너척 있어 일행은 나무배를 타고 호수를 한 바퀴 돌았다. 노는 하나밖에 없어 가이드가 잡았다. 우리는 호면을 조용히 미끄러져 가면서 이것저것 구경을 했다. 가이드의 이야기로는 그곳에는 아나콘다도 있고 카이만도 있고 거북도 있고 물고기도 있단다. 호수의 깊이는 약 3m이다. 말이 호수지 우리나라의 연못 크기이다. 물은 비교적 깨끗했다. 수면에 물장구를 치는 놈이 있었는데, 카이만인 것 같았다. 가이드는 카이만의 새끼를 손으로 잡아 우리에게 일일이 만져보도록 하고 사진도 찍게 했다. 촉감이 섬뜩했다. 호수주위에는 새들이 많았다. 물을 마시기 위해서 새는 물 가까이 둥지를 트는 모양이었다. 가이드는 큰 고동을 잡아서 우리에게 보여주었다. 거의 아기들의

〈열대 정글〉

〈전망대에서〉

〈암치료 식물이라는데〉

〈우리가 탄 비행기〉

주먹만 했다. 그는 잡은 고동을 다시 호수에 넣어주었다.

작은 로지에 와서 철탑에 올라갔다. 호기심이 많은 내가 앞장서고 내 뒤로는 독일인 연인들이 따랐다. 남녀의 나이차가 너무 나서 부부로는 보이지 않고 연인 사이 같았다. 날씨가 무더워 전망대에 올라가는 것이 힘이 들었다. 특히 뚱뚱한 서양인 노인은 더 어려울 것 같았다. 철탑은 아파트 4~5층 높이는 되었다. 전망대에 올라가니 정글의 큰 나무들이 눈 아래에 있었다.

수해의 바다가 끝없이 전개되었다. 물이 많은 호수 쪽으로는 팜 트리가 군락을 이루고 있었다. 대단한 광경이었다. 공기가 무척 맑았다.

철탑에서 내려와 아마존 로지로 돌아가기로 했다. 돌아오는 길은 카누를 타지 않았기 때문에 길은 더 멀었다. 가이드는 틈틈이 이것저것 설명을 했다. 큰 강가에 도착하기 조금 전 맹수의 포효하는 소리가 들렸다. 그 소리를 듣자 정글이 더 실감이 났다. 가이드는 잠시 멈추어 서서 조용히 하라고 주의를 시키더니 재구어가 사냥을 하고 있으며 거리는 약 1km정도란다. 온 몸에 소름이 돋았다. 우리는 조용히 길을 재촉했다.

오후에는 원주민 집을 방문한단다. 원래의 일정은 낚시와 수영이었는데 소라가 건의해서 바뀌었다. 낚시는 속만 태울 것이고 수영은 하지못하니 잘 바꾸었다.

몽키 섬을 지나 강 건너에 원주민집이 있었다. 원주민들은 예민해서 여러 가지로 주의하라고 안내인이 말했다.

카누를 내려 언덕에 올라가자 원주민집이 있었는데 맨 먼저 우리를 반긴 것은 삽살개 같은 개이었다. 원주민의 집은 농촌의 집이 다 그렇듯이 초라했다. 이층은 침실, 아래층은 돼지우리이었다. 백일홍과 맨드라미가 핀 꽃밭에 친근감을 느꼈다. 집주위로는 코코넛과 파파야 열매가 주렁주렁 매달려있었다. 고추와 목화가 내 키의 서너 배는 자랐고 꽃과 열매가 많이 달렸다. 아마 화초로 키우는 듯했다. 닭들이 뜰에 자유롭게 돌아다녔다. 닭장에는 오리들도 있었다.

40대의 주인이 나왔는데 깃털로 만든 관을 쓰고 흰 무명의 원피스 같은 옷을 입고 있었다. 발은 맨발이었으며 웃니가 4개나 빠져 겉늙어 보였다. 자녀가 7명에다 부인이 7명이라고 말했는데 농담인지 진담인지 모르겠다. 원주민들에게는 일부다처가 관습인이란다. 부인인 듯한 여자가 물건을 팔고 있었는데 너무 젊어보였다. 딸이 프에르또말도라도 학교의 선생이란다.

그는 2년 전에 이곳에 이사 왔는데 그만의 왕국을 이루고 있는 것 같았다. 집 뒤에 농장이 있고 집 앞 강에는 엔진을 장착한 그의 카누가 있었다.

물건을 하나 사고 소라는 원주민의 노래를 녹음하고 싶었으나 원주민이 거절해서 뜻을 이루지 못했다.

저녁을 먹을 때 안내인이 내일 4시에 일어나서 5시에 식사를 하고 바로 떠나야한단다.

3박 4일이 3박 3일이냐고 항의를 했더니 비행기 사정 때문이란다. 어처구니가 없는 결정이다. 볼리비아처럼 적어도 오전일과는 하고 점심은 먹여서 보내야 3박 4일이 아닐까. 페루가 볼리비아보다 나은 점이 뭐냐? 이것이 관광대국의 실태이다. 나는 불평을 하는데 소라는 그럴 때마다 내편이 아니었다.

2010. 6. 22 화 맑음 〈다시 쿠스코〉

5시에 식사를 하고 바로 떠났다. 푸에르또말도라도 공항에서 수속을 밟고 대기하고 있었다. 아마존 롯지의 안내원은 인사도 하지 않고 사라졌다. 시간이 되자 많은 사람들이 모였다. 9시에 출발할 비행기는 늦는 것 같았다. 쿠스코에서 비행기가 와야 그 비행기로 돌아가는 것 같았다. 9시가 다 되어서 비행기가 왔다.

비행기에서 손님들이 내리고 우리가 탔다. 좌석은 창가였고 앞에 3자리가 있어 소라가 얼른 그리로 가서 창가에 앉았다. 9시 30분에 비행기가 떴다. 사진을 좀 찍었다. 소라는 비디오로 열심히 경치를 담았다. 정글을 똑똑히 내려다 볼 수 있었다. 정글 쪽에도 얕은 산이 이어진 것을 볼 수 있었다. 정글은 사라지고 광활한 높은 산지와 작은호수들이 무수히 많았다. 공항에 도착, 택시를 탔는데 20솔을 내란다.

여관에 와서 다시 방을 배정 받았다. 그리고 중국집에 가서 점심을 먹었다. 여러 번 먹어서 그런지 피로가 쌓여서인지 밥맛이 없었다.

고도 때문인지 고산병이 도져 몹시 힘이 들었다. 침대에 누워 쉬었다.

TV를 켰다. 마침 우리나라와 나이지리아, 아르헨티나와 그리스의 월드컵 축구 중계를 하고 있었다. 아르헨티나는 애를 먹다가 후반전에 2: 1로 이겼다. 우리나라는 나이지리아와 2: 2로 비겨서 16강에는 올라갔다. 나이지리아는 축구 강국인데 우리나라가 잘 한 것이다.

밤에는 민속무용을 보러 갔다. 소라가 아마존 투어를 가기 전부터 이야기 한 것이었다. 민속춤이 별거 아니었다. 그래도 소라는 좋아했다.

밤에 고산병 때문에 잠을 잘 수 없었다. 쿠스코는 왜 이렇게 추운지 모르겠다. 소라는 빨래를 했다. 소라가 나보다 훨씬 강한 것 같다. 여자가 남자보다 강하다.

2010. 6. 23 수 맑음 〈인티 라이미 전날〉

소라는 박물관을 좋아한다. 그래서 3개의 박물관을 가고 싶어 했다. 박물관을 하도 많이 봐서 이젠 별루다. 학자와 시인의 차이인가. 우리는 누워 있다가 11시 경에 시내에 나갔다. 환전도 해야 한다. 우선 아르마스 광장 근처에 있는 민속박물관을 가기로 하고 코리카찬 쪽으로 가서 큰 길로 접어들었다.

생각하지 못한 장면이 연출되었다. 치장을 한 많은 사람들이 거리를 메웠다. 사람들은 춤추는 복장을 하고 있었지만 어떤 이들은 손에 악기를 들고 있었다. 내일이 바로 축제날이기 때문에 예행연습을 하고 있는 것 같았다. 우리는 구경을 좀 하다가 아르마스 광장 쪽으로 갔다. 그곳에 민속박물관이 있기 때문이었다. 민속박물관은 오늘은 열지 않는단다.

점심식사를 하러 음식점을 찾았다. 우리는 잉카그릴에 가기로 했다. 내일 모래면 쿠스코도 떠날 것이고 하니 고급 음식점에 가서 식사를 하고 싶었다. 장소를 몰라 여러 사람에게 물어서 갔다. 잉카그릴은 아르마스광장과 접해있었다. 한 눈에 보기에도 고급음식점 같았다. 초똥이 녹아내려서 자연스럽게 만들어진 조각품(?) 같은 것이 2개나 있었다. 우리는 40솔 하는 음식을 시켜먹었다. 음식 맛이 좋았다.

그리고는 12각의 돌을 보러갔다. 가까운 거리에 있었다. 그곳은 잉카의 석축기술을 유감없이 보여주는 곳이었다. 그런데 12각의 돌은 단 1개 인 것으로 봐서 의도적으로 한 것은 아니고 자연스럽게 이루어진 것 같았다. 구경을 하다가 스페인 청년들을 만났다. 볼리비아의 아마존 투어를 같이 한 청년들이었다. 남자 3총사인데 그땐 없었던 한 여성이 참가했다. 반면에 키가 크고 호리호리한 청년이 보이지 않아, 어디 갔는지 물었더니, 인터넷을 하러 갔다고 말했다. 정말 반가웠다. 사진을 찍고 헤어졌다. 아마 내일 또 만날 것이다.

환전소에 들려 500불을 환전했다.

집에 와서 쉬었다. 자다가 TV를 보다가 했다.

6시 반에 바로 옆집에 두루차를 먹으러 갔는데 문을 닫았다. 아이스크림 가게도 문을 닫았다. 아마 인티 라이미 때문인 것 같았다. 건너편 음식점에 가서 점심 때 먹은 것과 같은 음식을 먹었다. 집에 와서 사과 한 알을 먹었더니 배가 불렀다.

밤에 고산병 때문인지 잠이 오지 않았다. 쿠스코를 하루 빨리 떠나고 싶다. 30솔 씩 주고 산 은수저를 쿠스코에서 물었더니 98솔 내란다. 대단한 가격차다.

2010. 6. 24 목 맑음
〈이 번 여행의 하이라이트–인티라이미The Inti Raymi (Festival of the Sun)〉

인티라이미The Inti Raymi (Festival of the Sun)의 날이다. 가슴이

설렌다. 이날을 얼마나 고대했던가! 내가 이러니 소라는 얼마나 흥분이 될까. 그런데 그녀는 오히려 담담하다. 잉카 역사는 문자가 없기 때문에 암송자(잉카의 관리)를 통한 구비전설口碑傳說에 의존, 스페인 정복 후 이를 바탕으로 구성한 기록에 의해서이다. 오랜 세월 암송자에서 다음 암송자로 이어져와서 기술된 만큼 정확하지가 않을 가능성이 있다.

〈산토도밍교 교회〉

〈산토도밍고 교회 광장 축제의 시작〉

〈아르마스 광장으로 이동〉

〈황제 이동 중〉

〈아르마스 광장〉

〈사크사이우아만의 관람객〉

인티라이미는 태양신의 축제이다. 잉카제국의 9대 황제인 파차쿠티Sapa Inca Pachacuti(1438-1471)가 만들었다. 쭉 이어져 온 이 축제는 동지에 하는 행사인데, 피사로에 의해서 임명된 괴뢰 황제였던 망코 잉카 유판키 시대인 1535년 마지막으로 열렸다. 스페인 정복자들과 가톨릭교회가 억제했기 때문이었다. 그러나 억제정책에도 불구하고 민간에서 비밀리에 계속된것 같다. 스페인이 물러간 후인 1944년에 인티라이미의 역사적인 재건은 파우스티노 에스삐노사 나바로Faustino Espinoza Navarro와 지방 배우들에 의해서이었다.

In 1944, a historical reconstruction of the Inti Raymi was directed by Faustino Espinoza Navarro and indigenous actors. The first reconstruction was largely based on the chronicles of Garcilaso de la Vega and only referred to the religious ceremony.

1944년 페루 태양제(인티라이미, Inti Raymi)의 역사적 재현이 파우스티노 에스삐노사 나바로Faustino Espinoza Navarro와 토착 배우들의 연출로 이루어졌다. 이 첫 번째 재현은 주로 가르실라소 데 라 베가Garcilaso de la Vega, 1539~1616 (페루의 역사학자)의 연대기를 기초로 하였으며 종교적인 의식만을 다루었다.

The 'Festival of the Sun' honours the sun god, the highest of the Andean deities, and is week-long celebration held during the winter solstice. The high point of the festival occurs in Sacsayhuaman, just outside of Cuzco. 24 June is the day of Inti Raymi, which marks the beginning of the sun's New Year. It was banned for centuries by the Catholic church, but continued to be held in secret.
(Quechua with 2000-word two- way dictionary. p162)

태양제는 안데스 신 가운데 최고신인 태양신을 기리는 것으로 겨울 동지冬至때 일주일동안 열리는 축제다. 축제의 가장 재미있는 부분은 쿠스코 바로 외곽에 위치한 삭사이우아만Sacsayhuaman에서 열린다. 6월 24일은 인티 라이미의 날로 태양의 새해가 시작되는 날이다. 이 태양제는 수세기동안 카톨릭 교회에 의해 금지되었으나 비밀리에 계속 개최되었다.

8시 30분에 여행사에서 오기로 되어있어서 아침식사 후 나갔더니 어느새 사람이 와서 아르마스 광장 쪽으로 갔다. 여행사 책임자가 나와서 우리를 기다리고 있다가 바로 앞에 있는 여행사에 인계하여 코리칸차 Qorikancha(Temple of the Sun)로 갔다.

잉카시대에 태양의 신전이라 시작은 그곳에서 하는 것 같았다. 이미 많은 사람들이 운집해 있어서 축제의 분위기가 무르익었다.

한참 춤을 추고 노래를 부르더니 우리 앞을 지나 아르마스 광장으로 갔다. 아르마스 광장에도 인산인해를 이루고 있었다. 광장에서도 춤과 노래

〈운집한 군중〉

〈수많은 관람객들장〉

〈일종의 검무〉

〈춤〉

가 이어졌다. 한 시간이나 축제가 이어졌다. 사진을 여러 장 찍었다.

2시에 도시락을 받아들고 버스로 축제의 본무대인 사크사이우아만으로 갔다. 좌석은 Q0049와 Q0050이라 정면 맨 앞 줄 이었다. 촬영하기도 좋

〈황후의 행차〉

〈춤〉

고 구경하기도 좋은 곳이었다. 시간이 돼서 식이 시작되었다.

다음 작은글씨는 인티라이미 각본의 일부이다.

입장
Chicha 의식
신성한 불의식
야마의식
신탁

INTI RAYMI 이해를 돕기 위해서 각본Guion을 요약해보면 다음과 같다.

대본은 (Official script: Quechua/English)

Ⅰ. Qorikancha(Temple of the Sun)

(... AMID SILENCE, THE ROYAL ENTOURAGE AND THE NOBILITY MAKE THEIR CEREMONIAL ENTRANCE, FINALLY, THE INCA AND THE QOUA ENTER...THE FIRST BARS OF THE SONG "TO THE SUN GOD" ARE HEARD WHICH WILL BE SUNG FIRST BY THE INCA, THEN BY THE ROYAL ENTOURAGE AND NOBILITY, AND FINALLY BY ALL THOSE WHO ARE PRESENT.)

코리칸차 Qorikancha (태양의 신전)

적막을 깨고, 황제의 수행원과 귀족들이 축제에 입장한다. 마지막으로 잉카황제와 코야Qoya가 입장한다. "태양신에게" 라는 노래가 울려 퍼진다. 이 노래는 잉카황제가 처음 소절을 부르게 되며, 다음에는 황제의 수행원과 귀족들이, 그리고 마지막으로 축제에 참여한 모든 사람들이 합창하게 된다.

Salute to the Sun 태양신께 경의를 표함

My Sun! My father!
With great joy
We salute you,
Delighting in your light!

나의 태양! 나의 아버지시여!
하해와 같은 기쁨으로
당신께 인사를 올립니다
당신의 빛을 즐기면서

My Sun! My father!
You give strength
To the entire world
When you bestow
Your warmth upon it
My Sun! My father!

나의 태양! 나의 아버지시여!
당신이 온난함을 내리실 때엔
온 세상에 힘을 주시는 것입니다.
나의 태양! 나의 아버지시여!

INCA: 잉카 왕
(As the song ends he speaks with great ceremony)
노래가 끝나고, 그는 위대한 의식을 갖추어 말한다

Oh sun god, our father! Mighty sun of eternal joy, source of warmth, beginning of all life! From this your sacred house in Cusco, where you dwell with the Moon, Lighting and Thunder, your children from the Empire of the Four Quarters salute you respectfully on this, your day of celebration.

오 태양신, 우리의 아버지시여! 영원한 기쁨을 주고, 온기의 원천이시고, 생명의 근원이신, 전능하신 태양신이시여! 달, 번개, 천둥과 함께 살고계신 여기 쿠스코의 신성한 아버지의 집에서, 잉카 제국(Empire of the Four Quarters; 4개 지역으로 구성된 제국)에서온 아버지의 자식들이 아버지를 기리는 이 축제의 날에 삼가 절을 올립니다

INCA: 잉카 왕
(Addressing the people)
백성에게 연설

Now, beloved people of the sacred city of Cusco, let us march together to Haukaypata to venerate the sun god and all the deities who protect us and, then, let us go up to the towers of Sacsayhuamam. There we will know the divine will of our great and almighty father. Let us go, with hope and faith!

성스러운도시 쿠스코의 친애하는 시민 여러분, 이제 우리를 보호해주는 태양의 신과 모든 신을 경배하기위해 하우카이빠따Haukaypata로 함께 행진합시다. 그리고 삭사이우아만Sacsayhuamam 탑까지 올라갑시다. 거기에서 우리는 우리의 위대하고 전능하신 아버지 태양신의 뜻을 알 수 있을 것입니다. 희망과 신념을 갖고 행진합시다.

Ⅱ. Haukaypata(The Plaza of Tears)
하우카이빠따(눈물의 광장)

(THERE IS A PROFOUND AND RESPECTFU; SILENCE WHEN THE SONG "MIGHTY SUN" BEGINS,
WHICH WILL BE SUNG FIRST BY THE INCA AND THEN BY ALL THOSE PRESENT.)

"전능하신 태양" 이라는 노래가 시작될 때 깊고 경건한 침묵이 흐른다. 이 노래는 잉카제국 황제가 선창을 하며 이후 참석한 모든 이들이 같이 부르게 된다

Mighty sun!
Our only father!
Source of warmth,
Fountain of happiness,
I salute you
With joy
And I venerate you
On this, your great day
God of day!
Burning Sun!

위대한 태양이여!
유일한 우리의 아버지시여!
따뜻함의 근원이며
행복의 원천!
기쁨으로
당신을 경배하며
존경합니다
당신의 위대한 날에
대낮의 신!
이글이글 타는 태양!

Coca Rite

Inca:
Wise Willaq Uma! I wish to alleviate my impatience and calm my fears! We are but a short distance from Sacsaywaman and very soon the great ceremony will begin, when we will know the will of the Sun, our god...I ask you now to consult the coca leaves and through them divine, if you can, the mood of our

gods.

잉카:
현명하신 윌라쿠 우마Willaq Uma시여! 나의 조급함과 두려움을 없애고 싶습니다! 우리는 삭사이우아만 바로 옆에 있으며, 아버지 태양신의 의중을 알게 될 때 곧 위대한 의식을 시작 하겠습니다. 이제 여쭈옵니다. 코카잎으로 의식을 진행 할까요. 그리고 가능하다면 태양신의 의중이 무엇인지를 말해주십시오.

Willaq Uma:
Apu Ausangate! Apu Salqantay! Apu Wanakauri! Apu Pachatusan! Apu Saqsaywaman! Gods of all those who inhabit the universe! Thank you for easing my heart! Indeed the sacred coca leaves are sweet and they have told us that we need not fear, for our father the Sun will show himself to be kind-hearted upon the sacrifice of a llama this afternoon. What joy invades my being! Let us celebrate this good omen with dancing in his honor!

잉카:
아우산게트 신이여! 살콴타이 신이여! 와나콰리 신이여! 파차투산 신이여! 사크사이우아만 신이여! 우주에 살고 있는 모든 신들이시여! 내 마음의 근심을 덜어주어 감사합니다! 참말이지 신성한 코카잎은 달콤하군요, 그리고 코카잎이 말하길 우리는 두려워 할 필요가 없다고 했습니다. 왜냐하면 우리의 아버지 태양신이 오늘 오후의 리마 제물에 흡족해하며 모습을 드러내실 것이기 때문입니다. 참으로 기쁘옵니다! 이 좋은 징조를 태양신의 영광아래 춤을 추며 찬양합시다.

Meeting of Past and Present
과거와 현재의 만남

Sinchi:
Older sibling, mayor of Cusco, our father, the Inca, calls you. Come with me, please.

신치:

손위 형제, 쿠스코의 시장이여 우리의 아버지 잉카황제가 여러분을 부르오. 부디, 나와 함께 갑시다.

Mayor

Father Inca Pachacutec! I swear that I will jealously guard this marvelous legacy and faithfully obey your commands.

시장:

아버지 파차쿠텍 황제시여! 저는 빈틈없이 이 놀라운 유산을 지키며, 폐하의 명을 충실히 받들 것임을 맹세합니다.

Inca:

People of Cusco! Now let us hurry to Saqsaywamam. Let us go together, like the single force that we are! Let us go now!

잉카

쿠스코 시민이여! 이제, 우리가 삭사이우아만까지 서둘러 갑시다. 우리가 그랬던 것처럼 하나의 힘으로 뭉쳐 갑시다. 이제 우리갑시다.

Ⅲ. Saqsaywaman-Main ceremony

삭사이우아만- 메인 세레모니

Sinchi=strong(person):

(THE SINCHI APPEARS, ACCOMPANIED BY FOUR OFFICERS FROM HIS PERSONAL GUARD. HE HEADS FOR THE CEREMONIAL PLATFORM, AMID THE GREAT SPECTACLE WHICH SURROUNDS HIM. HE CLIMBS TO THE HIGHEST LEVEL AND CASTS A STERN GAZE ACROSS THE GATHERED CROWDS AND TURNS TO ASSURE HIMSELF THAT ALL IS READY. FINALLY, HE ADDRESSES THE CROWDS.)

신치=강한(사람)

신치가 경호원 4명을 거느리고 나타난다. 주위의 대단한 장관을 헤치며, 그가 제단으로 향한다. 가장 높은 곳으로 올라가 모인 군중들을 근엄한 눈빛으로 내려다 본 후, 모든 것이 준비된 것을 확인한다. 마지막으로 군중들에게 연설을 한다.

Esplanade

Sinchi(with great authority)

Let the Plaza be filled with his people and warriors! Let the conch-blowers, flautists and other musicians enter!

에스플라네드Esplanade

신치(권위있게)
광장에 사람과 병사를 모아라! 광장에 나팔수(conch-blowers)와 플루티스트 그리고 여러 연주자들을 모아라!

Now enter the heroic imperial army! Our brave soldiers have hurried here from all the regions to celebrate, here in Cusco, the Festival of the Sun!

이제 용감무쌍한 황제의 군대가 들어온다! 우리의 용감한 군인들이 태양의 축제를 여기 쿠스코에서 기리기 위해 전국에서 달려왔다!

Our empire continue to grow, bringing our culture to the farthest wildernesses. The people of Antisuyo have come with their offerings, songs and dances. Welcome them in a spirit of joy and fraternity. Let the retinue from Antisuyo enter!

우리 제국이 계속 성장하여 가장 먼 변방까지 우리의 문화가 퍼졌다. 안띠수요(Antisuyo) 사람들이 신에 바칠 제물과 춤과 노래를 갖고 왔다. 형재애의 기쁜 마음으로 이들을 환영하라. 안띠수요의 수행단을 들여보내라!

I am told that our lord, The Inca, is about to enter the plaza. Let us receive him with veneration. I will go now to greet him!

우리의 잉카황제께서 광장에 입장하려 한다. 숭배의 마음으로 폐하를 맞이하자. 이제 폐하를 알현하러 가야겠다.

(THE SINCHI HEADS TOWARD THE NORTHWEST CORNER OF THE ESPLANADE, WHERE HE SALUTES THE INCA AND INFORMS HIM THAT ALL IS READY AND THAT HIS ORDERS ARE AWAITED SO THAT THE FINAL PROCESSION TO THE USUN (CEREMONIAL PLATFORM) CAN BEGIN...)

(신치가 에스플라네드 광장의 북서쪽 코너로 향한다. 여기에서 잉카황제를 알현하고 모든 것이 준비되었으며 우썬(Usun, 제단)으로의 마지막 행렬이 시작될 수 있도록 어명을 내려주십사 고한다.)

This is a day of great joy
We should all rejoice
Our joyous hearts are invigorated
Cheered by the pure air
Oh my Sun! Oh my Sun!
Illuminate us now.
Oh my Sun!
Send us your warmth
And banish the cold
Oh my Sun! Oh my Sun!

벅찬 기쁨의 날
우리는 모두 기뻐해야하며
기쁨에 충만한 심장은 뛰고
순수한 공기에 환호를 하며
오 나의 태양이여!
지금 우리를 비춰주소서
오 나의 태양이시여!

우리에게 당신의 따뜻함을 보내주시고
추위를 물러가게 해주소서
오 나의 태양이시여! 오 나의 태양이시여!

(...Finally the sun casts its first rays...The Inca exclaims and falls to his knees...)

(마침내 태양이 최초의 빛을 비추고... 잉카 황제는 무릎을 꿇으며 소리쳤다)

Inca:
Oh, Sun god! Our father!
오 태양의 신이여! 우리들의 아버지시여!

(There is a great sound of conch shells and qhepas, with great cries of joy...The song begins again, this time with the second part, which is sung with great enthusiasm.)

(기쁨에 겨워 우는 소리가 소라고동과 케파(QHEPA)의 장엄한 소리와 함께 들려온다. 아주 열정적인 두 번째 소절부분의 노래가 다시 시작된다.)

The father Sun is with us
On his great feast day
Let us ask him to send his bright rays
So that we might live in harmony
The festival of the Sun has come
To bring us joy
The day of the Sun has come
So that we might rejoice

위대한 축제의 날에
아버지 태양은 우리와 함께 있고
빛나는 햇빛을 우리에게 보내주도록 기도하며

조화롭게 살 수 있도록
우리에게 기쁨을 가져올
태양의 축제를 하고
우리를 기쁘게 할
태양의 축제가 임박했도다.

Reports from the suyos and Offerings
〈쑤요(산의신)와 제물에 관한 보고〉

Inca:
I fail to see clearly our situation...Our warriors have defeated the enemy on all fronts. Our empire has expanded and we have brought civilization. But something troubles me. The gods look down upon us with distrust! Why is that! And they have even seen fit to punish us! Why! We must know now. However, first, in order to gladden the heart of our father, the merciful Sun, let us dedicate to him a dance which expresses the purity of our hearts.

잉카:
짐은 우리의 상황을 명확히 보는데 실패했소. 우리 병사들이 모든 전장에서 적을 물리쳤소. 우리의 제국은 확대되었고 문명을 이루었소. 하지만 뭔가가 짐을 불편하게 하오. 신들은 우리를 불신의 시선으로 내려 보고 있소. 왜 이렇단 말이오! 심지어 우리를 벌이라도 줄 것처럼 보이오. 왜 그렇소! 우리는 지금 알아내야만 하오. 하지만, 우선 우리 아버지 자비로운 태양신의 마음을 기쁘게 하기위해 우리 마음이 순수 하다는 것을 보여 줄 수 있는 춤을 바치기로 하시오.

Rite of the chicha 치차 의식

Inca:
Oh god, father Sun! I salute you with this sacred chicha, made by your acllas. This foaming liquid has been made from golden corn and it is the sweetest of chichas. Let it go from this altar to your great house the Intikancha, where it will calm your thirst and, warm and strong, let it go to Mother Earth so that

the corn will flourish and the potatoes grown in abundance. Oh our father, Sun god!

잉카:
오 아버지 태양신이시여! 아버지의 아클라스(제물로 바쳐지는 처녀)가 만든 이 신성한 치차(술)로 경배하나이다. 이 거품 있는 액체는 황금빛 옥수수로 만들어 졌으며 치차가운데 가장 달콤한 것이 옵니다. 치차를 제단에서 아버지의 위대한 집인 인티칸차 Intikancha로 가져가십시오. 치차가 갈증을 달래주고 온기를 북돋아주며 힘이 나게 해 줄 것 입니다. 이 치차를 대지의 어머니에게 흘러가게 하여 주십시오. 그래서 옥수수와 감자가 잘자라 많은 열매를 맺게 해주십시오. 오 우리의 아버지 태양신이시여!

Rite of the sacred fire 신성한 불 의식

Inca:
The fire in our houses went out three days ago. An intense cold falls upon our hearts...Nevertheless, we have faith that our father the Sun will take pity on his empire. Willaq Uma, beseech him now to send us his warmth and ignite the sacred flame! And you, wise brother, ensure that it is distributed among the entire people, and that it is never extinguished in the Intikancha and the Aqllawasi!

잉카:
3일전부터 난방이 중단되었습니다. 지독한 추위가 몰려옵니다. 그럼에도, 우리는 우리의 아버지인 태양신이 우리를 돌보리라 믿습니다. 윌라크 유마Willaq Uma시여 우리에게 따뜻함을 내려주고 신성한 불꽃이 타오르도록 지금당장 태양신께 기도해 주십시요. 그리고 그대 현명한 형제여, 이 불꽃을 모든 이에게 나누어주고, 인티칸차 Intikancha와 아퀴와시Aqllawasi에서도 결코 꺼지지 않도록 해 주십시요

Sacrifice of llama 야마 의식

Inca:

My people! On this beautiful day on which the Sun god has shown us his magnanimity, we must offer him a llama as payment to his great and bountiful heart.

잉카:
나의 백성이여! 태양신께서 관용을 베푸는 이 아름다운 날, 우리는 태양신의 위대하고 자비로운 마음에 보답하기위해 라마를 바쳐야만 합니다.

Omens 예언

Inca:
Priests of the sacred city of stone! You have carried our voice to the ears of our father Sun. Now I wish to hear what he has said. What are his auguries!

잉카:
신성한 돌의 도시의 사제들이여! 여러분은 태양신께 우리의 말을 전했소. 이제 짐은 태양신이 무엇이라 말하였는지 알고 싶소. 그의 예언은 무엇이었소?

Rite of the sankhu

Inca:
Oh creator, our Sun! My heart beats with joy for the gifts you bestow upon us on this, your day! We thank you with every fiber of our being! Allow us, now –oh lord of the universe– to purify ourselves with this sankhu, made from the whitest corn of our harvests and blessed with the blood of the animal we have sacrificed in your honor.

잉카:
오 창조주 태양신이시여! 제 마음은 태양신의 날인 이날 당신께서 주신 선물로 기쁨에 겨워 심장이 뛥니다. 온 마음을 바쳐 감사드립니다. 오, 우주의 주인이시여, 이제 우리에게 우리가 농사지은 가장 하얀 옥수수로 만들고 우리가 제물로 바친 동물의 피로 축복받은 이 싼큐(sankhu : 신성한빵)로 우리 자신을 정화할 수 있도록 허락해 주십

시오.

Final message 최후의 메시지

Inca:

(Once the dance is over, and in a thoughtful manner, he speaks)

잉카

(일단 춤이 끝나자, 그가 신중하게 말을 이어나갔다.)〉

Oh father, supreme creator! Oh Sun god! Oh god of lightning! Oh god of the Feline Star! Oh Mother Moon! Oh spirits of Ausangate, Salkantay, Wanakauri, Pachatusan and Saqsaywaman! Remain forever young and never grow old! Give us peace and ensure that our people multiply! Let there be food always and banish hunger forever! Protect us from evil and adversity! Oh gods of the universe!(...)

오 아버지여, 최고의 창조주시여! 오 태양의 신이시여! 오 번개의 신이시여! 피라인 별의 신이시여! 오 어머니 달이시여! 오 아우산게트, 살콴타이, 와나콰리, 파차투산, 삭사이우아만의 정령이시여! 영원히 젊음을 유지하고, 결코 늙지않도록 해주소서! 우리에게 평화를 주시고 우리 백성들이 번식할 수 있도록 하여주소서! 항상 먹을 것을 주시고 영원히 기아를 추방하소서! 우리를 악과 역경으로부터 구해주소서! 오 우주의 신이시여!

** The twelve sacred apus(god) of Cusco are: Ausangate, Salkantay, Mama Simona, Pikol, Manuel Pinta, Wanakauri, Pachatusan, Pikchu, Saksaywaman, Viraqochan, Pukin, and Sinqa.*

〈쿠스코의 신성한 12신apus은 다음과 같다: 아우상가테Ausangate, 살칸타이 Salcantay, 마마 시모나Mama Simona, 피콜Pikol, 마누엘 핀타 Manuel Pinta, 와나카무리Wanakauri, 빠차뚜싼Pachatusan, 픽추Pikchu, 삭사이우아만Saksaywaman, 비라코찬Viraqochan, 푸킨Pukin, and 신카Sinqa〉

Long life 만수무강

Long life to the Empire of the Four Regions! 4지역의 황재의 만수무강

Long life to the people of Cusco!! 쿠스코의 시민에게 만수무강

Inca:
Let us all dance and toast. I will retire to my palace, the Qasana, in Haukapata, from where I will continue to share in your joy. Let us celebrate in the name of our father, the Sun!

잉카:
계속 춤을추고 축배를 들 수 있도록 해주십시오. 짐은 하우카파타에 있는 카사나 궁전으로 그만 자리를 뜨겠오. 여기에서 여러분의 기쁨을 계속 나누도록 하시오. 우리 아버지 태양신의 이름으로 의식을 거행하게 해주시오

Q'OCHURIKUY

(AS SOON AS THE INCA FINISHES HIS EXHORTATION, AN EXULTANT CRY ERUPTS FROM THE CROWD. MUSIC IS HEARD, ALONG WITH THE SOUND OF CONCH SHELLS AND QHEPAS. THE INCA STARTS TO LEAVE, CARRIED IN HIS LITTER AND ACCOMPANIED BY HIS ROYAL ENTOURAGE AND THE NOBILITY. THEY CIRCLE THE PERIMETER OF THE ESPLANADE, AMONG AND ABOVE THE HEADS OF THE PEOPLE, WHO CONTINUE TO SING AND TOAST...)

잉카황제가 말을 마치자 군중으로부터 환희의 함성이 들려왔다. 음악이 울려 퍼지고, 소라 고동CONCH SHELL과 케파QHEPA 소리가 울려 퍼질 때 수행원들과 함께 잉카 황제가 가마를 타고 퇴장하려 한다. 술 마시고 노래하는 군중들 사이로 황제와 수행원들이 에스플러나드ESPLANADE 광장을 돈다.

(이 각본은 원본이 34페이지의 분량임. 따라서 요약해서 수록했음.)

남미의 3대 축제의 하나라도 보았으니 다행이다. 돌아오는 길은 우리버스가 나타나지 않아 추위에 떨었다. 많은 차량들로 혼잡을 이루어 길이 막힌 것이다. 2시간은 족히 기다린 후에 버스를 타고 시내로 돌아왔다.

〈축제의 춤〉

〈관객에서 인사〉

인티라이미의 부활은 무엇을 의미하는가? 단순히 전통을 되살리자는 것인가? 단순한 관광상품인가? 미래지향적인 것이 아니고 과거지향적인 것이 아닌가? 과거를 반추함으로 미래를 설계할 수도 있을 것이다. 페루는 잉카와 같은 대국을 꿈꾸는 것인가? 복합적인 뜻이 있겠지. 우리나라 같으면 어떻게 했을까. 여러 생각이 머리를 떠나지 않았다.

2010. 6. 25 목 맑음 〈쿠스코여! 안녕〉

어제 인티라이미를 보았으니 오늘 쿠스코를 떠날 것이다. 리마에 가는 버스 출발 시간은 14:00시 이다. 오전에는 일전에 가보고 싶었으나 가보지 못한 박물관을 두어 곳을 가보기로 하였다.

쿠스코에 와서 지금까지 박물관에 가보지 않은 것이 이상했다. 어느 도시든 가서 제일 먼저 찾은 곳이 박물관이었는데. 쿠스코=잉카. 라는 생각과 사진 촬영이 금지되어서 흥미가 떨어졌기 때문인지 모를 일이었다. 아니 여행의 마지막이라 피곤이 겹쳐 귀찮아졌는지도 모르겠다.

먼저 간 곳은 잉카 박물관Incan Museum이었다. 일명 인류학 박물관 Archaeological Museum of Cusco 이라고 하는데 아르마스 광장 가까이에 있었다. 한 마디로 페루의 역사를 볼 수 있는 곳이었다.

쿠스코의 인류학 박물관의 가장 우수한 점은 잉카 이전에 번영했던 풍부한 문화의 유물이 있다는 것이었다.

도자기, 직물, 보석, 잉카 시대의 나무 그릇(Qeros) 등이 많았다.

경고문이 있었다. "사진 촬영금지" Pictures: Not allowed.

〈금제품〉

〈금제품〉

〈프레콜롬비노 박물관〉

다음에 간 곳은 프레콜롬비노 박물관Pre-Columbian Art Museum이었다. 걸어갈 수 있는 거리에 있었다. 10개의 진열실이 있었다. 오히려 잉카 박물관 보다 진열품이 많았다. 진열실은 아래와 같은 명찰을 달고 있었다.

나스카Nasca(100-800)-페루의 남부해안
모치카Mochica(100-700)-북부해안
우아리Huari(500-900)-남중부 안데스 및 해안지방
치무Chimu(900-1470)-북부해안
찬카이Chancay(1200-1450)-중앙 해안
잉카Inca(1200-1533)
나무Wood
보석Jewelry and Stone
은Silver
금Gold and Metals

규모는 작지만 알찬 박물관이었다. 이곳에서도 사진 촬영이 허락되지 않았다. 다시 올 수는 없는 곳인데. 어쩔 수 없다. 발길을 돌렸다.

숙소에 돌아와서 짐을 챙기고 버스터미널로 출발했다. 버스터미널에 가서 간단한 점심식사를 했다. 버스는 정시에 출발했다.

쿠스코에 안녕을 고했다. 보름 정도 머물던 곳이다. 고개를 넘고 강안을 달리고 다리를 건너고 평지가 나타나자 사막지대가 끝없이 이어졌다. 리마까지는 20시간이 걸린다고 했다. 버스에서 자고 내일 12시에 리마에 도착할 것이다.

2010. 6. 26 토 안개 흐림 〈리마시티 투어〉

날이 밝았으나 안개가 잔뜩 끼어 앞이 잘 보이지 않을 정도이었다. 이미

안데스를 내려 와 해안의 사막지대를 달리고 있었다. 리마에 가까워질수록 사막은 더욱더 뚜렷해졌다. 칠레의 수도 산티아고 북쪽부터 시작한 사막은 도대체 언제 끝날지 모를 일이었다. 리마도 사막의 도시이었다. 리마가 사막의 도시라고는 상상도 못했다. 남아메리카 서쪽 해안은 훔볼트 한류의 영향으로 낮에도 안개가 끼는 것이다. 안개는 라세레나부터 따라왔다.

리마는 스페인의 정복자 피사로가 건설한 도시이다. 한류의 영향으로 위도 상으로는 열대이지만 기후가 온난하다. 인구는 894만(2010)으로 대도시권으로는 세계 27위이며 페루에서 제일 큰 현대도시이다.

리마에서의 관광은 계획이 별로 없다. 스페인 정복이후의 문화에 대해서는 별 관심이 없기 때문이다. 우리의 여행은 이제 시들해졌다.

리마에 도착해서 먼저 우아라스Huaraz 행 버스표를 구입했다. 리마에서는 이틀 밤만 자고 떠날 예정이다. 여관을 정하기 위해서 소라가 여행 안내소에 갔다 오면서 한 택시 기사와 같이 왔다. 그가 부엌이 있는 아파트형 여관을 아는 사람이라며.

택시를 타고 여관에 갔다. 미화 $80를 내란다. 좀 비싸지만 그냥 그곳에 있기로 했다. 그리고 시티투어도 그곳에서 신청했는데 한 사람당 미화 $28이란다. 쿠스코에서의 시티투어는 30솔씩 냈다. 그러니까 3배도 더 비싼 편이다. 모든 것이 귀찮아서 그렇게 하기로 했다.

짐을 풀어놓고 오후에 시티투어를 나갔다.

처음에 간 곳은 리마문화의 유적지이다. 리마의 문화는 파라카스 Paracas(750 BC-100AD파라카스 반도), 모체Moche, 나스카Nasca civilizations 이다. 우리가 간 곳은 우아카우아야마르카 유적이다. 리마의 시내에 있는데 유적의 보존을 위해서 담을 높게 쳐놓아서 밖에서만 보았다. 돌로 쌓은 피라미드가 아니고 어도비형 피라미드라 달리 보였다. 처음 본 특이한 유적이기 때문이었다.

다음은 아르마스 광장이었다. 야자수가 서있는 광장은 사람들로 붐볐다.

〈리마 시 Toll-gate〉

〈우아카 우아야마르카 유적〉

〈고풍스러운 건물〉

〈아름다운 건축물〉

〈대통령 궁〉

〈아르마스 광장〉

대통령 궁이 화려했다. 광장에 대성당이 있단다. 페루를 대표하는 성당이었다. 내부가 화려하고 제단이 많았다. 이 성당 안에 정복자 피사로의 유해가 있단다. 광장의 북쪽에 대통령 부도 있었다.

다음에 간 곳은 산토도밍고 교회 · 수도원이었다. 아르마스광장의 대성당보다 조금 늦게 지어진 교회로, 이 또한 리마를 대표하는 성당이다.

1551년에 남미 최초로 산마르코스 대학이 이 교회에 설립되었다.

다음에도 교회에 갔다. 산프란시스코 교회 · 수도원이었다. 이 교회는 짓는데만 100년 이상 걸렸다고 한다. 외관이 특히 아름답다. 지하에 있는 묘지 카타콤은 어디에서도 구경 못한 놀라운 것이었다. 사람의 뼈를 부분별로 분류해놓았다. 해골은 해골대로. 팔의 뼈는 팔의 뼈로. 다리뼈는 다리뼈로. 상자에 잘 정돈해서 담아놓았다. 어디에다 쓰려는지.

교회는 왜 죽음과 이렇게 가까이 있는가. 신앙심을 불러일으키는 촉매제인가. 교회를 나오면서 마음이 쓸쓸해졌다.

피사로가 계획한 리마는 교회가 참 많다. 사람을 무수히 죽인 정복자도 천당에 가고 싶었을까?

리마의 관광은 쿠스코의 관광에 비해 질이 떨어지는 것 같았다.

〈대성당〉

〈대성당 내부〉

〈산프란시스코 교회〉

〈산프란시스코 교회 제단〉

〈교회안에서 바라본 바깥 정원〉

〈광장의 독립영웅 동상〉

서울 아이들에게 메일을 보냈다. 메일이 100통이나 밀려있었다. 쓸데없는 메일은 전부 지워버렸다. 완 선생에게 메일 답장을 보냈다. 워싱턴의 박 목사에게도 메일을 보냈다.

우리나라는 월드컵 16강전에서 우루과이에게 1: 2로 패했다. 안타가운 일이다.

리마에 와서 고산병 증세가 사라져 잠을 잘 잘수 있었다. 이것 하나는 행복한 일이었다.

2010. 6. 27 일 안개, 구름 〈국립인류학고고학역사학박물관National Museum of the Archaeology, Anthropology, and History of Peru〉

리마의 겨울 날씨는 요즈음의 날씨란다. 리마도 역시 훔볼트 한류의 영향으로 하루 종일 안개가 사라지지 않고 구름이 낀 음산한 날씨이었다. 겨울 잠바를 입었는데도 춥다.

어제 밤에 잠을 자는데 침대에서 벌레가 기는 것 같았다. 내 컴만 인터넷이 되어 소라는 내 인터넷으로 우하라스의 여관을 예약했다. 약 40불의 여관이었다. 이곳의 반값이다.

TV로 영국과 독일의 축구경기를 보았다. 막상막하의 경기일 줄 알았는데, 독일에게 축구 종주국 영국이 4: 1로 패했다. 심판의 오심이 있었다. 어떻게 이런 중요한 경기에서 오심이 있을 수 있을까? 도저히 상상할 수 없는 일이었다. 영국은 여러 가지로 독일에 딸렸다. 감독의 작전 미스도 있었고 2번 선수가 자꾸 뚫렸다.

오전 11시에 마트에 가서 먹을 것을 잔뜩 사가지고 왔다. 리마에서는 식사를 부엌에서 해결했다. 소라는 메모리를 사고 싶어 해서 하나씩 샀다. 8기가짜리를 사려고 했는데 너무 비싸 대신 4기가짜리로 샀다.

국립인류학고고학역사학박물관National Museum of the Archaeology, Anthropology, and History of Peru에 갔다. 그 규모나 수집 양, 질로 볼 때 페루 최대의 박물관이다. 나스카Nazca, 파차카마크Pachacamac의 출토품이 많다. 이 두 문화는 잉카 이전의 해변문화의 특성을 띠고 있다. 파라카스에서 출토된 2000년이나 된 미라의 직물이 보존되어 있었다. 사진을 찍을 수 있는 것이 다행이었다.

〈연대표 막대〉

〈보석류〉

〈토기〉

〈무덤 발굴〉

〈사람 모형 토기〉

〈토기〉

여관에 돌아와서 생선을 지져 밥을 해먹었다. 얼굴에서 땀이 다 났다. 귀국하면 생선요리를 많이 먹고 싶다. 소라는 일찍 자고 나는 깨어서 사진 정리를 했다. 내일 우리는 남미의 알프스 혹은 남미의 스위스 라는 아름다운 도시 우아라스로 떠난다. 아르헨티나에서 안데스의 최고봉 아콩카과의 웅자를 보는 트레일을 놓쳤다. 대신 페루에서 가장 높은 우아스카란 산과 우아스카란국립공원Huascaran National Park을 관광할 것이다. 수많은 빙하호와 그 유명한 산타크루즈 트레일도 그곳에 있다. 또 고산병에 시달릴지도 모른다. 우아라스는 해발 3,100m가 넘는 고산지대의 도시이다.

2010. 6. 28 월 안개 비 〈우아라스Huaraz〉

이번 장기 여행에서 가보고 싶지 않은 도시를 꼽으라면 1위는 페루의 리마이다. 사실 리마는 아름다운 항구 도시이다. 찾아보면 좋은 곳도 많이 있을 것이다. 그러나 날씨부터가 음산했다. 2박 3일 간 똑 같이 음산한 날씨이었다. 여관은 비싸고 투어는 쿠스코보다 3배는 더 받았는데, 볼 것은 별로 없었다. 택시비도 비쌌다.

이틀 밤만 자고 미련 없이 리마를 떠나기로 했다.

오늘은 월요일이다. 월요일이라 그런지 버스가 시내를 벗어나는데 3시간이 걸렸다. 차에서는 점심 도시락을 3시 반에 주었다. 페루도 여행하기에 참 어려운 나라이다.

버스에 탔는데 우리 앞자리의 사람들이 한시도 그치지 않고 큰 소리로 이야기를 해서 기분이 상했다. 운전수도 말리지 않았다. 어디에나 공중도덕을 지키지 않는 사람들이 있다. 이제 여행의 막바지에 이르러서 그런지 자꾸만 어긋난다.

버스는 시내를 벗어나서 계속 사막을 달리다가 산으로 접어들었다. 강을 따라 고개를 계속 올랐다. 물론 강물(사실은 계곡물)은 많지 않았다. 거대한 고개를 몇 번이나 넘어서 우아라스에 도착한 것은 밤 8시 30분경이었다. 인구가 120,000명이며 겨울 스포츠와 모험의 중심지이다.

버스에서 준 도시락 한개는 둘이 먹고 한 개를 여관에 가지고 와서 소라와 저녁으로 먹었다. 산중이라 몹시 추웠다. 전기 히터를 빌려서 밤을 보냈다.

2010. 6. 29 화 맑음 〈융가이Yungay 투어〉

아침 식사를 하러 4층에 올라갔다. 식당에는 한 여자가 있었는데 깔끔하게 식당을 꾸며놓았다. 아침 식사는 간단했다. 식빵을 구어주어서 커피와 밀크, 주스를 곁들여 먹었다. 여행을 하려면 빵을 잘 먹어야한다는데 맞는 말이다. 도자기와 가구의 배치가 예사스럽지 않았다. 식사를 하고나니 5층에 올라가면 산을 볼 수 있다고 말했다. 웅장하고 아름다운 산들이 도시를 에워싸고 있었다. 아, 참 아름답다 하는 생각이 들었다. 이래서 이곳을 남미의 스위스 라고 일컬으는구나!

여관주인은 비수기라 도시가 조용하지 시즌에는 관광객이 넘친다고 말했다. 동쪽에 있는 산이 가장 아름다운데 햇빛 때문에 사진을 찍을 수 없었다.

샤워를 하고 투어버스가 오기를 기다렸다.

시간이 되자 대형버스가 왔다. 오늘은 주로 산을 구경하고 내일은 유적을 보러가기로 했다.

관광객이 얼마 안 되어 작은 버스로 갈아 탔다. 융가이로 가는 것이다. 융가이가 보고 싶었다. 1970년 5월에 발생한 대지진으로 페루에서 가장 높은 우아스카라 산(6,768m)의 산사태로 옛 융가이 마을은 관광객을 포함 2만5천여 명이 땅속에 파묻혀버렸다. 그곳이 보고 싶었다. 어떻게 생긴 흉지凶地이기에 그렇게 많은 인명을 빼앗아 갔는지를 확인하고 싶었다.

그리고 우아스카란 산을 위시한 우인트6,395m, 아운도이6395m, 초피칼키6,356m 등 6,000m 급 산이 40좌, 5,000m급 산이 500좌가 있는 불랑카 산군을 보고 싶었다.

시내를 벗어나자 리오 쌀타가 왼쪽으로 흐르고 멀리 우아스카란 산의 위용이 보였다. 그 산은 봉우리가 구름으로 가려있었다. 가끔 구름의 틈새로 눈 덮인 봉우리가 엿보였다. 그것으로 봐서 대단히 높은 산임을 알 수 있었다. 그리고 오른 쪽으로는 차크라라프 산6,112m 쌍둥이 봉이 주봉을 시좌하고 있었다.

융가이에 도착했을 때 가장 먼저 눈에 띈 것은 위령공원내의 하얀 그리스도 상이었다. 그리스도는 우아스카란 산을 향했으며 계단을 올라가는 사람을 바라보고 있었다. 입장료를 2솔씩 내고 경내로 들어갔다. 오늘 안내인은 영어를 못해 스페인 말로만 설명을 했다.

〈구름에 가린 우아스카란 산〉

〈파묻혀버린 융가이〉

〈새하얀 그리스도 상〉

〈위령공원〉

〈위령공원〉

〈부자 묘〉

〈납골당〉

〈야생화〉

1970년 5월 31일에 발생한 지진으로 인한 산사태로 융가이는 25,000명이 생매장당하고 92명이 생존했다는데, 아무 일도 없었다는 듯 조용했다. 산사태의 양은 5천만 m^3 이었다고 한다.

〈험준한 산〉

〈멀리 불랑카산군〉

〈새로운 마을 융가이〉

〈새 융가이 광장〉

안내인은 우아스카란 산은 사화산이라고 말했다. 화산폭발, 지진, 산사태 모든 재앙이 일어난 흉지 가까이에 신 융가이 시가가 조성되었다. 신도시에는 60,000명의 인구가 산다고 한다. 사람들은 이런 위험한 지역을 벗어나지 못하고 왜 사는가?

산기슭 식당에서 점심 식사를 하고 우아스카란 국립공원Huascaran National Park으로 들어갔다. 이 공원은 1985년에 인류자연 유산 또는 생물보존지역Natural Heritage of Humanity and Reserve of Biosphere Core이 되었다. 공원의 크기는 3,000km² 이고 663개의 빙하, 296개의 빙하호수, 중요한 강 3개, 산타the Santa, 파티빌카Pativilca and 마라논Marañón 강의 지류가 41개가 있다. 또한 각종 동식물의 보고이며 곳곳에 잉카이전의 유적이 있다.

입장료를 지불하고 안으로 들어갔다. 천길 단애가 양쪽에 벼랑을 이루는 곳이었다. 골짝에서 우렁찬 물소리가 들렸다. 협곡을 차로 달리자 아득히 눈덮인 산봉우리가 보였다. 산타크루즈 트레일의 일부일 걸로 추정되었다.

빙하호가 나타났다. 바로 리앙가누코 호Lagunas Lianganuco 이다. 하늘빛 보다 더 푸른 물빛은 신비감을 불러일으켰다. 빙하호를 본 것은 처음이었다. 한 사람당 3솔씩 주고 15분간 뱃놀이를 즐겼다. 즐거운 시간이었다.

〈리앙가누코호에서 흐르는강〉

〈리앙가누코 호〉

투어를 마치고 돌아오는 시간이다. 기념품상에 들렀다. 물건을 사는 사람은 별로 없었다. 숙소에 돌아온 것은 오후 8시이었다.

2010. 6. 30 수 맑음 〈차빈 유적〉

우아라스에 온 목적 가운데 하나가 안데스 산맥을 넘어 산중에 있는 차빈Chavin de Huantar문화 유적을 보기 위해서이었다. 큰 버스가 와서 우리는 차에 가방을 전부 실었다. 요금을 정산하고 여관을 나온 것이다. 투루휘오Trujillo에 가는 차가 밤 9시 15분에 있고 차빈유적을 보고 돌아오는 시간이 밤 8시 30분경이라고 해서 시간상 전략을 짠 것이다.

버스는 좀 늦게 왔다. 관광객은 어제보다 많아 약 20명이었고 가이드도 어제 그 사람이었다. 버스티켓을 끊어주겠다는 사람이 와서 짐도 실어주고 가이드에게 당부도 했다. 그에게 팁으로 10솔을 주었다. 우아라스에서 여러 가지로 편의를 봐준 사람이었다. 차는 어제와 반대편으로 달렸다. 물론 살타 강이 오른쪽에서 흐르다가 왼쪽에서 흐르기도 했다. 우아라스에 올 때는 밤에 와서 몰랐는데 낮에 보니 아주 깊은 골짜기이었다.

고산병에 적응하기 위해서 코카차를 마셨다. 차는 강을 건너 산길로 접어들었다. 멀리 설산이 보였다. 조그마한 호수가 있는 곳에서 잠시 쉬었다가 바위투성이의 산협 사이를 달리더니 고개를 오르기 시작했다. 안데스의 고개는 한 번 오르기 시작하면 보통 4,000m가 넘는다. 오늘은 워낙 악산이라 터널을 통과해서 산 뒤로 갔는데 얼핏 푯말을 보니 터널의 고도가 4,575m인 것 같았다. 터널을 통과하자 예수의 동상이 서있었다. 예수님이 어려운 곳에만 서있어서 힘들겠다는 생각이 들었다.

〈한촌 뒤로 보이는 구름에 가린 고봉〉

〈도로변의 그리스도 상〉

〈차빈데우안타르 유적 비석〉

〈유적의 광장〉

고개를 한참 내려가니 강이 흐르고 있었다. 강을 따라 30분은 내려가서 강안에 차빈유적이 있었다. 시계를 보니 오후 2시이었다. 가이드는 내리라고 하더니 스페인 말로 한없이 설명했다. 지루하고 배가 고팠다. 나는 끈질기게 묻고 따라다녔다. 그는 영어가 짧아 'Yes · No'만 대답했다.

차빈문화는 기원전1200-200년 사이의 유적이다. 방사성 탄소 연대 측정법(放射性炭素年代測定法, Radiocarbon dating)에 의하면 그곳에 기원전 3000년부터 사람이 살았다고 한다. 이곳 사원의 건설은 기원전 900년부터 이며 점차적으로 확대된 것 같았다. 콘도르와 퓨마, 뱀 등 잡신을 숭배했으며 광장과 돌집, 산 제물을 받치던 제단이 인상적이었다. 여러 가지 문양과 괴기한 문양의 신탑神塔이 특징이었다.

답사 투어는 4시에 끝나고 식당에 가서 점심식사를 했다. 4시에 점심을 먹어서 배가 몹시 고팠다.

부슬비가 내리기 시작했다. 어쩐지 자꾸 지리산 골짜기에 와 있다는 기분이 들었다. 식당에는 뜰에 많은 꽃들이 피어있었다.

돌아오는 길은 밤길이었다. 고개를 오르자 어둠이 덮쳤다. 차는 천천히 고개를 내려갔다. 사고가 난다면 대형사고일 것 같았다. 예수의 동상은 그런 의미에서 필요한 것이고 그곳에 대형사고가 났었는지도 모를 일이었다.

〈수구〉

〈유적〉

〈석문〉

〈돌담〉

〈음식점〉

〈퓨마 석상〉

우아라스에 도착한 것은 8시이었다. 기사가 고생을 했다. 근처에 있는 식당에서 저녁식사를 간단하게 하고 야간 장거리 버스에 올랐다. 의자가 편했다. 융가이에 와 차빈 유적도 보았으니 우아라스에 온 목적은 달성했다. 우리는 정신없이 잤다. 트루히요에 도착한 것은 7월 1일 7시이었다.

2010. 7. 1 목 맑음 〈트루히요에서 둘의 노트북을 분실하다〉

트루히요Trujillo 역시 해변에 있는 사막의 도시이다. 2007년 인구조사로는 709,566명이며, 2013년 도시권 조사로는 920,734명으로 페루에서 2번째 인구가 많다. 페루에서 2번째로 오래된 도시이다. 1612년에는 심한 지진이 덮쳤던 곳이다.

트루히요는 페루 전통 춤인 마리네라Marinera의 수도이고 페루 파소말Paso Horse의 요람이고 문화의 수도로 알려져 있다. 오늘 투어를 마치고 밤차로 피우라Piura에 갈 생각이다. 택시를 타고 투어회사에 가서 오전에는 모체Moche유적을 관광하고 오후에는 치무Chimu유적을 보기로 했다.

투어회사에서 짐 조심하라는 주의를 여러번 들었다. 짐들은 투어회사에 맡겨놓았다. 우리는 아르마스 광장에 갔다. 광장에는 커다란 조각만 세워졌을 뿐 역사를 말해주는 거목이나 건물도 없었다. 성당도 그리 오래된 것 같지 않았다. 역사와 문화의 도시라는데 느낌은 역사와 문화가 없는 도시라는 생각이 들었다.

시간이 되어 모체 투어를 떠났다. 시내를 지나가는데 수로에 많은 양의 물이 흐르고 있었다. 트루히요에는 모체 강이 흐르고 있다. 남아메리카의 서부지역에는 안데스에서 근원한 수없이 많은 작은 강이 흐른다. 이 강 덕택에 사막지대에서 사람들이 살 수가 있고 대부분 대도시는 이런곳에 있다.

〈트루히요 시 광장의 동상〉

〈대성당〉

〈모체Moche유적을 보러 간다〉

〈흙벽에 새겨진 문양〉

〈여러 가지 문양〉

〈여러 가지 문양〉

먼저 박물관에 들어가서 유적을 보았다. 토기와 직물이 발달된 것을 알 수 있었다.

모체문화는 AD100-AD800년 사이에 페루의 북쪽 해안가인 이곳에 번창한 문화인데 농어업을 주업으로 했기 때문에 달을 숭배했다. 따라서 태양의 신전에는 유적이 별로고 달의 신전에 유적이 많았다. 잉카 이전의 유적이며 돌이 없는 지역이라 흙벽돌로 건물을 지었다. 벽돌담에 조각을 하고 색칠을 했는데, 그것이 남아있는 것이 신기했다. 영어 가이드는 그래도 요점만 딱딱 집어가며 설명을 했다.

투어를 마치고 시내로 돌아와 점심을 먹고 오후에는 치무유적 투어를 했다.

치무유적은 트루히요와 바다 사이에 있는 찬찬Chan Chan에 있었다.

* Chan Chan, the largest adobe city in the ancient world, designated a World Heritage Site by UNESCO in 1986, and the temples of the Sun and Moon.

진흙adobe으로 지어진 고대 도시 중 가장 큰 찬찬Chan Chan은 태양의 신전Temple of the Sun및 달의 신전Temple of the Moon과 함께 1986년 유네스코세계문화유산으로 등록되었다.

치무는 900AD-1470AD의 바닷가라 달의 문화이다. 치무는 모체의 문화를 계승한 것이 분명하지만 모체와는 또 다른 독특한 문화를 갖고 있었다. 찬찬 유적은 해일로 인하여 많이 파괴되어 오리지널 유적은 얼마 안 되는데 많이 복원해놓았다. 치무는 거대한 어도비adobe 도시이다. 농업과 어업이 주업이어서 달을 숭상하고 태양은 배격하였다. 유적에는 넓은 저수지를 파놓았는데, 그곳에 달이 비치면 세리머니Ceremony를 하며 가무를 즐겼다. 사람을 제물로 바쳤다. 유적에는 물고기 조각과 바닷새 조각이 많았다. 도자기도 발달되었는데 일상적인 도자기와 매장용 도자기가 따로 있었으며 매장용 도자기는 더욱더 아름답게 만들었다.

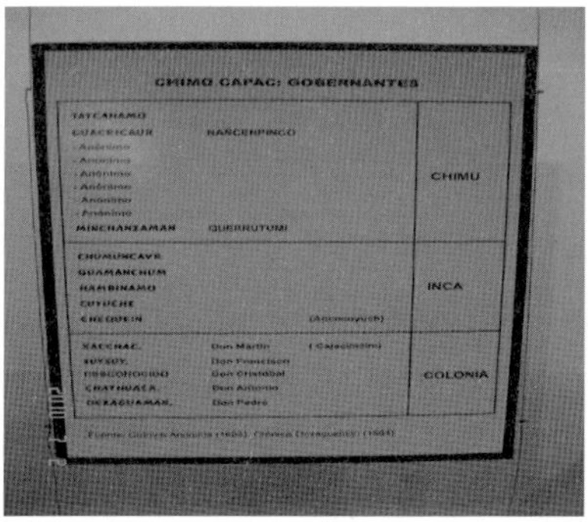

〈치무Chimu유적〉

〈벽화〉

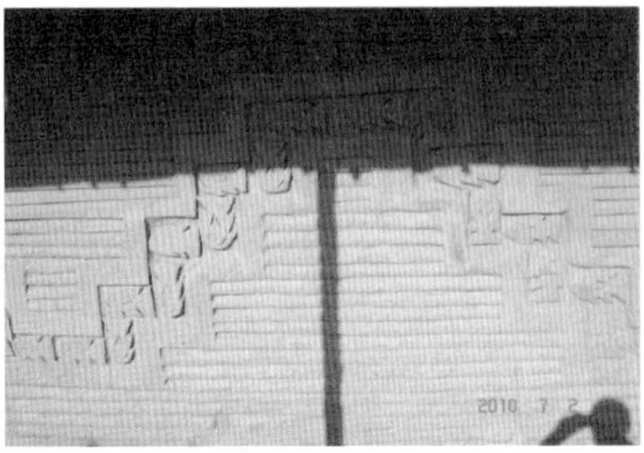

〈치무 벽화〉

〈치무 유적〉

〈치무 유적〉

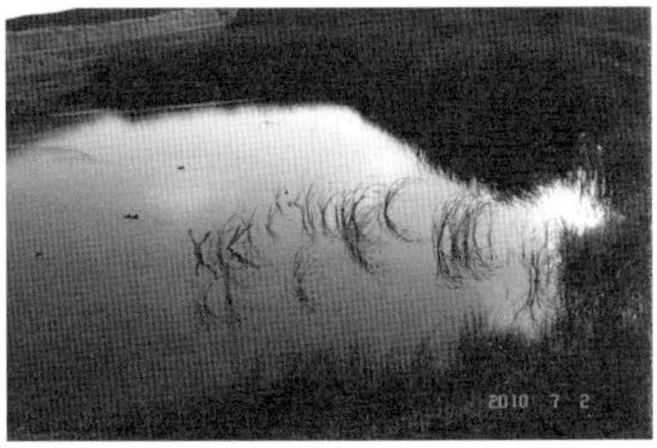

〈저수지〉

유적지를 나와 바닷가에 가서 구경을 하다가 시내로 돌아왔다. 오늘 투어를 마감했다.

저녁은 점심을 먹은 음식점에 가서 했다. 칠면조 고기에다 고구마튀김에 술을 한잔 마셨다. 이날은 어인일인지 소라가 먼저 술을 하자고 말했다. 음식점에서도 소지품을 조심하라는 주의를 받았다. 그리고 조금 쉬다가 장거리 버스터미널에 갔다. 피우라 버스는 11시에 있었다. 나는 무척 졸렸다. 너무 졸려서 일어나서 밖에 나갔다. 그것이 9시 32분이었다. 그리고 2분 후에 좀도둑이 우리 노트북 2대를 넣어둔 배낭을 들고 튀었다. 소라의 고함소리에 놀라 돌아와 보니 그 지경이었다. 10개월 동안 이번 여행에서 최악의 날이다.

이제 일주일 후면 한국에 가는데, 하늘이 무너지는 것 같았다. 그 노트북에는 여행의 모든 것이 입력되어 있는데, 노트북보다 입력되어 있는 자료가 더 아까웠다. 시간을 거꾸로 돌릴 수도 없고, 버스 회사에 이야기해서 CCTV를 돌려보았다. 최악의 날이었다. 오늘 떠나는 것은 포기하고 버스 표를 바꾸었다. 내일 떠나기로 하고 여관에 들어갔다. 내일 경찰에 신고하기로 하였다. 자리에 누웠으나 잠이 올 리가 없었다. 이리 뒤척 저리 뒤척이다가 날이 밝았다.

2010. 7. 2 금 흐림 〈자꾸 생각나는 노트북〉

생각해 보면 노트북은 이미 없다. 도둑들이 바보가 아닌 이상 입력된 것을 다 지웠을 것이다. 찾아봤던들 쓸모가 없는 고철덩어리일 것이다. 단념하는 수밖에 방법이 없다.

여자인 소라는 미련을 버리지 못했다. 9시 경에 버스회사에 갔다. 경찰에 연락해줄까 물어서 그렇게 해달라고 말했다. 경찰서로 안내되었다. 음산한 분위기이었다. 거한의 사나이가 거기 있었다. 그 옆에는 부하인 듯한 경찰이 있었는데 소라의 자초지종 이야기를 듣더니 튜리스모로 가라고 전화번호와 주소를 적어 주고 택시까지 잡아주었다. 그리고는 기사의 이름과 차번호를 수첩에 적었다.

트루히요가 범죄가 많은 곳임을 알 수 있었다. 여행자의 도난과 범죄를 다루는 경찰서는 아르마스광장 옆에 있었다. 문을 열고 들어가자 인상이 좋은 경찰이 우리를 맞이했다. 막대기가 여럿인 걸 보니 제법 계급이 높은 사람 같았다. 그는 영어로 말했다. 소라의 이야기를 다 듣고 스페인어로 서류를 꾸미더니 오늘 오후에 법원에 서류를 보낸다고 말했다. 우리 핸드폰 번호도 다 적었다.

그리고 지장을 찍으라고 그러더니 서류를 1부 주고 Line A 버스 회사에 함께 가서 CCTV를 검사했다.

CCTV 필름 검사 직원은 여자이었다. 내가 의자에서 일어나 밖으로 나간 시간이 9시 32분이고 사건이 벌어지고 소라가 밖으로 따라 나온 시간이 9시 35분이니까 3분 만에 일어난 사건이다. 그 시간대에 출입문을 빠져나간 사람이 있었다. 얼굴이 분명히 나타난 사람이 있었다. 경찰은 자신감을 보였다. 일말의 희망을 가졌다.

버스회사에서 편의를 봐주어 오후 1시 버스로 피우라Piura로 떠나기로 했다. 점심식사를 간단히 하고 피우라 행 버스에 몸을 싣고 보니 내 분신이 떨어져나간 것처럼 서운했다. 좌석은 1, 2번이고 스위스에서 온 젊은 부부는 3, 4번이었다.

한 편 생각해보면 내가 그 순간에 거기 있었다면 칼을 맞을 수도 있었을 것이다. 온몸에 소름이 쫙 끼었다. 소라의 이야기로는 소매치기 대여섯 놈이 주위에 붙은 것이다. 한 놈이 소라에게 자꾸 말을 걸더라는 것이었다. 시선을 빼앗기고 내가 일어나 밖으로 나가는 순간에 한 놈이 들고 튄 것이다. 노리는 놈은 못 당한다. 그리고 이틀 연달아 야간 버스를 탈 것은 무엇이었단 말인가. 그리고 소라가 나에게 술을 마시게 한것은 무슨 운명의 장난인가? 잊어먹을 운이다. 나는 소라를 위로해주었다. 잊어버리자고 말했다.

페루의 북부 지방도 반사막이었다. 조금 더 가니 산림지역이 나왔다. 피우라에 도착한 것은 저녁 무렵이었다. 버스터미널 근처의 여관에 들었다.

2010. 7. 3 토 맑음 〈에콰도르 수도 키토〉

피우라는 인구가 377,496명의 도시이다. 그곳에서 9시 반 버스를 탔다. 국경을 넘어 리오밤바Riobamba에서 에콰도르 기차여행을 할 계획이었으나 노트북을 잃어버려서 트루히요에서 하루 더 머무는 관계로 포기했다.

일단 에콰도르 로하Loja행 버스를 탔다.

날씨는 맑았다. 역시 페루의 북쪽을 여행했다. 이제 사막은 끝나 키 작은 관목지대가 이어지다가 과수원이 나타났고 낮은 산들이 보였다. 나팔꽃인지 진달래꽃 같기도 한 분홍 꽃이 산에 많이 피었다. 완행버스라 곳곳에서 쉬었고 도중에 점심을 사서 간단히 먹었다. 국경을 넘을 때는 제법 큰 강이 흐르고 있었다. 맑고 풍부한 물이 흘러갔다.

국경심사는 어렵지 않았다. 페루 쪽에서는 서류도 보지 않고 도장을 꽝꽝 찍는 것 같았다. 에콰도르 쪽에서는 약간 거만해 보이는 경찰이 꼼꼼하게 서류를 다시 적고 확인하면서 도장을 찍어주었다.

국경을 넘자 강가에 놀랍게도 논이 있었다. 우리나라 산간 논과 똑 같았는데 막 이앙한 라이스 필드Rice Field이었다. 참 신기했다. 산도 물도 우리나라 시골이었다.

〈아직도 사막〉

〈거대한 화물차〉

〈국경의 다리〉

〈에콰도르 쪽 국경〉

〈논다랑이〉

〈사막은 이제 그만〉

로하까지는 지도로는 가까웠는데 갈 길은 가도 가도 끝이 없었다. 높은 재를 오르기 시작했다. 아직도 안데스 산맥이었다. 저녁 6시경에 로하에 도착했고 이어서 키토Quito까지 가자고 소라가 말했다.

저녁까지도 빵으로 떼우고 자리는 화장실 근처라 냄새는 나고 불편한 것이 이루 말할 수 없었다. 참을 수밖에 없었다. 버스가 잠시 쉬는 동안에 차에서 내렸다. 산간지대이었다. 길가에서 소변을 보았다. 살 거 같았다. 많은 사람들이 그렇게 했다.

왼쪽은 저지대인지 낮은 곳에 전등불빛이 보였다. 조그마한 마을들이 있는 것 같았다. 오른쪽은 산악지대인지 아무 것도 보이지 않았다.

이튿날 아침 6시에 키토에 도착했다.

버스가 쉬길래 소라에게 화장실에 갔다 오라고 말하고 나는 버스에 앉아 있는데 사람들이 많이 내려 이상하다고 생각하고 있는데 운전수 2명이 차에 올라오더니 내리라고 말했다. 키토까지 간다니까 여기가 키토란다. 소라 말로는 16시간 걸린다고 했는데 10시간 만에 키토에 온 셈이다. 혼란이 왔지만 배낭을 챙겨 내렸더니 버스아래 화물칸에서 가방을 내주고 있었다. 짐을 찾아 잠시 쉬고 있는데 화장실에 간 소라가 오고 있었다. 우리는 택시를 타고 예약한 여관을 찾아갔다. 오전은 쓰러져 자고 점심을 해먹었다. 실로 오랜만에 먹어보는 된장국이었다.

2010. 7. 4 일 키토 흐림 〈선물 사기〉

키토는 잉카제국의 북쪽 수도이었다. 1978년 도시가 유네스코 문화유산으로 등재되었다. 인구는 2005년 조사로 2,504,991명이다. 6,000m급 산으로 둘러싸인 분지이다. 설산이 여럿 보였다.

키토가 적도가 지나가는 곳인데 의외로 춥다. 시민들도 잠바를 입고 다닌다. 겨울이라 그런가. 적도에도 4계절이 있는가? 날씨는 위도와 일치하지는 않는것같다. 다시 말하면 날씨는 여러 가지 요인이 작용한다는 뜻이다. 표고도 그렇게 높지는 않다. 키토의 표고는 2,850m이다. 볼리비아

〈그리스도 상〉

〈키토 시가〉

의 포토시는 4,070m이었다. 페루의 쿠스코는 3,399m이었다. 그렇지만 키토는 백두산보다 더 높은 곳에 있는 도시이다.

오후에는 민예품 시장에 갔다. 선물을 사기 위해서이다. 내 수중에 미화 $400이 있다. 민예품 시장은 우리 여관에서 10블럭 떨어진 곳에 있었다. 걸어가도 된다고 해서 걸어갔다. 거리는 일요일이라 그런지 한산했다. 몇몇 음식점은 문을 열어놓았다.

민예품 시장은 활기가 넘쳤다. 도자기를 샀다. 꽃병 2개,큰 접시 2개. 소라도 꽃병을 샀다. 꽃병 한 개,접시 2개. 도합 77불이었다. 싼 편이었다. 깎아서 75불을 주었다. 나머지 선물은 내일 사기로 했다. 소라가 좋아하는 과일가게는 보이지 않았다.

소라의 머리 물을 들여주었다. 미국에서 들인후 5개월이 지나고 처음이었다. 흰 머리카락이 검어졌다. 훨씬 젊어보였다. 그리고는 잠을 자려고 자리에 누웠으나 잠이 오지 않았다. 내일은 대사관에 가서 메일을 보내야겠다. 비행기 컨펌confirm도해야 한다. 오후에는 시티투어를 하기로 했다.

2010. 7. 5 월 구름 오후 비 〈수녀원에 가서 밥을 먹다〉

38불짜리 여관에 투숙했는데 다른 숙소로 옮겨달란다. 하루만 있는 줄 알았단다. 이 번 여관은 72불을 내란다. 38불짜리 여관보다 못한 여관이었다. 비싼 편이다. 다른 곳을 알아보기도 힘들고 해서 그냥 있기로 했다. 노트북이 없으니까 여관 예약이 힘이 들었다. 여행초에 잊어먹었다면 노트북을 사야했을 것이고 또 프로그램을 한글로 입력해야 하는 데 그것이 가능했을까? 며칠전에 잃어 버린것을 다행으로 생각해야 겠다.

가방을 드려놓고 대사관을 찾아갔다. 대사관은 가이드북에 있는 곳에 없고 이사를 했다. 다시 택시를 타고 이사한 곳을 찾았다. Continental 컨펌은 여관에서 해주었고 Tal 컨펌은 영사관에 부탁을 했다. 영사관에 컴퓨터가 있어서 서울 아들의 집에 메일을 보낼 수가 있었다. 양 총무에게도 메일을 보냈다.

영사관에는 수녀 둘과 서양인 노인이 있었는데 수녀 둘 중 한 분이 한국사람이었다. 한국 수녀를 그곳에서 보다니 무척 반가웠다. 김 테레사 수녀는 고향이 서울이고 에콰도르에 봉사수녀로 와있다고 말했다. 한국 수녀로는 에콰도르에 혼자뿐이란다.

그 수녀는 다리가 불구라 약간 절었다. 불구의 몸으로 어떻게 수녀가 됐을까? 수녀가 되는 것도 어려운 일인데.

우리에게 어디어디 여행했는가 물었다. 지금까지의 여행경로를 이야기 했더니 깜짝 놀라는 것이었다.

빨리 귀국해서 된장국과 김치가 먹고 싶다고 말했더니 김 테레사 수녀는 자기가 근무하고 있는 수녀원에 같이 가자는 것이었다. 수녀가 한국 음식을 해주겠다고 말하면서. 그곳 수녀원에서 자고 내일 키토에 오면 된단다. 남자인 내가 수녀원에서 잘 수 있느냐니까. 수녀원에 손님이 주무시는 곳이 있단다.

호기심이 발동하기 시작했다. 그래서 소라에게 가자고 그랬더니, 소라는 내키지 않아했다. 수녀는 그곳 경치가 아름답다고 말했다.

소라를 졸라 가보기로 했다. 수녀의 심정에 동포에 대한 애절함이 느껴졌다. 여관에 연락했더니 자건 안자건 숙박료는 내야한단다. 이해가 되진 않았지만 그렇게 하기로 했다. 서양인 차로 여관에 가서 짐을 옮겨놓고 김 수녀를 따라 나섰다. 수녀는 가는 도중에 한국인 교포회장 가게에 들려 시금치를 좀 샀다. 소라와 나는 선물용 과일을 좀 샀다. 그리고 점심은 중국집에 가서 먹었다. 5명이 먹었는데 23불이었다. 소라가 지불했다.

이제 키토에서 95km 떨어진 수녀원을 향해서 차는 달렸다. 차는 후레지오 라는 노인이 운전을 했는데 버스를 타는 곳까지만 갔고 거기서는 수녀 표현으론 마을버스를 탔다. 차는 높은 재를 올라갔다. 4,000m가 넘는 재라고 말했다. 가다가 옥수수 삶은 것을 사먹었는데 맛이 좋았다. 잘 영근 옥수수이다. 소라는 도시에서 태어났는데도 옥수수를 잘 먹는다. 고개를 넘어서도 한 참을 달렸다. 오른쪽에 아마존 강의 상류, 강이 흐르고 있었다. 작은 호수가 나타났다. 거기서부터는 강은 호수의 물과 합해져서 도도

〈김 수녀와 식사〉

〈수녀원〉

〈수녀원에 가는 길에서 본 정유공장〉

〈아마존 강의 상류〉

해졌다. 물소리가 우렁찼다. 계곡에는 나무들이 많아 정글을 이루었다. 깎아지른 높은 바위산에서 물이 떨어져 폭포를 만들었다. 이단 삼단 폭포도 있었다. 산태가 난 곳도 더러 있었다. 칠레나 볼리비아 페루에서 본 안데스와는 많이 달랐다.

산의 정상은 구름이 걸쳐있어 보이지 않았다. 강은 골짜기의 물을 모아 급류가 되어 흐르고 있었다. 김 수녀는 그곳에서 래프팅을 한다고 말했다. 작은 정유공장이 나타났다. 이 나라도 석유가 나는구나 생각하니 우리나라가 걱정이 됐다.

수녀원에 도착한 것은 오후 6시경이었다. 수녀원은 찰코밸리에 있는 작은 도시의 변두리에 있었다. 수녀원에는 11명의 수녀가 있다는데 원장 수녀 이하 모든 수녀들이 와서 인사를 했다. 가지고 간 과일을 선물로 드렸다.

저녁은 김은희(테레사)수녀가 끓여준 감자국에 밥을 말아먹었다. 멸치냄새가 살짝 나는 감자국이 꿀맛이었다. 저녁식사후 피정의집으로 안내되어 쉬다가 잠을 잤다. 피정의 집과 수녀원은 완전히 격리되어 있었다. 사실 수녀원은 금남의 지역이다.

에콰도르의 수녀원은 대개는 자급자족을 하는 곳이 많단다. 이 수녀원도 마찬가지란다. 수녀들은 분업으로 일을 맡아서 한단다. 초도 만들고 닭도 키우고 과일도 따고 농사도 짓고 해서 생활한다는 것이었다. 그리고 김은희 수녀와 같은 봉사수녀는 죽을 때까지 여기서 살아야한단다.

밤에는 밖에 나가 별을 보았는데 구름이 끼어 그렇게 많지는 않았다. 피곤한 몸이라 잠을 자고 2시 경에 일어나 읽기를 썼다.

2010. 7. 6 화 맑음 오후에는 비 〈적도 박물관〉

새벽 산책을 나갔다. 호기심이 발동해서 우선 옥상에 올라가 수녀원 안쪽을 기웃거렸다. 아무 것도 보이지 않았다. 그리고 시내 쪽을 보았더니 구름이 산허리에 걸려있는 것이 아름답게 보였다. 사진을 몇 장 찍었다. 수녀원을 나와 산책을 하고 왔더니 마침 김 수녀가 우리를 데리러 왔다 가는 것이 보였다. 아마 아침 식사를 하라는 것 같았다. 아침식사는 삼치고기에 김치를 넣은 찌개이었다. 밥에는 콩까지 넣어서 해주었다. 정말 고마웠다. 맛이 있어서 많이 먹었다. 감자 한 개씩 계란 한 개씩 먹고 커피까지 얻어마셨다. 꼭 누이의 집에 왔다가는 것 같았다. 원장 수녀와 김데레사, 은희 수녀에게 하직 인사를 하고 차를 타고 버스정류장에 갔다. 김 수녀에게 70불을 용돈으로 쓰라고 주었다. 돈이 더 있었으면 더 주고오고 싶었다. 교포 2세인 두 사람, 빅토르에게 주는 상자와 히틀러에게 주는 귤을 차에 실었다. 우리가 전해주기로 했다.

날씨가 좋아 앞에 보이는 경치가 더 아름다웠다. 왼쪽에서 흐르는 강도 더 잘 보였다. 키토 시내까지는 3시간 반이 걸렸다. 종점에서 내려 머뭇거리는데 빅토르가 우릴 알아보고 인사를 했다. 물건을 건네고 중국집에 같이 가서 점심식사를 했다.

식사를 한 후 적도박물관에 가기로 했다. 빅토르가 승용차가 있어 그 차를 이용했다. 그가 안내인이 된 셈이다. 말로만 듣던 적도에 내가 와 있는 것이다. 적도박물관은 시내에서 상당히 떨어져있었다. 많은 사람들이 구

〈적도 기념관의 벽〉

〈적도 기념관 앞에서 소라와〉

경을 했다. 입장료는 2불,박물관에 들어갈 때는 다시 3불을 지불해야했다. 요금이 5불인 셈이다.

그곳에 래티튜드Latitud(위도) 000이라는 문구가 있었다. 적도의 특징, 생물 등을 패널로 설명해 놓았다. 그런데 정확한 적도는 탑 뒤에 있는 Museo-Inty-Nan에 있다고 말해서 그쪽으로 갔다. 그 곳에서 Latitud: 00° 00'00"표

〈사계절 비〉

〈적도 공원〉

시가 있었다. 이곳이 진짜 적도란다. 해시계도 있었다. 또한 아나콘다, 적도의 신상神像, 적도에 살고 있는 사람들의 생활상이 전시되었다.

가장 관심을 끈 것은 적도의 실험이었다. 처음은 물 실험이었다. 적도에서는 물이 그냥 아래로 빠져나가는데 약간이라도 북쪽에서는 물이 시계 반대 방향이고 남쪽에서는 시계와 같은 방향으로 아래로 돌아내려갔다.

두 번째는 못 위에다 계란을 세우는 실험인데 그게 되는 것이었다. 다 되는 것이 아니고 우리 셋 중에서 빅토르는 합격했다. 그는 인증서를 받았다. 다음은 눈을 감고 적도 선을 밟고 걷는 실험인데 균형을 잡을 수가 없었다. 이러한 현상은 적도이기에 일어난다고 해설사가 말했다.

가끔 비가 내렸다. 시내에 있는 미술관에 가기로 하고 시내로 차를 몰았다. 검은 구름이 잔뜩 끼더니 장대 같은 비가 쏟아졌다. 참 대단한 빗줄기이었다. 금새 비는 소나기처럼 그쳤다.

미술관은 보수중이라 개관하지 않아서 포기하고 선물을 좀 더 구입했다. 여

관에 돌아와 보니 방에TV도 없고 가방을 놓을 곳도 없어 이야기 했더니 좋은 방으로 바꾸어주었다. 어제 방값도 10% 디스카운트해주었다. 내일 새벽 4시에 빅토르가 오기로 했다.

〈위도: 00° 00 '00 "〉

빅토르에게 오늘 수고한 값으로 35불과 팁 10불을 주었다.

2010. 7. 7 수요일. 에콰도르 키토 구름 〈향운 부부와 저녁 식사〉

귀국 비행기를 타는 날이다. 잠이 안와 1시에 일어나 짐을 챙기고 라면을 끓여서 먹고 남은 감자도 삶아먹었다. 이때까지 편리하게 쓰던 전기풍로는 버리기로 하였다. 요긴하게 쓴 물건인데. 많은 물건을 버렸다.

무거운 가방을 들고 나갔더니 여관 주인이 빅토르가 일찍 와서 밖에서 기다리고 있다고 말해주었다. 젊은 빅토르가 4시10분전에왔다. 4 시에 오라고 했는데 말이다. 사려깊은 이 청년은 차에서 기다리고 있었다.

짐을 싣고 비행장으로 향했다. 키토의 비행장은 작았다. 빅토르는 비행장을 새로 짓는다고 말했다. 시외버스 터미널은 훌륭했다. 그래서 그런지 공항세를 한 사람당 40불이나 받았다. 그것은 폭력이었다.

빅토르에게 10불을 주어 보냈다. 착한 교포학생 빅토르와 헤어졌다. 조금 더 줄 수도 있었지만 어제 밤에 여관비를 계산하고 수중에 남은 돈이 하나도 없다.

수진이에게 줄 목걸이를 찾았으나 적당한 것이 눈에 띄지 않았다. 귀국이 기쁠 터인데 잃어버린 노트북 때문에 자꾸 마음이 켕긴다. 이별을 슬퍼하듯 부슬비가 내린다. 키토는 적도 하에 있는 도시지만 높은 고원의 분지라 하루에 4 계절의 일기를 체험할 수 있는 곳이다.

비행기가 이륙하자 눈 덮인 설산이 보였다가 사라졌다. 비행기 아래는 온통 구름의 바다였다. 아마존 상류를 지날 때는 구름이 걷혀서 아래가 보여 수 많은 호수를 볼 수 있었다.

휴스턴에 도착한 것은 5시간 후였다. 그리고 곧 LA행 비행기 탑승 수속을 밟았다. 휴스턴도 비가 내리고 있었다. 점심을 간단히 먹고 비행기를 탔으나 비가 많이 내려서인지 3시 반 비행기가 5시가 넘어서 이륙했다. 곧 사막이 보였고 물이 흐르는 강 옆에는 농경지가 바둑판 같았다. 과연 미국이다. 하는 소리가 절로 나왔다.

휴스턴에서 LA에 사는 향운에게 전화를 했다. 그녀는 없고 남편인 김 선생이 받았다. 소라의 친구 중에서 가장 인상에 남는 사람이다. 아무래도 보고 떠나야 할 것 같아서였다.

여관을 정하고 그녀를 나오게 했다. 향운은 김 선생과 같이 나왔다. 밤 10시 쯤 된 시각이었다. 그들의 승용차로 황가네 라는 음식점에 가서 곱창 전골을 시켜주어서 맛있게 먹고 안주가 너무 좋아 소주 한 병까지 사 달래서 마셨다. 여행의 마지막 대단원을 향운 부부가 해주었다.

소주를 사준 향운부부에게 고마움을 갚아야하는데 언제 갚을지 모르겠다. 김 선생은 우리가 갈라파고스 제도에 갔었는가 물었었다. 사실 계획은 잡았었으나 비용이 너무 많이 들어 포기했었다. 그곳은 입장료가 100불,

비행기 값이 키토에서는 한 사람당 410.70불이 든다. 역시 학자 집안의 사람다운 생각이었다.

향운은 기분이 좋은지 차안에서 소라와 가고파를 불렀다. 노래는 음대 석사인 소라만 잘 하는 줄 알았는데 향운도 잘 했다. 김 선생도 즐거워 보였다. 여관까지 차로 태워주었다. 고마운분들!

2010. 7. 8 목 구름 〈귀국 비행기 탑승〉

LA에서 우리가 묵었던 데이지 인을 나온 것은 9:50이었다. 공항에 가서 출국 수속을 밟았다. 수속은 간단하게 되었다. 결국 비행일정 바꾸는 요금 25불은 내 돈으로 냈다. 점심은 기내에서 준다고 해서 먹지 않았다. 오후 1시 20분 비행기라 일찌감치 경내로 들어갔다. 내 도자기 가방이 걸려서 다시 검사를 받았다. 그리고는 며느리와 두 딸에게 줄 루즈를 샀다. 돈 쓸 일이 많아서 아껴 써야한다. 우리 좌석은 4A 4B이었다. 우리 옆 자리는 호주의 흑인 청년이 앉아 있었는데 퍽 예의 바르고 친절했다.

JAL회사의 여자승무원들의 미소와 친절에 회사의 앞날에 희망을 걸 수 있을 것 같다. 회사가 다시 소생할 것 같다. 정말 기내서비스가 좋아졌다. 일본여인들의 친절이다. 저녁대접도 잘 받았다.

12시간 걸린다던 비행 시간이 한 시간이나 빨리 와서 11시간 만에 도쿄의 나리타공항에 도착했다. 바둑판 같은 전답과 아름다운 숲, 깨끗한 환경이 미국과 닮은 점이 많았다. 다만 미국보다 규모가 작고 아담했다. 호텔을 정하지 않았더니 입국을 시켜주지 않아 겨우 호텔을 정해서 나갈 수 있었다. 일본도 미국만큼이나 출입국심사가 엄격했다. 숙소는 도쿄 인inn이었다.

남미에서라면 고급 호텔에 해당할 것 같았다. 아침과 저녁을 준다고 했다. 비행장이 환히 보이는 숙소이었다. 일본 호텔답게 깔끔하고 안락했다.

실내도 넓었다. 미국시간으론 밤 12시인 셈인데 도쿄 시간으론 오후 4시이었다.

서울 집에 전화를 했다. 희정이가 받았다. 오늘 유럽에 간단다. 2달 계획이라니 오랫동안 준이와 린이를 볼 수 없을 것 같다. 다들 잘 있다니 좋고 아들이 여행을 좋아하니 됐다. 잘 다녀 오기를 바랄 뿐이다.

2010. 7. 9 금 맑음 〈여행에서 무사히 돌아오다〉

비행기 아래는 온통 구름의 바다였다. 『비행기에서 바라 본 구름』 이라는 시를 한 편 썼다.

키토에서 휴스턴까지
휴스턴에서 LA까지
LA에서 도쿄까지
도쿄에서 서울까지
비행기를 타고 오면서
유심히 보았다.
구름이 없는 하늘은 없었다.
대도시는 물론 숲도, 사막도,
사람이 살지 않는 태평양, 그 넓은 바다도
구름이 덮여 있었다.
어쩌다 잠깐 구름이 걷혀서
지상의 강과, 호수와 숲과, 바다가 보였지만
잠깐이었고 주위는 늘 구름이 에워싸고 있다.
이렇게 세상은 늘 구름이 있다.
맑은 하늘을 뒤덮는 구름이 있다.

북중남미여행일기3

마야와잉카

2015년 4월 20일 인쇄
2015년 4월 24일 발행

지 은 이 배인환
발 행 인 정해석
디 자 인 오다영

펴 낸 곳 애드파워
출판등록 2007년 9월 18일 [제 25 호]
주 소 대전시 유성구 대학로 227
전자우편 addoffice@addpower.co.kr

대표전화 042-862-9607
팩 스 042-862-4510

값 20,000원